一学就会的绩效管理

张鹏◎著

中国财富出版社有限公司

图书在版编目（CIP）数据

一学就会的绩效管理 / 张鹏著 . -- 北京：中国财富出版社有限公司，2024.10. -- ISBN 978-7-5047-8237-3

Ⅰ.F272.5

中国国家版本馆 CIP 数据核字第 20240T3Y78 号

策划编辑	郑晓雯	责任编辑	郑晓雯	版权编辑	李　洋
责任印制	尚立业	责任校对	卓闪闪	责任发行	董　倩

出版发行	中国财富出版社有限公司		
社　　址	北京市丰台区南四环西路 188 号 5 区 20 楼	邮政编码	100070
电　　话	010 - 52227588 转 2098（发行部）	010 - 52227588 转 321（总编室）	
	010 - 52227566（24 小时读者服务）	010 - 52227588 转 305（质检部）	
网　　址	http://www.cfpress.com.cn	排　　版	宝蕾元
经　　销	新华书店	印　　刷	宝蕾元仁浩（天津）印刷有限公司
书　　号	ISBN 978-7-5047-8237-3/F·3736		
开　　本	710mm×1000mm　1/16	版　次	2024 年 11 月第 1 版
印　　张	20.75	印　次	2024 年 11 月第 1 次印刷
字　　数	260 千字	定　价	68.00 元

版权所有·侵权必究·印装差错·负责调换

推荐序
绩效管理，一学就会

人靠谱，写的书才靠谱；人有水平，写的书才有水平。和君咨询一百多位合伙人，每位合伙人给我的印象都是不一样的。本书作者张鹏给我的印象是：人力资源管理专家，聚焦专业持续深耕，客户满意度一直很高，自立自强、勤劳能干、落落大方。此外，张鹏还有作为和君女合伙人特有的美貌、善良和职业气质。她业务很忙，项目一个接着一个，商旅奔波，行色匆匆，不是在客户那里，就是在去见客户的飞机上。张鹏阅企业无数，做项目很多，绩效管理实操经验尤多。她被评为和君咨询2023年度优秀合伙人，职级晋升为资深合伙人。

这样的一个人写的这本讲绩效管理的书，我一看，就感觉它与"众"不同。这个"众"，是指绩效管理的书籍实在是太过众多，充斥于市面，令人目不暇接。其中，优秀之作少见，平庸之作、口水之作、垃圾之作则比比皆是、招摇过市，令人不胜其烦。张鹏写的《一学就会的绩效管理》，最大的特点就是三个"实"：实质、实操、实效。

第一，直击人力资源管理的实质痛点。本书对绩效理论着墨甚少，而是着力于企业绩效管理一个个具体的现实痛点，洞察细微、覆盖面广，竟一口气剖析了130个痛点，内容包括从战略落地到绩效体系的构建、从绩效考核内容的设计到绩效成果的应用。每个痛点的描述，都体现出了她对绩效管理的专业精深和洞幽烛微。

第二，给出解决问题的实操方法。针对痛点，本书原创性地提出了一系列易懂易做的实操方法和工具模型，比如战略落地"双轮"模型、"绩效花"模型、"手掌"模型、"马车"模型、"钱袋子"模型、绩效分析会"六个三"模型、指标溯源模型等。难能可贵的是，张鹏并没有止步于模型的提出，她还详细阐述了如何在实操中运用这些模型，确保读者能够真正掌握并运用到真实的工作场景中。

第三，看到绩效管理的实际效果。除了工具模型和实操方法的介绍，张鹏还借助丰富翔实的案例，将复杂的绩效管理清晰有序地呈现在读者面前。本书采用管理咨询的场景对话形式，以通俗易懂的语言和生动鲜活的案例，将繁复的绩效管理理念、痛点破解方法娓娓道来。这使读者不仅能够洞悉绩效管理的本质原理，还能习得切实可行的操作办法，真正实现"一学就会"的目标。

行家一张口，就知有没有。张鹏从事人力资源管理咨询达十余年之久、积十余年之功，客户从世界500强到中小企业、从央国企到民企，经手了大量实操案例，解决了无数绩效管理问题。一看本书就知道，这是一个有着丰富实操经验的行家写出来的书。实际上，与其说这是一本写出来的书，不如说这是张鹏用十余年管理咨询职业生涯做出来的书。世界上很多事是想不明白的，但可以做明白。张鹏，通过做明白，让绩效管理一学就会。

我推荐这本书！

和君集团董事长
2024年9月于和君小镇

自 序

在当今竞争愈发激烈且不确定性日益增长的商业环境中,绩效管理已成为确保企业战略目标得以实现的重要抓手,其科学性和有效性关乎企业的生存与发展。

在这片广阔的商业海洋里,企业如同航行的船只,既要稳健前行,又要追求高效。战略如同船长手中的罗盘,指引着航向;绩效则是驱动船只乘风破浪的强劲引擎,是实现战略目标不可或缺的动力源泉。本书正是在这样的背景下应运而生,它不仅是一部理论与实践紧密结合的指南,更是一盏为企业管理者在迷茫中指引方向的明灯。笔者将十余年的人力资源管理及企业咨询服务实战经验甚至团队内部培养教材内容借助生动的对话展现出来,帮助读者轻松掌握绩效管理的精髓,并为读者提供一套行之有效的绩效管理思路,甚至是读完就能立即付诸实践的落地方案。

本书以虚拟对话的手法,讲述了一家大型企业绩效管理变革的故事。这家看似发展前景广阔的企业,在战略落地的征途中遭遇了前所未有的挑战——企业制定了宏伟的战略蓝图,却在执行过程中步履维艰,战略目标变得遥不可及。面对这样的困局,企业管理者决定直面问题,邀请国内知名人力资源管理专家张老师担任绩效管理咨询顾问,共同开启绩效管理的深度探索与实践之旅。

本书一改传统的理论说教方式,以与企业管理者对话的形式,生动地展现了企业内不同角色的管理者对绩效管理的各种认知和顾虑,让读者身临其境,获得绩效管理的核心方法论。本书共分为六篇，每篇都包括四个板块：痛点支招、基础夯实、总结提炼、举一反三。具体介绍如下：

1. 痛点支招

案例引入：在痛点里加入实际案例，读者能够更直观地理解问题的具体场景，增强代入感。围绕不同绩效维度下细分的130个关键痛点，逐步揭开绩效管理的神秘面纱，全方位、多层次地解析绩效管理的每个关键痛点。

专家视角：以国内知名人力资源管理专家的视角对痛点进行深入剖析，提供独特的见解和策略。

实战工具：通过接地气的对话，分析问题、导入理念，紧接着提供实用的模型、表格等工具，使读者能立刻抓住绩效管理的关键点，直接落地使用。

2. 基础夯实

拓展学习：在"痛点支招"后继续补充与痛点有强关联的内容，引导读者进行更深入的学习和研究，帮助读者夯实理论基础，将一个个痛点串联起来，形成解决问题的路径。

知识图谱：构建完整的知识图谱，清晰地展示各痛点之间的逻辑关系，帮助读者系统地理解和记忆，最终建立自己的知识体系。

互动学习：读者可扫描本书后勒口处的二维码，加入读者群，与笔者进行交流和讨论，分享自己的经验和见解。

3. 总结提炼

高度精练：总结精华部分，便于读者快速抓住重点，回顾学习内容。

金句输出：把一部分内容归纳成金句、口诀，帮助读者加深记忆，提高学习效率。

4. 举一反三

实战模拟：设计基于真实场景的实战模拟题目，让读者在做题时明晰解决问题的过程。

跟踪反馈：读者购书后进入社群，笔者可解答读者在学习过程中遇到的疑问和困惑。

本书不是理论知识的堆砌，而是一本旨在教会读者如何让绩效管理真正落地的实战指南。无论是企业老板、中高层管理者、HR、第三方咨询顾问，还是渴望在职场中提升自我管理能力的员工，希望本书都能为大家提供启示，帮助大家掌握绩效管理的核心技巧，为企业转型升级和个人职业发展提供坚实支撑。

当然，绩效管理这片海洋浩瀚无垠，任何单一体系或著作都无法完全覆盖其广度与深度。笔者亦深感个人见解与认知的局限性。书中提出的观点与策略可能因情境差异而不尽完美，无法与所有组织或个体实现完全匹配。因此，笔者希望每位阅读本书的朋友，以审慎的态度和批判性思维，将书中的理论框架与实践案例作为启发思考的起点，而非终点。笔者也建议大家将个人在工作中的实际体验与书中内容相互对照，进行深度分析与反思，如此一来，方能超越本书的局限，创造出符合组织特性与环境需求的绩效管理模式。

本书是一次尝试，也是一次邀请。尝试将复杂的绩效管理理念，以最简单易懂的方式呈现给读者；同时，邀请读者共同参与这场绩效管理的深度探索与实践之旅。

在此，笔者衷心地感谢家人和朋友在创作过程中给予的支持与鼓励，让笔者能心无旁骛地投入写作；感谢编辑团队，以专业的视角和严谨的态度为本书把关，让它得以更加完美地呈现给读者；同时，感谢每一位愿意翻开本书的朋友，你们的信任和期待是笔者不断前行的动力。让我们一起用绩效管理这把钥匙，打开企业高质量发展的大门，携手共创更加美好的未来。

张鹏

2024 年 10 月

场景人物介绍

本书精心整理了国内知名人力资源管理专家张鹏老师为上百家企业提供的宝贵咨询辅导内容。张老师不仅是国内某著名管理咨询公司的资深合伙人，而且是国家国企改革课题组的特聘专家，拥有十余年的人力资源管理咨询经验。为方便读者阅读和理解，本书虚构了一家名为"宏图集团"的企业及若干人物，通过还原张老师对该企业的辅导过程，向读者生动地呈现绩效管理的理念与实践。如有雷同，纯属巧合。

【人物介绍】

王总（宏图集团总经理）

——人物关键词：革新领袖

作为宏图集团最年轻的高管，王总分管集团的战略发展部和人力资源部。他始终以严肃、认真、积极的态度对待工作，并展现出坚定的决心和十足的魄力，致力推动企业的管理创新与进步，为企业的可持续发展注入新的活力。在本书中，王总将作为张老师绩效管理理念的积极践行者，展现年轻高管如何带领企业进行变革。

刘部长（宏图集团人力资源部部长）

——人物关键词：中流砥柱

刘部长拥有丰富的人力资源管理经验，但深知自身在科学管理方法上的不足，因此始终保持谦虚好学的态度。他学习能力强，对于新知识、新方法总是能够快速掌握并应用于实际工作中。刘部长有着强烈的管理改进意愿，希望通过与外部专家的合作，共同推动企业人力资源管理水平的提升，为企业的长远发展贡献力量。

王部长（宏图集团行政部部长）

——人物关键词：传统保守

王部长作为集团的老员工，拥有多年工作经验，并在集团内有一定的影响力。然而，随着年龄的增长，他在面对新的管理挑战和变革时更倾向于维持现状，对于需要冒险或承担额外责任的任务持回避态度。本书对王部长的描述，深刻揭示了资深且观念保守的管理者在遇到变革挑战时的心理活动，通过张老师的悉心引导，唤醒他们内在的积极性与使命感，从而为企业的长远发展和变革进程注入动力与活力。

李部长（宏图集团战略发展部部长）

——人物关键词：思虑周全

李部长具备敏锐的行业洞察力和卓越的战略规划能力，对宏图集团的长期发展有明确的愿景。然而，在将战略目标转化为具体任务进而落地执行时，他也遇到了有力使不出的困境，其中有技术性难题，但更突出的是沟通的难题。在本书中，李部长将在张老师的悉心指导下，探索如何巧用绩效管理手段，将宏观战略精准拆解为可执行的任务模块，强化组织绩效管理，从而有力保障集团战略的精准落地与高效执行。

肖经理（宏图集团市场部经理）

——人物关键词：结果导向

肖经理是一位充满活力与进取精神的年轻干部，秉持"结果为先"的管理理念。热衷引领管理创新的他，甘愿成为变革浪潮中的先锋，坚信通过建立科学严谨的绩效管理体系，能够极大地激发团队活力，激励团队在激烈的市场竞争中披荆斩棘，开拓进取。在本书中，肖经理将在张老师的指导下，进一步深化对绩效管理精髓的理解与应用，学习如何精准施策，不断提升团队战斗力。

钱部长（宏图集团财务部部长）

——人物关键词：数据为先

钱部长是资深财务专家，名校毕业，自带"精英范儿"。他对数据有极高的敏感度，从不放过任何可能影响财务结果的细节。这种对数据和细节的极致追求使他在财务管理领域表现出众，拥有独到的见解。在本书中，钱部长的角色将深入展现一位财务精英在绩效管理中的专业素养和对细节的关注，助力宏图集团的绩效管理实现精细化与科学化。

严部长（宏图集团纪检监察部部长）

——人物关键词：公平公正

严部长工作严肃认真，原则性强。他深知纪检监察工作对于维护企业健康发展的重要性，因此在工作中一丝不苟。在本书中，严部长将以其特有的铁面无私、公平公正的形象出现，在张老师的辅导下，进一步发挥其特质，深入探索如何使绩效管理流程清晰明了，确保绩效评价体系的公正合理，让每一份付出都有公正的回报，每一处提升都能清晰可见。

余部长（宏图集团安全质量部部长）

——人物关键词：防火墙

余部长是技术与质量专家，具备敏锐的风险洞察力和极强的风险防范意识。他深知安全管控与产品质量是企业基业长青的基石。因此，在日常管理中始终保持高度警惕，做到未雨绸缪，防患于未然。在本书中，余部长将在张老师的指导下，进一步探索如何通过绩效管理强化企业员工的安全意识与质量把控能力，为企业稳健发展保驾护航。

目　录

导入篇
为什么你的战略无法落地？

- 痛点支招　003
  - 痛点1　战略落不了地，是谁的问题？　003
  - 痛点2　如何评价战略的落地性？　005
  - 痛点3　战略解码怎么做？　009
- 基础夯实　015
- 总结提炼　020
- 举一反三　021

认知篇
怎样看待绩效管理？

- 痛点支招　025
  - 痛点4　总有管理者不愿推行绩效管理，怎么办？　025
  - 痛点5　做绩效管理投入那么多，划算吗？　026
  - 痛点6　为什么绝大部分企业的绩效管理做不好？　027
  - 痛点7　为什么员工认为推行绩效管理是为了扣钱？　028
  - 痛点8　为什么说绩效不等于结果？　030
  - 痛点9　绩效管理体系包含哪些要素？　031
  - 痛点10　绩效管理体系如何评价？　034

痛点 11　想要做好绩效管理还需要什么配套措施？　035

痛点 12　有什么问题不能靠当下的绩效管理来解决？　037

痛点 13　要不要推行全员绩效管理？　038

痛点 14　降低浮动比例，为什么还有人反对？　039

痛点 15　绩效管理问题有人吐槽却没人解决，怎么办？　040

痛点 16　绩效管理到底应该由谁来做　042

痛点 17　管理者如何处理团队绩效考核结果不理想的情况？　043

痛点 18　老板不愿公开绩效考核结果怎么办？　045

- **基础夯实**　046
- **总结提炼**　059
- **举一反三**　061

内容篇

绩效管理的灵魂

- **痛点支招**　065

痛点 19　绩效管理工具那么多，该怎么选？　065

痛点 20　BSC 可以用于员工绩效管理吗？　067

痛点 21　什么样的企业适用 OKR？　070

痛点 22　怎样设计绩效考核维度？　070

痛点 23　绩效考核指标是从哪里来的？　073

痛点 24　绩效考核指标分解有哪些有效方法？　075

痛点 25　计划外工作太多怎么办？　078

痛点 26　计划外工作怎么考核？　079

痛点 27　所有计划外工作的考核方式都一样吗？　080

痛点 28　"部门墙"问题怎么解决？　082

痛点 29　企业文化和价值观该怎么考核？　083

痛点 30　价值观行为化考核的具体示例有哪些？　084

痛点 31　发生企业不可容忍的行为怎么考核？　087

痛点 32　对一线部门怎么考核？　088

痛点 33　对销售部门怎么考核？　089

痛点 34　对生产部门怎么考核？　091

痛点 35　对客服部门怎么考核？　093

痛点 36　对研发部门怎么考核？　094

痛点 37　对安全质量部门怎么考核？　097

痛点 38　对项目怎么考核？　099

痛点 39　职能部门应该考核业绩吗？　101

痛点 40　职能部门的考核为什么这么难？　102

痛点 41　对职能部门怎么考核？　103

痛点 42　对财务部门怎么考核？　107

痛点 43　对纪检监察部门怎么考核？　108

痛点 44　对部门副职怎么考核？　109

痛点 45　指标库、目标责任书和考核表三者之间是什么关系？　112

痛点 46　相同岗位的不同员工，绩效考核表一样吗？　113

痛点 47　如何评价绩效考核表的质量？　114

痛点 48　绩效考核表上应该有几个指标？　115

痛点 49　如何为指标设置权重？　117

痛点 50　如何区分一般指标和高价值指标？　118

痛点 51　部门和员工的绩效指标谁来把关？　119

痛点 52　绩效指标必须自上而下分解吗？　121

痛点 53　定性指标该怎样提取？　122

痛点 54　如何设定目标值？　124

痛点 55　发现当初设定的目标值不合适了怎么办？　　126
痛点 56　"肥田瘦地"怎样考核？　　127
痛点 57　如何设定难度系数？　　132
痛点 58　难度小出错少与难度大出错多，哪个人的绩效好？　　134
痛点 59　能力素质怎么考核？　　135
痛点 60　360 评估真的不靠谱吗？　　138
痛点 61　平时与年底考核的区别是什么？　　140
痛点 62　长期亏损的企业该怎么考核？　　142
痛点 63　绩效考核数据从哪里来？　　143
痛点 64　无法即时提供数据的指标还要考核吗？　　145
痛点 65　审计类和投诉类指标的考核数据该由本部门提供吗？　　146

- 基础夯实　147
- 总结提炼　163
- 举一反三　167

评价篇

用好绩效的标尺

- 痛点支招　171

痛点 66　指标的评价方法和标准都有什么？　　171
痛点 67　企业绩效考核得分为 80 分，各部门却高于 100 分，
　　　　怎么回事？　　174
痛点 68　主要指标扣分，却用次要指标加分，怎么办？　　175
痛点 69　定性指标对职能部门更有利吗？　　177
痛点 70　打分"手松手紧"怎么办？　　178
痛点 71　同一部门不同岗位怎么进行考核比较？　　180
痛点 72　一张考核表，领导只打总分，怎么办？　　181

痛点 73	领导打分时能否在 KPI 总分上直接加减分？	182
痛点 74	考核结果拉不开差距怎么办？	183
痛点 75	任期考核与年度考核有什么关系？	184
痛点 76	怎么选择考核周期？	185
痛点 77	考核关系设计的关键点是什么？	187
痛点 78	不同考核者打出来的分数能一起比较吗？	189
痛点 79	打分的人数越多，结果越公平吗？	190
痛点 80	员工自评，"聪明人"占便宜，怎么办？	191
痛点 81	360 评估需要注意什么？哪类人和事不适合 360 评估？	192
痛点 82	部门考核得分可以等同部门负责人的考核得分吗？	193
痛点 83	得分除以 100 就是绩效系数吗？	193
痛点 84	前台、中台、后台的部门绩效如何与企业绩效挂钩？	195
痛点 85	员工绩效如何与部门/企业绩效挂钩？	196
痛点 86	强制分布法适合什么样的企业？	198
痛点 87	强制分布的最大难点是什么？如何让员工接受 C 等级？	200
痛点 88	人数少的部门怎么做强制分布？	201
痛点 89	我们部门 C 等级员工比别的部门 A 等级员工好怎么办？	203
痛点 90	"轮流坐庄"怎么办？	204
痛点 91	绩效 D 等级必须要有吗？	206
痛点 92	非员工原因导致工作不饱和，该扣分吗？	207
痛点 93	过去的绩效结果可信度不足，怎么判断员工之前的工作表现？	208

- 基础夯实　210
- 总结提炼　226
- 举一反三　229

应用篇
让绩效考核结果发挥关键作用

- **痛点支招**　233
  - 痛点 94　绩效考核结果有哪些方面的应用？　233
  - 痛点 95　绩效考核结果与员工薪酬如何合理挂钩？　236
  - 痛点 96　绩效奖金如何分配？　238
  - 痛点 97　员工的绩效考核分数高就一定有年终奖吗？　240
  - 痛点 98　绩效考核结果如何影响培训的设计？　242
  - 痛点 99　绩效考核结果如何影响员工的岗位？　243
  - 痛点 100　绩效考核结果如何影响员工职级？　244
  - 痛点 101　绩效考核结果如何影响薪酬调整？　245
  - 痛点 102　绩效考核结果如何影响员工的中长期激励？　247
  - 痛点 103　绩效考核结果对企业的经营改善有哪些帮助？　249
  - 痛点 104　绩效考核结果如何影响招聘？　250
  - 痛点 105　绩效考核结果如何影响员工的任职资格？　251
  - 痛点 106　绩效考核结果如何影响评优评先？　253
  - 痛点 107　绩效考核结果可以应用在福利上吗？　254
  - 痛点 108　如何结合绩效考核结果开展人才盘点？　255
  - 痛点 109　如何对待绩效考核不合格的员工？　257
  - 痛点 110　如何通过绩效管理解决"薪酬倒挂"现象？　257
- **基础夯实**　259
- **总结提炼**　267
- **举一反三**　270

流程篇

绩效管理如何高效运行？

- **痛点支招** 273
  - 痛点 111　PDCA 循环流程中，各部门的角色与分工是什么？　273
  - 痛点 112　总有员工认为绩效管理流程很复杂怎么办？　276
  - 痛点 113　考核委员会的领导没空开会，绩效考核进度总拖延怎么办？　276
  - 痛点 114　绩效分析会是否有必要召开？　277
  - 痛点 115　开好绩效分析会为什么这么难？　279
  - 痛点 116　绩效分析会如何开展更高效？　280
  - 痛点 117　业务部门的加分机会比职能部门多，该如何与职能部门沟通？　282
  - 痛点 118　个别高管抵触绩效管理，该如何沟通？　283
  - 痛点 119　制定绩效考核表时，应该如何进行沟通？　284
  - 痛点 120　部门负责人如何做好裁判员与教练员？　285
  - 痛点 121　若领导不想在绩效打分上投入过多精力，怎样开展向上管理？　287
  - 痛点 122　绩效考核结果确定后，如何与员工开展绩效面谈？　288
  - 痛点 123　如果员工不认同绩效考核结果，该如何沟通？　290
  - 痛点 124　员工对绩效考核结果不满意而进行申诉，该如何处理？　291
  - 痛点 125　数字化能否助力绩效管理提质增效？　292
  - 痛点 126　如何判断绩效管理数字化系统是否有效？　293
  - 痛点 127　绩效管理数字化转型需要做好哪些准备？　294
  - 痛点 128　绩效管理数字化转型的最大难点是什么？　295
  - 痛点 129　为什么大部分企业的绩效管理数字化转型效果不佳？　297
  - 痛点 130　如何判断企业推行绩效管理的收益是否大于投入呢？　297
- **基础夯实** 300
- **总结提炼** 309
- **举一反三** 312

导入篇

为什么你的战略无法落地?

◎ 痛点支招 ◎

痛点 1
战略落不了地，是谁的问题？

今天，宏图集团正召开一场深入的战略复盘会议，中层管理者及以上人员全员出席。这场战略复盘会的渊源可以追溯至集团三年前的一项决策……

三年前，宏图集团兴师动众地进行战略规划，通过内部研讨、外部咨询等方式，制定了企业整体战略规划，描绘了"一体两翼331"的战略目标，即以传统业务板块为主体，以两个新业务板块为两翼，三年实现三个业务板块协同发展，力争达到年营业收入30亿元，年净利润3亿元，进入行业第一梯队。对于一家年营业收入刚超过10亿元的企业来说，该战略规划相当宏大。集团两个新业务板块所处的行业近年来确实经历了高速发展，集团战略规划在方向上并没有明显的失误。然而，三年时间过去，这两个新业务板块处于项目停滞状态，错失了宝贵的市场机会，导致集团年营收规模仅超过15亿元，与"311"的战略目标相距甚远。

为什么集团的战略目标无法实现？集团高层认为必须深刻反思，于是责令负责企业战略规划和运营的战略发展部组织召开战略复盘会议，让各部门负责人分析原因，一起寻找解决方案。

参与战略复盘会议的还有一位特殊的重量级嘉宾——宏图集团

人力资源顾问张老师。

各部门负责人围坐一堂，准备在张老师的引导下，从外部市场环境、内部产品技术反思战略实施的得失，深入探讨人才与组织层面的潜在瓶颈，力求找到一条适合宏图集团的转型与突破之路。

张老师：很高兴能够来到宏图集团，今天能参加这场战略复盘会实在是一个很好的了解集团的机会，我想先听听大家的想法。

战略发展部李部长：首先，战略目标未能实现，我们战略发展部有着不可推卸的责任，"331"的战略目标是上一届部门负责人牵头制定的，现在看来，当时确实过于乐观了，战略目标定得过高导致实现不了，所以我们有必要调整目标。

王总：目标未达成，也不全是目标定得过高的原因，这几年市场快速发展，如果做好了，完全有机会实现战略目标，我们的竞争对手以前还不如我们，就是这几年抓住了市场机会，居然反超了我们。所以还是要找战略目标未达成的原因，不能只怪目标定得过高。

市场部肖经理：这要从多方面看，这几年市场确实增长得很快，而我们的战略目标未达成，我认为根本原因在于我们的产品质量没跟上市场的发展，导致产品退换率高，缺乏市场竞争力。

安全质量部余部长：产品质量的问题不能全归咎于我们部门，虽然我们在质量把控上有待改进之处，但集团在人才管理和招聘方面也有一定的不足。一些关键岗位人员的专业素养不足，导致质量检测环节出现漏洞。而且，集团的培训体系也不够完善，员工的质量意识和工作技能提升缓慢。

人力资源部刘部长：集团各方面的人才无论是在质量还是数量上，与竞争对手相比确实存在一定的差距，根本原因是我们的薪酬水平没有竞争力。招聘的时候，优秀人才一听我们给出的薪酬水平，马上就没有积极性了。

大家你一言我一语地讨论了好久，不是找外部原因，就是在推卸责任。

张老师：战略无法落地，不是哪个人的问题，但又跟每个人都有关系。但今天既不是追责大会，也不是检讨大会，我们要一起梳理原因是什么，然后一起想办法来解决。

痛点 2
如何评价战略的落地性？

张老师：如何评价战略的落地性？暂且不论我们三年前制定的战略目标是否合理，现在首先要审视的是，既定的战略规划是如何执行的？哪些执行得好，哪些执行得不好？原因是什么？

市场部肖经理：过去的几年里，市场部在推广和销售方面做了大量的工作，但我们也需要更深入地分析是否所有的策略都得到了有效执行，是否存在可以改进的地方。只有确保战略执行到位，我们才能更准确地评估战略目标的合理性。

战略发展部李部长：这几年我们就像是在摸着石头过河，虽然有大致方向，但具体能完成多少目标，完成后能实现什么效果，我们其实也不太清楚。

张老师：诸位的反馈都很有价值，这也正是我今天首先要说的问题，如何评价企业战略的落地性？这里有一个公式分享给大家：战略落地性＝目标牵引力×战略执行力。

说罢，张老师拿起笔，在会场前方的白板上画了起来。

张老师：战略执行落地需要准确、有效的目标牵引和强大有序的执行力作保障，我结合长期咨询实战经验，总结形成了战略落地

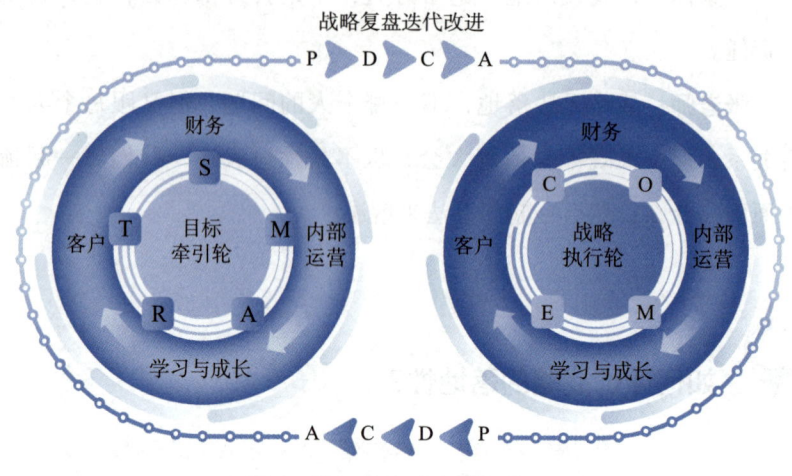

图 1 战略落地"双轮"模型

"双轮"模型（见图1），用于综合判断企业在战略落地过程中的各项因素是否能够有效确保战略目标实现，评估企业的战略落地能力。

这个战略落地"双轮"模型是不是很像自行车转动的轮盘？在影响战略落地效果的因素中，目标牵引轮主要围绕战略规划下对战略目标的解码是否准确有效，以牵引战略规划实施落地，它就像自行车传动装置中的大轮盘，只有有效转动起来，才能牵引企业各级组织和员工将分解下来的目标转化为实际行动，确保每个环节都朝着既定的战略方向前进。而战略执行轮主要指组织和员工如何将分解到自身的目标落地实现。

市场部肖经理：这个战略落地"双轮"模型以目标为牵引轮来驱动战略的执行轮，这不就跟自行车的运行原理如出一辙吗？我看到两个轮子中都包含了四个维度，财务、客户、内部运营，以及学习与成长，这是否意味着我们在战略解码时需要从这四个维度进行具体分析和拆解呢？

张老师：这四个维度正是平衡计分卡（BSC）的核心理念，它要求企业在制定和执行战略时，必须综合考虑财务、客户、内部运营以及学习与成长四个维度。每个维度都相互关联，共同推动企业发展。通过对这四个维度进行深入的分析，设定相应的目标，企业可以更加全面地把握战略方向，确保各项举措的协调与统一，从而实现可持续发展。

战略发展部李部长：张老师，目标牵引轮中有五个小图案，每个小图案中有一个字母，组合起来是"SMART"，这代表的是不是我们在设定战略目标时要遵循SMART原则呢？

张老师：SMART代表的确实是目标设定的原则，即具体性（Specific）、可衡量性（Measurable）、可达成性（Achievable）、相关性（Relevant）和时限性（Time-bound）。这些原则指导我们制定明确、可量化且可行的战略目标，同时确保目标与整体战略紧密相关，并设定明确的时间限制。这样，我们就可以更有效地监控战略执行情况，并及时调整策略，以确保目标的顺利实现。

人力资源部刘部长：那么战略执行轮中的"COME"是什么意思？

张老师："COME"是指文化（Culture）、组织（Organization）、机制（Mechanism）、雇员（Employees），战略执行是否到位，关键就看这四点。这四个字母连起来恰好是英文单词COME，很好记，寓意也很好，积极的文化、敏捷的组织、合理的机制、优秀的雇员，一个个全都落实了，企业的战略落地就稳了。

战略发展部李部长：张老师，战略落地"双轮"模型外圈写着"PDCA"，这是不是指计划（Plan）、执行（Do）、检查（Check）、行动（Act）？我认为，这是提示我们在战略执行过程中要不断复盘总结，根据企业内外部环境的变化，重新审视战略解码的内容，如有必要进行调整，就要及时进行迭代优化，始终保持目标的科学性、合理性，这样才会有正确且强大的牵引力。

人力资源部刘部长：PDCA循环是确保战略有效实施的重要工具。在BSC的四个维度，按照SMART原则进行战略解码，形成一套科学务实的企业战略目标体系，再配合COME的四个关键点，运用绩效管理的手段，在PDCA循环下，及时发现问题，调整策略，持续改进，最终实现企业的战略目标落地。这套体系的逻辑太严密了！

张老师：没想到刘部长已经完全看懂了这个模型。目标牵引轮主要围绕在战略规划下对战略目标解码的SMRAT分析，评估战略解码分解出的指标是否满足具体性、可衡量性、可达成性、相关性和时限性的原则，从而有效牵引战略规划实施落地。战略执行轮则主要指企业内部的各类资源能否支撑战略目标的落地与实现，评估文化、组织、机制及雇员的质量能否为企业战略目标落地提供充足的支撑与保障。而联结这两轮的关键传动机制，是PDCA循环驱动的战略复盘与迭代升级机制。这一循环不仅要求企业周期性地回顾战略执行绩效，及时识别执行偏差，从中吸取宝贵经验，还强调要根据反馈迅速调整策略，优化执行路径，构成推动战略从规划到落地持续进化与优化的动态驱动力。整个体系如同精密的机械联动，确保战略既有精准导向又有灵活适应性，最终促进企业的长远发展与目标实现。

王总：战略落地"双轮"模型设计得太精妙了，一下就抓到了战略落地的关键。那么接下来我们应该从哪里入手呢？

张老师：在战略落地"双轮"模型中，无论是目标牵引轮还是战略执行轮，最核心的就是用好绩效管理这个工具。为确保战略目标的落地，我们需要构建一套与战略目标紧密相连的绩效管理体系。这个体系不仅要关注结果，还要关注过程，更要确保所有部门和员工都能明确自己要做什么，以及做到哪种程度。在目标牵引力方面，我们要确保战略目标被准确、有效地解码到各部门、各岗位上。每个员工都应该清楚地知道自己的工作是如何助力企业战略目标实现的，自己的角色是什么，自己贡献了什么，这样，大家才能充分理解战略，形成合力，共同推动战略目标的实现。而在战略执行力方面，我们可以通过设定合理的考核指标引导员工，发挥"指挥棒"的作用。例如，企业的战略目标之一是利润达到 10 亿元，但企业目前绝大部分产品的利润率正在快速下滑，那如何才能保证利润目标的实现呢？我们可以设定一个与此强相关的关键绩效指标（KPI）——产品结构转型率，以引导相关人员将更多精力放在高利润产品上，锁定未来长期利润收益。

张老师的话音刚落，会场里就响起了热烈的掌声。

王总：张老师，您刚刚提到的战略解码非常关键，把这个做好了，绩效考核的指标就有了。最重要的是，一条价值链上不同位置的人都会很清楚自己的目标。可否请张老师再详细讲讲战略解码呢？

张老师：没问题，咱们接着讲。

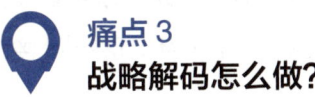

痛点 3
战略解码怎么做？

战略发展部李部长：集团的战略目标宏伟、振奋人心，但落实到每个部门和每个岗位上时，好像并没有得到有效的分解，有的部门几乎都分解不到什么核心指标，更谈不上有清晰的行动计划。

张老师：战略目标的制定和执行必须是相辅相成的，不能只有目标而缺乏具体的执行计划。我们需要将宏伟的目标分解成每个部门可执行的具体任务，这样大家才能明确自己的方向，形成合力，共同推动企业的发展。

王总：我们确实未能将战略目标细化至各部门和岗位，导致大家在执行的过程中缺乏明确的指引。

张老师：把战略目标分解到部门和每个岗位上的过程，专业说法叫战略解码。通过战略解码，我们可以确保每个部门、每名员工都清晰地了解自己的职责所在，以及如何通过自身的努力来推动企业整体目标的实现。这样，每个部门都能明确自己的方向，每名员工也都能找到自己的定位。

1. 战略解码的原则

战略解码就是通过清晰、可视化的方式，将企业的战略目标解码成全体员工可理解、可执行的具体战略举措，以及具体、详细的工作任务、目标，并按照企业的组织结构和业务流程，将任务、目标分解落实到各部门和员工身上，同时结合绩效考核进行督导落实，从而保障战略目标的实现。

战略解码需紧紧围绕企业战略目标，坚持正确的原则和指导思想，具体原则如下。

（1）目标垂直一致性原则。以企业战略和部门业务目标为基础，从企业到部门再到个人，自上而下垂直分解，自下而上层层承接，保障目标纵向承接的一致性。

（2）业务流程水平一致性原则。以企业端到端的业务为基础，结合业务流程，确立部门间的相关责任和协作关系，保持横向一致性和业务流程顺畅。

（3）均衡性和导向性原则。选取指标时应均衡考虑，体现部门的责任特点，结合 BSC 所包含的财务、客户、内部运营、学习与成长四个维度，以及企业导向、部门责任，均衡考虑后再选取指标。

（4）责任落实原则。建立 KPI 责任分解矩阵，落实部门和员工对上级目标的承接和责任，从高层到基层考核指标层层分解，目标责任层层承接，为PBC（个人绩效承诺）的确定提供依据。

2. 战略解码的实施步骤

战略解码是企业实现战略目标的关键过程，它涉及企业的整体发展方向和重点业务领域。只有企业领导层和各部门员工共同参与，才能确保战略解码的决策具有全面性和权威性。共同参与能够增强员工对战略解码的认同感和归属感。当员工意识到自己在战略解码过程中的重要性和作用时，他们会更加积极地投入工作，提高执行力和工作效率。同时，员工的参与能够促进企业内部的沟通和交流，增强团队凝聚力和协作能力，为战略解码的实施创造良好的氛围。

(1) 战略分析与定位。

战略解码的首要步骤是进行战略分析与定位。这一阶段的核心任务是深入理解企业的内外部环境，包括市场趋势、竞争对手情况、自身优劣势等。通过对这些因素的综合分析，明确企业的长期发展目标、短期实施重点以及核心竞争力所在。同时，需要确定企业在行业中的定位，以便为后续的战略制定提供清晰的方向。

(2) 关键绩效指标设定。

在明确战略定位后，接下来需要按照BSC四个维度设定关键绩效指标体系（KPIs）。KPIs是衡量企业战略执行情况的重要指标，应与企业的长期目标和短期实施重点紧密相关。设定KPIs时，要确保其具有可衡量性、可达成性和挑战性，以便为员工提供明确的工作目标和动力。同时，KPIs的设定需要考虑不同部门和岗位之间的差异，确保指标的针对性和可操作性。

(3) 行动计划制订。

有了明确的KPIs后，就需要制订具体的行动计划。行动计划应包括目标分解、任务分配、时间规划等内容，以确保每名员工都清楚自己的职责和工作重点。在制订行动计划时，要注重目标的可达成性和时间的合理性，避免产生过于乐观或悲观的预期。同时，还要关注行动计划的灵活性和可调整性，以便根据实际情况进行适时的调整和优化。

(4) 资源规划与配置。

企业进行战略解码不仅需要制订行动计划，还需要对所需资源进行规划和配置，包括人力资源、物力资源、财力资源等各方面。通过对资源的有效配置，可以确保行动计划的顺利实施和战略目标的实现。在资源规划与配置过程中，要注重资源的合理利用，避免资源浪费。

(5) 战略执行与监控。

在制订详细的行动计划、进行资源规划后，就需要开始战略的执行与监控工作。战略执行要求员工按照行动计划开展具体工作，而战略监控则是对执行过程进行持续关注，并根据需要进行调整的过程。在执行与监控过程中，要确保员工按照计划有序进行工作，并及时应对可能出现的问题和变化。同时，要充分利用KPIs进行绩效考核和跟踪，以便企业及时发现并解决战略执行中的问题。

(6) 绩效评估与反馈。

接下来是绩效评估与反馈。企业通过对战略执行情况的绩效评估，可以了解战略解码的实际效果，并发现其中的问题和不足。在绩效评估过程中，企业不仅要关注KPIs的达成情况，而且要关注战略解码对整体业务的影响。通过及时反馈绩效评估结果给相关部门和员工，可以激励他们继续发挥优势，改进不足之处。此外，还可以通过绩效评估结果对战略解码流程做进一步优化和改进。

（7）战略调整与优化。

根据绩效评估的结果和市场环境的变化，企业需要对战略进行适时的调整和优化。这包括对原有战略目标的修正、对行动计划的调整以及对资源配置的优化等。战略调整与优化是战略解码流程中的一个持续的动作，旨在确保企业战略始终与市场和业务需求保持同步，保持竞争优势。通过不断优化和完善战略解码流程，可以为企业实现长期稳定发展提供有力保障。

综上所述，战略解码的实施步骤包括战略分析与定位、关键绩效指标设定、行动计划制订、资源规划与配置、战略执行与监控、绩效评估与反馈以及战略调整与优化这七步。通过认真执行这些步骤，企业可以确保战略得到有效解码和执行，为企业的长期发展奠定坚实的基础。

3. 战略解码的四个视角

战略规划是企业发展的蓝图，但要实现这一蓝图，仅仅依靠规划是远远不够的。战略落地是一个复杂且系统的过程，而战略解码则是确保这一过程顺利推进的关键环节。战略解码不仅有助于全体员工深入理解企业战略，更能确保大家的行为与企业战略方向保持一致。

战略解码的首要任务是明确战略实施的具体举措和路径。这需要企业高层将宏大的战略规划细化成可执行的具体任务，确保每个部门、每名员工都能清楚地知道自己在战略实施中的位置和作用。同时，企业通过战略解码可以合理划分职责边界，避免在战略实施过程中出现责任不清、互相推诿的情况。

在进行战略解码时，BSC 是一项非常重要的工具。它从财务、客户、内部运营和学习与成长四个维度全面解析企业战略，帮助企业构建完善的战略落地系统（见图 2、图 3、图 4）。通过 BSC 的运用，企业可以更加清晰地看到战略实施的全貌，从而更有针对性地制定实施方案和举措。为确保战略解码的顺利进行，建议企业从较为简单和直接的任务入手，再逐步推进更复杂、更关键的环节。在每个阶段，企业都要确保相关人员的充分参与、充分讨论，以确保战略解码的准确性和有效性。

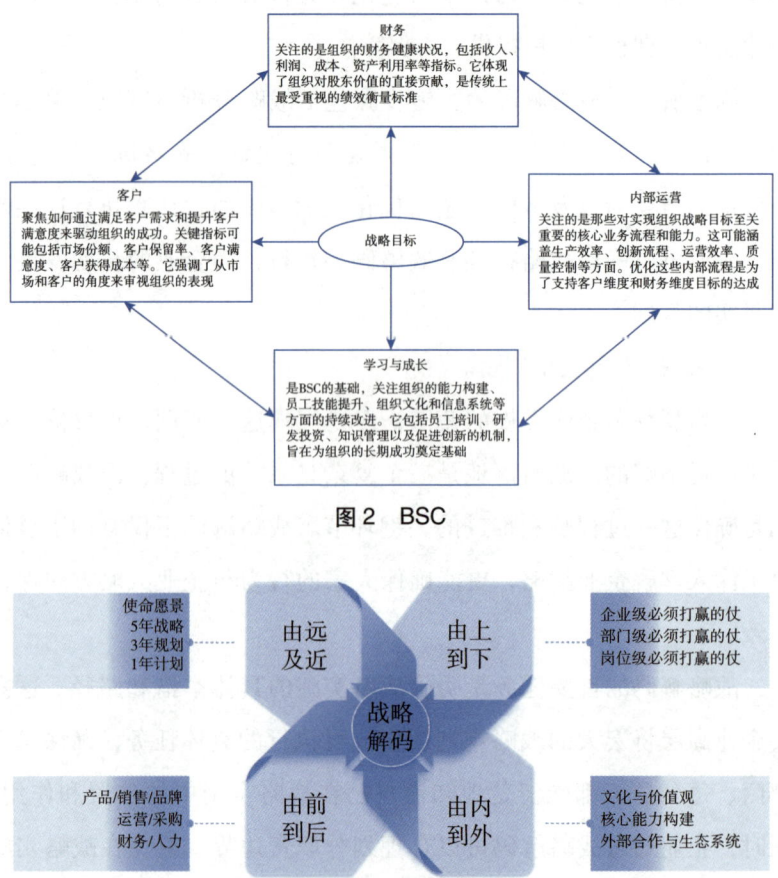

图 2　BSC

图 3　四维战略解码模型

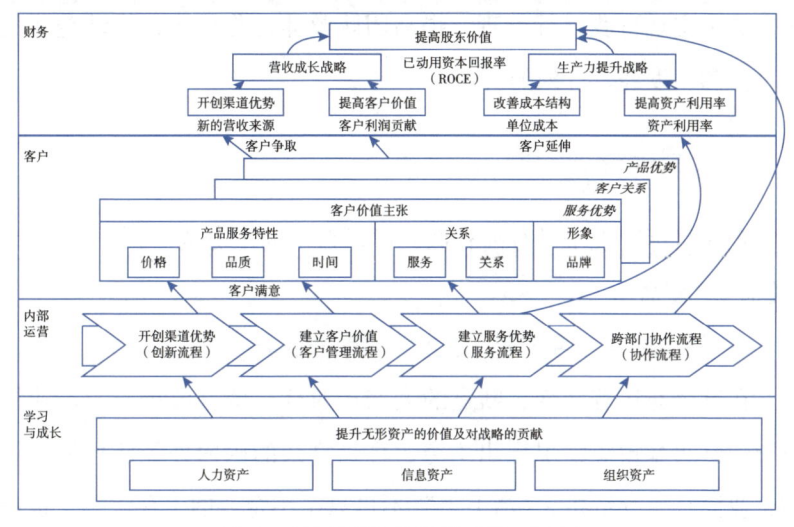

图4 利用 BSC 进行战略解码示例

◎ 基础夯实 ◎

一、目标管理的价值

对于一艘没有目标的船，任何方向的风都是逆风。同理，组织和个人如果没有目标指引，就会陷入迷茫。有目标才有奋斗的方向和动力。因此，企业的发展使命和战略规划必须转化为具体的目标。

企业管理者应通过目标对下级进行管理，将组织目标分解到部门和员工，并根据目标的完成情况对下级进行考核、评价和奖惩。目标管理的实质是绩效导向，建立多层次的目标管理机制，以目标为指引，抓住经营管理核心环节，使企业战略目标和经营管理压力层层分解，有效传递至基层岗位，并转化为员工的日常行动，同时督促员工实现自我目标管理，提高团队整体运作效率，推动企业战略目标和年度经营计划的实现。

二、目标管理的层次

企业目标管理水平有高有低，可以自下而上分为三层："保命""续命""使命"。

1. "保命"：“活下来”是企业的第一要务

在这个充斥着突变、断点的大变局时代，资金流困难、产业链断裂、巨头暴雷等情况层出不穷，日趋复杂的国内外经济环境让许多企业面临生存危机。"活下来"不再只是小企业的生存法则，也成为许多大中型企业的第一要务。

企业"死亡"的原因很多，其中最为常见的有两种：一是因人心涣散、离心离德造成企业土崩瓦解；二是因资金链断裂造成企业突然"死亡"。企业要想成功"活下去"，就必须稳住人心、守住现金流，因此在构建目标体系、设置目标时，应着重关注团队建设（核心人员流失率）和现金流。

2. "续命"：基业长青，“活得好且久”

有公开数据显示，中国中小企业的平均寿命只有2.5年，大型企业的平均寿命仅为7~8年。

一家企业发展得好不好、行得远不远，主要看两点：一看利润，企业要生存发展，赚钱才是硬道理；二看风险，企业只有稳健经营才能铸就百年基业。因此，企业在建构目标体系、设置目标时，要关注利润和风险控制。

3. "使命"：价值创造，“活出意义”

使命决定企业为何存在，具有怎样的意义，为社会能做出怎样的贡献，对事业伙伴给予怎样的承诺等。

企业使命是企业发展的最终目的，企业通过企业使命向大众传递企业的种种梦想、憧憬，描述企业自身的社会责任与角色。员工有幸福感、与合作伙伴共赢、承担一定的社会责任等是企业发展目标的应有之义。

三、建构目标体系的流程

建构目标管理体系的流程可分为三步。

1. 确定企业总体目标

企业总体目标是企业目标体系建设的关键，企业年度总体目标源于企业的战略规划。要保证战略目标的实现，企业就必须将战略目标分解到每个年度去完成。

企业总体目标的内容要科学、全面，能反映企业的关键绩效指标。核心内容在于投资收益率，实现资产增值。与之相关的有利润指标、产值或销售收入指标、成本指标、费用控制指标、风险控制指标、应收账款指标、市场开发指标（市场占有率、市场保持率、新客户开发数、客户满意度等）、研发指标、品质指标（产品合格率、优良标准等）、安全指标、管理指标（人力资源开发、创新管理、人才培养等）以及企业文化建设指标等。

企业总体目标既要包括现实工作指标，也要包括产品研发、市场开发、人力资源开发等保证企业未来发展的指标，以实现企业的均衡发展。

2. 有效分解企业总体目标

确定企业总体目标后，要按照一定的原则和程序进行分解，形成部门和个人目标。个人目标是为了达成上级的目标而存在。如果没有上级的目标，就无从议定个人目标；同理，没有下级的目标，也无从谈上级的目标。制定目标的过程就是建立绩效伙伴关系的过程。

在目标的纵向分解过程中，既形成了部门、岗位各自相应的目标内容，也形成了部门之间、岗位之间的协同目标，这是目标管理应遵循的内在规律。

3. 整合各层级目标

企业整体目标体系必须具备横向的沟通和协同，部门与部门间、岗位与岗位间必须相互有效支援，形成完整体系。如果每个岗位的目标彼此没有连贯，部门与部门间也缺乏横向协调，难以形成管理闭环，就会降低企业的整体效益。个人目标的内容与企业整体目标有无脱节、有无矛盾或重复，目标的达成基准有无不合理的地方，目标的达成过程中彼此是否配合，这些问题都应该注意。

在整合企业的目标体系时，通常可以从纵向和横向两个方向来进行，具体如下。

第一，纵向目标体系的整合。

企业整体目标体系首先必须自上而下制定，形成一个纵向的目标体系，即按照"企业目标—部门目标—个人目标"的顺序来制定，形成从"企业—部门—个人"的三级目标和绩效管理体系，实现目标任务层层分解、经营压力层层传递的指标机制。每个人的目标都是为了完成上级目标，因此这种关系就是企业目标对应个人目标、总目标对应部分目标、上级目标对应下级目标。

在目标纵向分解过程中，下级部门必须承接上级部门的目标，绩效目标的设定必须以最终实现企业战略目标为目的，指标的内容一定是关键性的，要突出重点，而不是面面俱到。绩效目标要将结果与过程相结合，对上强调结果，对下强调过程。

第二，横向目标体系的整合。

要发挥"1+1 > 2"的效果，就必须将企业全部资源整合成一个整体，部门之间互相支援与配合，加强沟通与协调，因此，企业整体目标的实现需要横向沟通。例如，假设销售部提出"上半年交货延迟错误不超过1次"的目标，那么就要按照"销售部—生产部—技术部"的顺序进行横向沟通。

综上所述，目标体系建立的整体流程是首先由上级与下级通过纵向沟通确定目标，然后由相关部门进行横向沟通以修正目标，最后整合形成企业的目标体系。

四、目标体系与绩效管理的衔接

绩效是工作结果和行为过程的结合。绩效管理是对员工预期目标和员工的实际表现（含行为过程和工作结果两方面）进行对比分析和评价，得出员工工作业绩表现是否符合预期目标（达标、超出预期或不达标），进而采取不同薪酬激励等策略的过程。因此，目标管理是绩效管理的前提，绩效管理是目标管理的后盾，两者应有效衔接，保持连贯。如果只有目标，没有每阶段的绩效管理，那么这个目标可能永远不会有实现的一天；同理，如果只有绩效管理，事先没有确立目标，就会陷入做什么就考核什么，做成什么样就是什么样，考核完全凭感觉打分，变成"走过场"。好的绩效管理必须以有效的目标管理为前提。大量的理论研究和管理实践都证明，具有挑战性的目标通常能带来高绩效。在实际操作中，可以将员工的绩效目标分为三个层次：警戒值（最低值）、目标值（基准值）和挑战值（超出预期），分别对应不同的激励手段。管理者和员工要充分沟通，制定合适的、有挑战性的目标，以激发员工的潜力。

目标管理原理运用在绩效考核中，与组织目标管理体系以及工作责任制相联系，形成重要的绩效考核方法论——目标管理（MBO）。即以目标为导向，以人为中心，以成果为标准，使组织和个人取得最佳业绩。如果员工达到了自己的目标，就可以获得更好的发展机会和薪酬待遇，这样就将企业利益和员工利益成功捆绑在一起。因此，绩效管理是将企业目标连接到个人目标的纽带，也是实现企业发展目标的重要管理工具。

绩效管理分为组织绩效和个人绩效，组织绩效又进一步分为企业整体绩效和部门绩效。企业整体绩效目标源于对企业战略目标的分解，部门绩效目标源于对企业绩效目标的分解和承接，个人绩效目标源于对部门绩效目标的分解和承接。这三个层次的目标共同构成了企业整体绩效管理体系的基础，强调在企业整体战略目标的牵引下，将企业整体战略规划和目标通过自上而下的层层分解落实为部门和个人的绩效目标，并通过绩效目标实施与考核评价及结果应用，将企业战略规划转化为内部管理过程和具体行动，从而确保企业整体战略目标的有效落地。

◎ 总结提炼 ◎

（1）战略落地的四个维度：财务、客户、内部运营、学习与成长。

（2）战略落地"双轮"模型：目标牵引轮×战略执行轮。

（3）战略解码的维度：BSC。

（4）战略解码形成的指标要满足的特征：SMART原则。

（5）战略落地的四个关键点：COME。

（6）战略解码的实施原则：目标垂直一致性原则、业务流程水平一致性原则、均衡性和导向性原则、责任落实原则。

（7）战略解码实施步骤：战略分析与定位—关键绩效指标设定—行动计划制订—资源规划与配置—战略执行与监控—绩效评估与反馈—战略调整与优化。

（8）目标管理层次："保命""续命""使命"。

（9）建立目标体系的三步法：确定企业总体目标，有效分解企业总体目标，整合各层级目标。

（10）目标的三个层次：警戒值（最低值）、目标值（基准值）和挑战值（超出预期）。

◎ 举一反三 ◎

请根据你所在企业的战略目标并结合各部门职能定位，尝试进行战略解码，最终绘制出一份战略地图。

提示：需要清晰理解企业的整体战略目标，包括企业的长期愿景、使命以及短期和长期的具体目标。然后分析企业各部门的职能定位，了解每个部门如何为实现企业的战略目标做出贡献。

在绘制战略地图时，请考虑以下几个关键点：

（1）各部门在企业整体战略中的角色和定位是什么？

（2）各部门之间如何协同工作以实现企业的整体战略目标？

（3）哪些是关键的业务流程，它们如何支持战略目标的实现？

（4）如何衡量各部门以及企业整体战略目标的达成情况（成功的判断标准）？

认知篇

怎样看待绩效管理?

要做好绩效管理，首先必须跨越认知障碍。众多企业在实施绩效管理的过程中遭遇瓶颈，核心原因之一在于管理者与员工对于绩效管理本质的理解存在偏差。构建正确的绩效管理观念是成功实践绩效管理的前提与关键，只有各方对绩效管理持有统一而透彻的认知后，企业才能充分发挥这一管理工具的巨大潜力，驱动组织效能持续提升。

◎ 痛点支招 ◎

痛点 4
总有管理者不愿推行绩效管理，怎么办？

王总：张老师，前面您讲的战略落地"双轮"模型让我一下明白了绩效管理的重要性，企业目前的绩效管理体系确实有很多问题，我让人力资源部刘部长问了一下大家的意见，有几位管理者的态度并不积极，这该怎么办？

张老师：您可以想想这几个问题，企业推行绩效管理，对哪些人有好处？对哪些人有坏处？绩效管理由哪个部门牵头、组织？做与不做，做得好与不好，对管理者和企业都有哪些影响呢？

王总：我懂您的意思，一部分人担心推行绩效管理后，自己不好混日子了，还有一部分人是不想给自己揽活儿，做得不好要挨骂，做得好可能要得罪人。这样一来，的确是动力不足。

　　张老师：是啊，尽管大家都明白绩效管理对企业有好处，但真把这事儿落到他们头上，他们可未必真支持啊！

　　王总：这几年市场行情差，企业的经营压力很大。既然绩效管理能保证战略落地，那么今年必须推行。我想先明确责任机构，组建项目组，明确分工并制定考核指标。还要设立专项奖，专门奖励在绩效管理推进过程中做出贡献的个人或团队。张老师，您觉得如何？

　　张老师：我特别认同您的想法，接下来我将全程支持您。

痛点 5
做绩效管理投入那么多，划算吗？

　　财务部钱部长：张老师，我是做财务工作的，对成本这个概念很敏感，我们部门已经开始推行绩效管理了，但这个过程占用了大量的时间、人力和物力，搞得大家都筋疲力尽，甚至有人抱怨说，"整天搞绩效，都没空干工作了"，您觉得我们为了得到一个绩效结果，有必要投入这么多吗？感觉投入产出比不高啊。

　　张老师：企业刚刚开始推行绩效管理，很多流程和要求都在磨合中，大家难免会有情绪。所谓"绳锯木断，水滴石穿"，说的就是这个道理。绩效管理是一种相当有难度的管理手段，肯定需要一定的投入，但长期坚持下去能一定程度上降低企业的总成本。为什么这么说？我们企业的绩效考核指标是围绕 BSC 去分解的，第一个维度就是财务，降本增效是核心指标，而且我们还会继续分解该指标，找到它的关键成功要素或具体重要行动，再将其层层分解到各子公司、事业部，再到各部门、各岗位，让每名员工清楚该怎么做才能降本增效。利用绩效管理这个"指挥棒"，引导各级员工做出符合组织目标的行为，长期坚持下去，这些投入的管理成本最后都会在成本降低和利润提升上得到回报。所以，绩效管理虽然看似支出不少，但其实是一种长远的投资，它有助于明确组织和员工努力的方向，优化资源配置、激发员工潜能、提升企业整体工作效率，我们还能在绩效管理的执行过程中识别潜在问题或风险，防微杜渐。以这样的态度去看绩效，可谓是"道阻且长，行则将至"，只要我们坚持下来，未来可期。

财务部钱部长：我明白了。

痛点 6
为什么绝大部分企业的绩效管理做不好？

行政部王部长：张老师，虽然我也知道绩效管理有很多好处，可以帮助企业快速发展，但据我所知，好像能做好绩效管理的企业并不多，很多大企业的绩效管理改革都失败了，这是什么原因呢？我觉得我们还是不能太激进，要保守一些，慢慢来。

张老师：做好绩效管理的企业确实不多，甚至可以这样说，绝大部分企业的绩效管理做得并不好。好的绩效管理制度能否落地主要在于执行者，集中表现在以下三个方面。

第一，想不想。其实大部分管理者内心很认同绩效管理，也想为企业做实事。但也有部分管理者认为绩效管理不是企业必需的，认为员工的工作内容差异大，客观评价起来太难，于是干脆就放弃了。还有一种特殊的情况，员工处于哪个岗位、能否做出成绩更多是企业安排的结果，并非完全是个人努力，所以部分管理者认为绩效管理并不能很好地解决问题，也不对此抱有期待。

第二，敢不敢。这个就需要点魄力了。部分管理者面对破解"老大难""硬骨头"的重重挑战，有畏难情绪，怕闯红线、挨批评、得罪人，宁可不做，也不愿做错。虽然天天把"抓落实"挂在嘴边，但真让他去推行，他反而瞻前顾后，畏首畏尾。

第三，会不会。即使管理者有意愿也有魄力推行管理变革，也可能因为缺乏正确的方法和技巧而无法有效执行。最容易突破的就是第三点了。只要想做、敢做，哪怕不会做，也可以有很多方法把绩效管理做好，比如寻求第三方咨询机构帮助。

行政部王部长： 这三种情况在我们企业都存在。幸亏有您来帮助我们推动绩效管理的实施，不然就太难了！

张老师： 我很高兴能有机会与大家一起探讨和解决绩效管理中的难题，这三个问题我们共同来破解！

痛点 7
为什么员工认为推行绩效管理是为了扣钱？

安全质量部余部长： 张老师，我们之前对企业安全和质量人员进行绩效考核，效果不佳。员工认为推行绩效管理就是为了扣钱，其实我也觉得惩罚多奖励少。安全和质量是企业的根本，若对关键岗位员工的绩效考核无激励作用，会威胁企业安全，后果不堪设想。

张老师： 确实，很多企业在实施绩效管理时都会遇到类似的问题，导致员工对绩效管理产生误解和抵触情绪，主要原因包括以下五点。

第一，绩效导向问题突出。一些企业中，绩效管理常以负激励为主，甚至全部是负激励。例如，员工表现好时，只能得到很少的奖励甚至没有奖励；员工表现得稍差时，就面临扣款处罚。这种惩罚性导向让员工难以将绩效管理视为激励手段，而觉得是扣钱工具。

第二，考核内容制定得不合理。如果绩效管理的考核内容与员工的岗位职责脱节，那么员工就可能会认为企业是故意为难他，让他做的事并不是他应该做的，或考核的内容不是他所做的，从而对绩效管理产生抵触情绪。

第三，标准与流程不清晰。如果员工在不了解、不认可事实的情况下就被惩罚，他们自然会对绩效管理的公正性和透明度产生怀疑。这种缺乏公正性和透明度的绩效管理很容易让员工觉得它就是为了扣款处罚设定的。

第四，目标值设定得过高。如果企业设定的绩效目标值过高，员工就更易感到沮丧和无力。在这种情况下，员工可能会选择直接放弃。同时，他们会认为这就是企业想实施扣款处罚的手段。

第五，沟通与反馈的缺失。绩效管理的核心目标远不止简单的业绩评估，更在于通过有效的沟通和及时的反馈，促进员工的个人成长和工作效能提升。然而，倘若企业在实施绩效管理时忽略了与员工之间的深入沟通环节，就可能会使员工产生误解，使其认为绩效管理仅是企业用以实施扣款处罚的工具，而非一种旨在激励其进步与发展的方式。

安全质量部余部长：原来有这么多因素，看来绩效管理体系确实不好设计。感谢张老师，专业的事还得让专业的人来做！

痛点 8
为什么说绩效不等于结果？

市场部肖经理：张老师，我们市场部的绩效考核就看销售额、回款额、利润这几个结果性指标。但在实际工作中，有时就算我们完成这些指标，绩效考核拿满分，也不一定能达成企业预期的市场效果。比如，为追求短期销售额而采取过度促销，虽然销售额提升了，品牌形象却因此受损，不利于企业的长期发展。再如，为达到利润指标，成本控制过严，导致产品质量下降，影响了客户满意度和口碑。我对此很困惑，请您帮忙分析分析。

张老师：绩效不等于结果。绩效是多维概念，不仅包括最终结果，还涵盖达到结果过程中的资源利用效率、员工努力程度及行为表现等。绩效是结果与过程的综合（见图5），可用公式概括：

绩效表现=结果（业绩）+过程（效率）

绩 —— 指业绩，工作的结果
效 —— 指效率，工作的过程

图 5　绩效释义

通过图5能够清晰地看出，绩效的"绩"代表业绩，是工作的结果；而"效"代表效率，是工作的过程。但"绩"和"效"并非相互割裂，"绩"是"效"的映射，"效"是"绩"的保障，工作过程的持续优化迭代将促进更好结果的达成。

在实际工作中，不同岗位和项目因资源、历史背景等有先天优势或劣势，即"肥田"与"瘦地"。若只按结果衡量绩效，员工可能倾向选资源丰富的"肥田"，忽略条件艰苦的"瘦地"，这不利于企业均衡发展，会造成资源浪费和人才流失。

因此，绩效管理不能只看结果，更不能忽视过程中员工的努力。在面对资源匮乏或环境艰难的挑战时，那些依然能够迎难而上，积极主动创造条件为企业做贡献的员工，无疑展现出了卓越的韧性和创新精神。企业应当高度重视并充分认可这类员工的努力与贡献，通过有效的激励机制对其进行表彰。这样的绩效评价体系，能够激发员工的内在动力，推动个人和组织进步，还能有效保障绩效管理的公平性，让员工付出有回报。

市场部肖经理：感谢张老师的讲解，我明白了！

痛点9
绩效管理体系包含哪些要素？

张老师：讲完了绩效的概念，现在我想和大家一起探讨一个问题——企业的绩效管理体系应该包含哪些要素？

纪检监察部严部长：我认为主要有三个要素，考核打分、结果评价、绩效工资兑现。

财务部钱部长：我补充一下，绩效管理目标的制定也是很重要的，我们财务部每年都会根据过往数据做下一年度的财务预测，制定下一年度的企业收入和利润目标。

张老师：严部长和钱部长说得都对，但不全。下面我将用我的原创绩效管理模型——"绩效花"模型（见图6），为大家讲解企业的绩效管理体系有哪些关键要素。

请大家看一看这盆花,"花瓣"是绩效管理的一些关键要素,包括绩效管理的目的原则、考核工具、考核指标、考核周期、考核关系、管理流程、考核依据和结果应用;而更关键的则是"花盆"里的"土壤",包括企业文化、战略规划、管理水平和员工素质。如果"花盆"里的"土壤"出了问题,那么这朵"绩效花"是很难持久美丽绽放的。

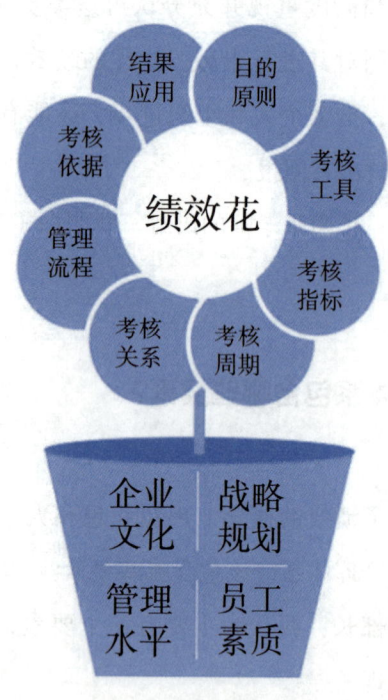

图6 "绩效花"模型

"绩效花"模型的8片"花瓣"代表绩效管理体系的8大关键要素。

(1)目的原则:指企业绩效管理体系坚持的原则和希望达到的目的。

（2）考核工具：指在多种考核工具之间选择最适合企业的一种或多种的组合，如 KPI、BSC、OKR（目标与关键成果法）、KUC（"手掌"模型）、360 评估等。

（3）考核指标：指考核内容，体现不同被考核者的工作核心和考核重点。

（4）考核周期：指考核频率，以一段时间作为节点进行打分评价，如月度、季度、半年度、年度等。

（5）考核关系：指考核者与被考核者的关系，即打分人与被打分人分别是谁。

（6）管理流程：指绩效管理的 PDCA 循环实施流程。

（7）考核依据：指考核评价时的参考标准，分定性和定量两种标准。

（8）结果应用：指考核结果的应用方式，即考核结果如何应用到薪酬、岗位、职级、培训、中长期激励、职业生涯设计等方面。

"绩效花"模型中"花盆"里的"土壤"部分代表与绩效管理体系相关联的 4 个关键要素。

（1）企业文化：指企业的使命、愿景、价值观、对绩效管理的态度、激励策略等，由此决定绩效管理体系的发展方向和趋势。

（2）战略规划：指企业的短期或中长期战略发展规划，作为企业绩效指标分解的顶层来源。

（3）管理水平：指企业的组织协同效率以及各级管理人员的管理能力。

（4）员工素质：指企业全体员工的能力素质水平，包括已展现出的能力及未来的潜力。

战略发展部李部长：张老师，您的"绩效花"模型形象且有深意。确实，绩效管理成功不单靠制度，还在于企业管理能力。没有良好的企业文化支撑，完善的绩效管理体系也难以发挥效能。要关注"花瓣"，更要培育"土壤"，让"绩效花"绽放光彩。

财务部钱部长：李部长说得对，"绩效花"模型提供了新视角。那我们能否从 8 片"花瓣"和"土壤"里的 4 个维度全面优化绩效管理体系？这样能更系统了解改进绩效管理体系，确保科学有效。

张老师：钱部长，您说的正是我接下来要讲的！确实，"绩效花"模型不仅是理论框架，更是实用工具，能帮我们全面审视优化绩效管理体系，这也是我要讲的。关注"花瓣"和"土壤"的各要素，能更系统地识别薄弱环节并改进。希望模型能启发大家对企业绩效管理的深度思考。

痛点 10
绩效管理体系如何评价？

战略发展部李部长：张老师，关于评价绩效管理体系的方法，请您具体讲讲。

张老师：是的。我们长期通过绩效管理与考核来评价他人的工作表现，但若想真正验证绩效管理体系的效能，可以尝试一种自我检验的方法，即"以己之矛，攻己之盾"。为此，我们特别设计了一套"绩效花"评价卡（其中一张见图 7）。

这套卡片共 14 张，考虑到内容较多，将其中 13 张卡移至本章的"基础夯实"中。图 7 以绩效管理体系的有效性为核心目标，涵盖了"绩效花"模型的 12 个评估维度。我们需要根据每个维度的具体表现，采用五级评分法进行打分，并分配相应的分值。最后，通过汇总这些分值，我们可以直观地了解企业绩效管理体系的总体得

序号	层级	考核管理要素维度	对应分数（分）				
			一级	二级	三级	四级	五级
1	绩效管理体系的8大关键要素	目的原则	1	2	3	4	5
2		考核工具	1	2	3	4	5
3		考核指标	1	2	3	4	5
4		考核周期	1	2	3	4	5
5		考核关系	1	2	3	4	5
6		管理流程	1	2	3	4	5
7		考核依据	1	2	3	4	5
8		结果应用	1	2	3	4	5
	"花瓣"得分						
	"花瓣"得分（百分制）						
9	与绩效管理体系相关联的4个基础要素	企业文化	1	2	3	4	5
10		战略规划	1	2	3	4	5
11		管理水平	1	2	3	4	5
12		员工素质	1	2	3	4	5
	"土壤"得分						
	"土壤"得分（百分制）						

图 7 "绩效花"绩效管理体系综合评分卡

分，这一得分将成为我们评估绩效管理体系有效性的关键指标。

痛点 11
想要做好绩效管理还需要什么配套措施？

人力资源部刘部长：张老师，是不是做好"绩效花"模型的"8+4"个维度，就可以做好绩效管理了？

张老师：还不够。人力资源的其他职能模块是做好绩效管理的配套基础，包括构建清晰合理的岗位职级体系、打造有吸引力的薪酬管理体系、提高人岗匹配度的招聘工作以及组织有效的培训活动。如果把绩效管理达成的效果比作一辆"马车"，那么绩效管理就像那匹拉车的"马"，其他 4 个要素就像马车的 4 个"轮子"（见图 8）。要是"轮子"损坏了，即便"马"再强壮，也难以拉动"车"快速前进。

市场部肖经理：这幅图真形象，一下子就说明白了。那这 4 个

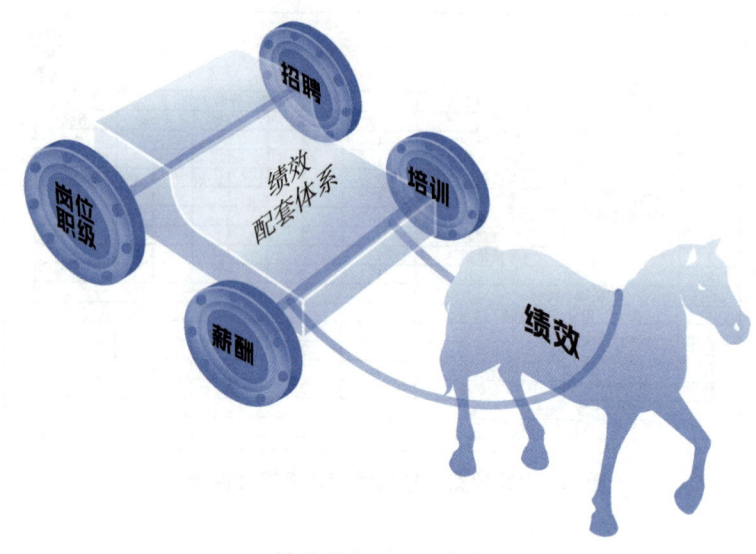

图8　绩效配套体系"马车"模型

"轮子"之间又有着怎样的关联和相互作用呢？如果其中一个"轮子"出现问题，是不是对马车的运行影响特别大？

张老师：的确如此，如果其中任何一个"轮子"出状况，都会对绩效管理的整体效果产生不利影响。首先说说岗位职级体系，企业需要有清晰明确的岗位职级规划，否则，将难以将目标层层分解并实现精准的绩效考核。此外，企业还需要依据员工的绩效结果动态调整其岗位和职级，以实现"能上能下"的灵活管理机制。接着说说薪酬体系，企业制定合理的薪酬体系是非常有必要的，否则，即便企业的绩效考核结果非常合理，但如果薪酬水平不尽合理，员工仍然会认为绩效管理缺乏公平性。再来说说培训，企业应根据员工的绩效考核表现设计差异化的培训方案。绩效表现优异的员工能成为内部讲师，而对于绩效表现差的员工，企业需要分析并提炼出他们的共性和个性需求，以此为基础定制提升课程，确保"培训是为了绩效改进"的目标得以真正实现。最后说说招聘，它主要解决的是人岗匹配问题。想必大家还记得"绩效花"模型中花盆"土壤"的关键维度之一是员工素质，如果员工素质与岗位要求存在差距，那么人岗匹配度就会受到影响，即便员工付出极大的努力，也很难达到预期的绩效目标，这样一来，绩效管理的"指挥棒"作用就难以充分发挥。所以，这 4 个"轮子"很重要，"马车"要跑得快，"轮子"不能坏。

痛点 12
有什么问题不能靠当下的绩效管理来解决？

战略发展部李部长：张老师，听您讲完，我认为这几个"轮子"还真有可能会出现一些问题，这时候是不是就不能完全依靠当下的绩效管理去解决了？

张老师：确实有一些不能靠绩效管理解决的问题。绩效管理虽是强有力的管理工具，但不是解决所有管理问题的万能钥匙，比如下面几类。

第一，目标设定的合理性问题。目标值调整本可在绩效管理中解决，很多企业会在每年 7 月初对全年目标进行重新审视，并在必要时作出相应的调整。然而，如果企业领导者不采纳科学分析的意见，固执地认为既定的目标必须完成、不能更改，其他管理者也只能被迫接受。在这种情况下，一旦目标的科学性无法得到保障，绩效管理体系就很难发挥出其应有的价值。

第二，人岗不匹配问题。这个问题在"马车"模型中有所涉及。尽管绩效管理能衡量和奖励员工表现，但不能立即彻底改变人岗匹配度。例如，即使甲部门绩效最差的员工也比乙部门绩效最好的员工表现得更出色——这种情况可以比喻为"将军里的矮子优于矮子里的将军",仅靠绩效管理来解决问题也是非常困难的。只有当企业长期坚持绩效管理,并根据绩效结果适时调整员工岗位时,才能最终解决这类问题。

第三,团队规模与评价分布问题。在小规模团队中实施强制分布法的绩效评价体系可能会导致评价结果失真。例如,假设甲部门仅有 2 人,他们的绩效等级很可能都被评为 B 等级;而乙部门人数较多,很可能有员工被评为 C 等级。但是,甲部门被评为 B 等级的员工未必比乙部门被评为 C 等级的员工更优秀。在这种情况下,企业必须考虑到团队规模和构成对评价结果的影响,优化强制分布法的规则,避免采用"一刀切"的评价方法。

战略发展部李部长:看来绩效管理不是万能的,有些问题的确不能靠当下的绩效管理去解决,但好在长期坚持绩效管理并不断迭代,就可以逐渐解决此类问题。

张老师:李部长说得很好,企业不能把所有问题都寄希望于绩效管理体系去解决,不能太功利,不能太急迫,要坚持长期主义、循序渐进,才能真正解决企业的经营和管理难题!

痛点 13
要不要推行全员绩效管理?

行政部王部长:张老师,在我看来,虽说绩效管理确实重要,但似乎没必要将"摊子"摆得如此之大,没必要搞全员考核,毕竟这样一来不仅成本过高,而且管理的难度也极大。只需针对管理层进行考核就好。当管理层感受到压力,自然而然就会对下面的员工提出要求。

市场部肖经理：我反对王部长的意见。我是希望做全员考核的，唯有如此，方能有效地激励员工勤奋工作。否则，缺少了这一方法，目标的达成将会困难重重。

张老师：其实两位说得都有道理。对于管理基础好的企业，我建议推行全员绩效管理，这也是发展趋势。当然，王部长说得有一定道理，对于管理基础薄弱或无法接受过于复杂的绩效管理体系的企业，可以重点抓组织绩效，在员工绩效上可以适当降低要求；或者在企业范围内先进行试点工作，在子企业、部门或一些关键岗位推行绩效管理，待效果显现后再逐渐推行企业全员考核。

人力资源部刘部长：张老师，我特别认同您的看法，企业刚开始推行绩效管理，可能什么都想抓，其实什么也做不好。

痛点 14
降低浮动比例，为什么还有人反对？

行政部王部长：张老师，推行绩效管理是很有必要，但我心里直犯嘀咕，像我们这种成立时间久、人员规模大的企业，推行绩效管理怕是不容易，会有很多阻碍。

张老师：王部长的担心有道理，我遇到过很多次这种情况。我之前服务的一家企业是国企，年终奖约占年薪总额的50%。由于考虑到员工平时的生活成本高，我们建议从年终奖拿出一部分额度在平时发放，大幅提升员工的日常薪酬获得感。本以为大家会开心接受，没想到有很多反对的声音，您们能猜到是为什么吗？

财务部钱部长：这很奇怪，从收入看，员工的整体收入没有减少，浮动工资的占比还降低了，怎么会反对呢？

张老师：问题就出在绩效管理上。这家企业平时的浮动工资占比较高，这部分工资通常在年底一次性发放。然而，由于没有真正执行绩效考核，浮动工资实际上变成了固定工资，虽然发放的时间较晚、比例较高，但员工总能全额领取，形成了一种吃大锅饭的局面。虽然现在降低了浮动工资的比例，但如果企业真的开始实施绩效考核，动真格了，那些混日子的员工就会有压力，因为大锅饭的模式将不再适用，所以他们会极力反对。他们反对的并不是降低浮动工资的比例，而是担心绩效考核会影响他们的利益。这表明，在企业改革中，我们必须认真分析反对者反对的原因，不能一听到反对就认为是方案有问题，而是要探究反对者为何反对，企业改革要保谁的"蛋糕"，动谁的"蛋糕"。当我们明白了这一点，即便在关键决策上有不同的声音，做出正确的决定也就不会太难了。

财务部钱部长：原来是这样。担心这次绩效管理要动真格了，即便是降低了浮动工资比例，毕竟也比之前发放要严格一些了，他们脑子可真是转得快啊……

痛点 15
绩效管理问题有人吐槽却没人解决，怎么办？

纪检监察部严部长：张老师，很多管理者都清楚企业绩效管理体系存在的问题，平时吐槽的人很多，但没人真正落实，问题没及时解决，时间一长，问题更多，绩效管理体系越来越形式化，这该怎么办？

张老师：这是绩效管理体系监督执行和动态优化的问题。企业管理者或人力资源部门等绩效管理的牵头者对绩效管理执行形式化以及自身监督职能的选择性忽视，往往是导致绩效管理出现问题的关键原因，尤其是那些体制机制不完善的企业（往往是规模不大的企业），即便部门职责、绩效管理制度、业务流程和激励机制等都很到位，企业绩效管理仍可能效果不佳。为改善这种状况，可从以下两方面入手。

第一，明确绩效考核主体及其职责。企业应通过相关制度或管理办法明确区分组织绩效和个人绩效的考核主体。一般来说，组织绩效考核通常由企业管理部、运营管理部或战略发展部等相关部门负责，个人绩效考核则由人力资源部或有相应职责的部门承担。确保绩效考核执行过程的监督职责明确，是提升绩效管理科学性的第一步。

第二，充分利用过程监管的机制和方法，重点是让考核主体产生有效监管行为。这要求考核主体掌握有效的过程监管手段，不只是依赖考核周期末的突击检查，还应该依靠以下两点：一是定期召开绩效总结复盘会，最好和绩效考核周期一致，每期绩效结果确定后直接组织召开复盘会，总结汇报刚结束的考核周期的执行效果和监督情况，发现并解决问题，明确待优化之处；二是将待优化之处转化为下一考核周期的考核指标或加减分项，明确考核主体，形成"发现问题就立即解决问题"的考核闭环。通过建立明确的机制和流程，进行有效的过程监管，不断动态调整绩效管理体系，提升绩效管理制度的落地性、有效性，使其真正发挥作用。

痛点 16
绩效管理到底应该由谁来做？

市场部肖经理：张老师，在您细致的解读之下，我们充分感受到了绩效管理的重要性。我有一个问题请教您，绩效管理到底应该由谁来做呢？我先说说自己的看法，我认为专业的事应交给专业的人做，业务部门不是学人力资源专业的，绩效管理由人力资源部全权负责更合理。

张老师：一个常见的误区是，许多人认为绩效管理应全权由人力资源部负责，这可能是因为人力资源部在员工招聘、薪酬福利、培训发展等环节的深度参与。然而，绩效管理的真正责任不应仅落在人力资源部，而应由各级管理者共同承担。绩效管理中需要几种角色，请大家看图9。

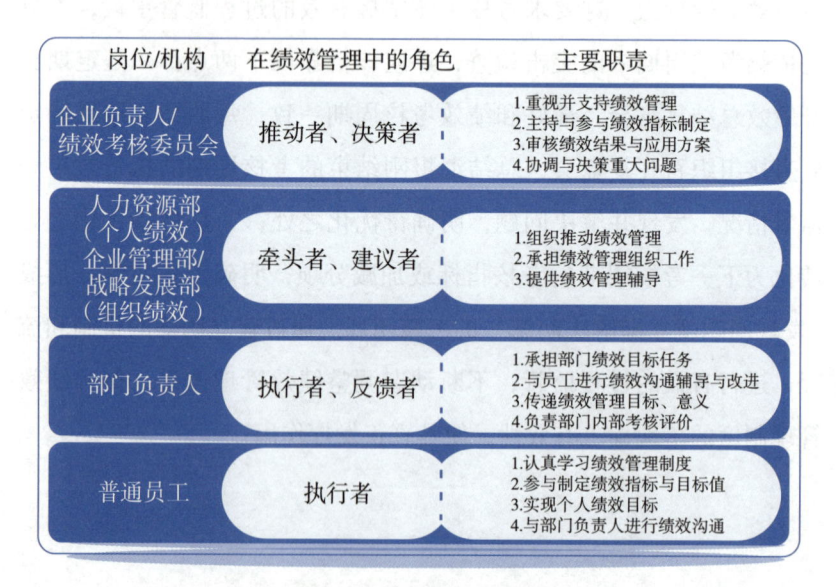

岗位/机构	在绩效管理中的角色	主要职责
企业负责人/ 绩效考核委员会	推动者、决策者	1.重视并支持绩效管理 2.主持与参与绩效指标制定 3.审核绩效结果与应用方案 4.协调与决策重大问题
人力资源部 （个人绩效） 企业管理部/ 战略发展部 （组织绩效）	牵头者、建议者	1.组织推动绩效管理 2.承担绩效管理组织工作 3.提供绩效管理辅导
部门负责人	执行者、反馈者	1.承担部门绩效目标任务 2.与员工进行绩效沟通辅导与改进 3.传递绩效管理目标、意义 4.负责部门内部考核评价
普通员工	执行者	1.认真学习绩效管理制度 2.参与制定绩效指标与目标值 3.实现个人绩效目标 4.与部门负责人进行绩效沟通

图9 绩效管理角色模型

企业管理部或战略发展部通常牵头负责组织绩效管理，人力资源部牵头负责个人绩效管理，各部门负责人在绩效管理中的角色是执行者和反馈者，这也不难看出最需要投入精力的其实是各部门负责人。战略发展部和人力资源部只是企业分别找的两个牵头部门。大家想一想，如果人力资源部不牵头负责个人绩效管理，那么各部门就需要自行探索制定个人绩效管理方法，这不仅对部门负责人的管理能力要求极高，还可能产生高昂的试错成本。此外，由于缺乏企业层面的统一领导，会导致各部门管理力度和实施效果有差异，阻力也会增加。而由人力资源部牵头负责个人绩效管理有什么好处呢？第一，提供一套绩效管理的标准化流程和评估标准，确保管理的一致性和公平性。第二，简化绩效管理流程，让部门负责人更专注于目标实现，而非制度制定。第三，便于企业收集、分析绩效数据，不断优化调整管理策略，更好地适应市场的变化和业务需求。直白地说，其实是人力资源部在顶着压力帮各部门推行绩效管理，各部门任务完成取得奖金时，人力资源部几乎一分钱也不会分到，从这个角度去看，各部门反而应该去感谢人力资源部的无私奉献精神呢！

市场部肖经理：确实有道理！我以前总是觉得这是人力资源部该做的事，真不好意思。

痛点 17
管理者如何处理团队绩效考核结果不理想的情况？

战略发展部李部长：张老师，只要推行绩效考核，结果就会有好坏之分，对于那些绩效考核结果较差的部门，管理者该怎么处理呢？

张老师：如果团队绩效考核结果不理想，管理者不要慌乱，做好以下这三步，坚持长期主义，绩效考核结果总会好起来。

第一，剖析过程。当管理者发现绩效考核结果不佳时，要从过程中找原因——详细分析工作流程的每个步骤和环节，追溯各项任务执行的具体过程，分析问题出现在哪个环节。例如，通过跟踪项目管理软件中的任务进度或召开定期进度会议等形式，直接观察和讨论工作的实际状况。

第二，设计改进类指标。管理者找到问题的关键后，要为相关责任人设置改进指标来评估改善效果。这些指标需要直接关联发现的问题，像处理时间缩短百分比、错误率降低目标等，保证改进措施有明确的方向和量化目标。通过这些指标，团队能清晰地看到改进前后的差别，持续追踪并适时调整策略。

第三，跟进落实。此步骤是动态跟进执行情况，包括制订详细的行动计划，明确"谁负责什么""何时完成""需要哪些资源支持"等。在实施中，管理者可采用定期检查的方式来监督进展，如通过组织召开每周进度会议或使用项目管理工具进行日常跟踪，如果发现问题或偏差，则要迅速调整策略，确保团队成员能及时反馈信息和问题。同时保持灵活性，鼓励推广有效方法，及时调整或放弃效果不好的策略，持续优化直至达到改进目标。这种跟进机制能保障改进计划扎实落地，逐步提升绩效表现。

战略发展部李部长：谢谢张老师，我相信做好这三步，坚持长期主义，绩效结果总会好起来的！

痛点 18
老板不愿公开绩效考核结果怎么办？

人力资源部刘部长：张老师，之前我走访其他企业时，一位人力资源同行提出了一个问题——企业推行绩效考核，可老板却不愿意公开绩效结果。麻烦您帮忙分析一下其中的原因。

张老师：这种情况其实并不少见。我们先站在老板的角度理解这个问题。老板平时工作很忙，要参加各种会议，虽然对某项工作的完成情况或某个人的整体表现有判断，但没时间为具体指标打分，有时甚至直接打总分，不写扣分理由，这种情况下，一旦公布绩效考核结果，被考核者只看到了总分却不明白具体的扣分原因，会产生一些不必要的误会。为了避免麻烦，老板索性就不想公布了。那怎么办呢？我们还是要找机会跟老板讲公开绩效考核结果的好处。实施绩效管理，就是要让员工知道自身差距从而改进，而不是为了扣钱。开诚布公地公开结果（以一对一的形式更好），反而能增加上下级之间的信任，减少猜忌。

同时，我们要帮老板简化工作量，比如设计这样一张表格（见表 1），明确被考核者的优点和不足、如何改进。如果老板工作特别忙，哪怕把内容告诉人力资源部，让其代填也行。这张表格要妥善保存，每过一年回头看，就是企业员工的成长轨迹。

表 1　　　　　　　　　绩效沟通准备表
考核者：　　　　　被考核者：　　　　　日期：

考核周期	优点	不足	改进措施
2024 年第一季度			
2024 年第二季度			
……			

人力资源部刘部长：真是收获满满，看来我的工作还需要继续改进！

◎ 基础夯实 ◎

一、绩效管理的目的和原则如何评价

企业实施绩效管理的目的和原则最终都是为战略服务。通过绩效目标的制订、实施、考核与结果应用，激发员工的工作积极性，帮助企业分解、落实和实现战略发展目标和经营计划，这是绩效管理要达成的根本目的。

绩效管理原则作为绩效工作的指导思想，应具备明确性、全面性、可执行性和战略导向性，通过合理的资源配置支持促进绩效管理原则落实，将组织的战略目标转化为具体的、可量化的绩效考核指标。企业绩效管理的目的和原则落实得如何，可对照图10进行打分。

二、绩效考核工具如何评价

绩效考核工具是组织评估员工工作表现和贡献的系统化方法。绩效考核工具有很多种，常见的有KPI、MBO、BSC、OKR、360评估、比较分析法等，每种绩效考核工具都有其优点和不足，有效的绩效考核工具应避免完全依赖主观判断，需根据组织实际情况，综合考虑多方面因素灵活选择，以全面评估员工表现、有效引导员工行为及促进组织目标的实现为最终落脚点。

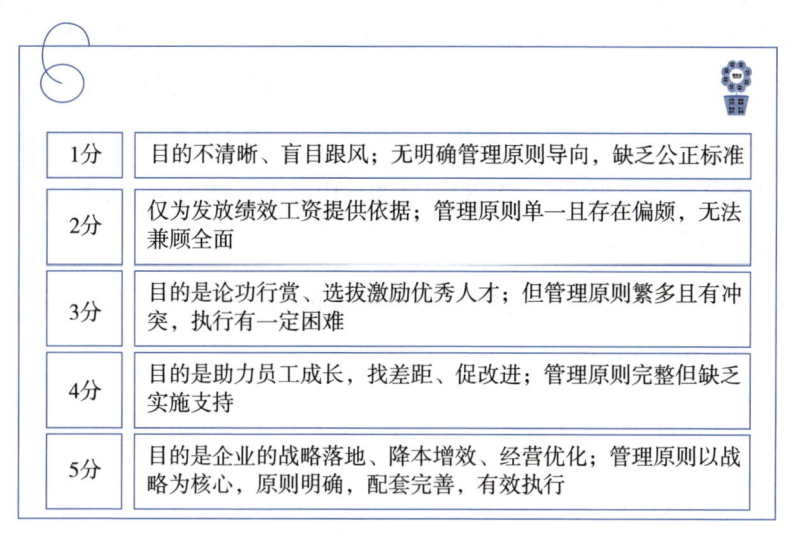

分值	描述
1分	目的不清晰、盲目跟风；无明确管理原则导向，缺乏公正标准
2分	仅为发放绩效工资提供依据；管理原则单一且存在偏颇，无法兼顾全面
3分	目的是论功行赏、选拔激励优秀人才；但管理原则繁多且有冲突，执行有一定困难
4分	目的是助力员工成长、找差距、促改进；管理原则完整但缺乏实施支持
5分	目的是企业的战略落地、降本增效、经营优化；管理原则以战略为核心，原则明确，配套完善，有效执行

图10 "绩效花"目的原则评价卡

企业绩效考核工具选得好不好，可对照图11进行打分。

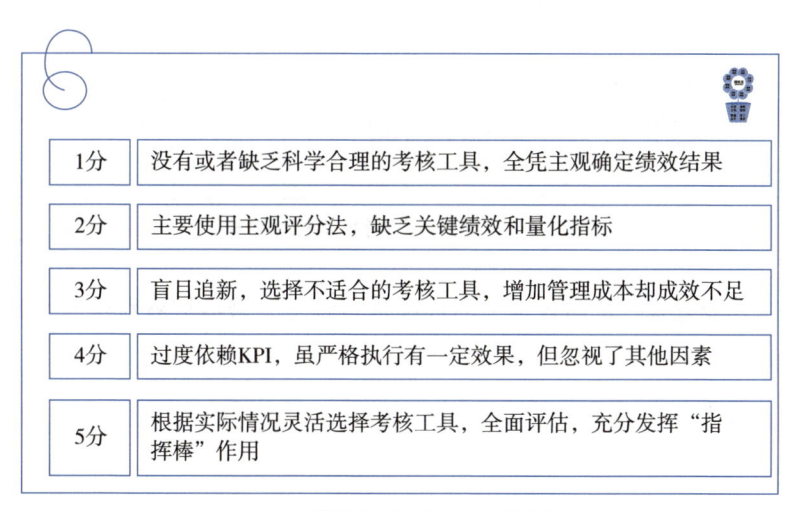

分值	描述
1分	没有或者缺乏科学合理的考核工具，全凭主观确定绩效结果
2分	主要使用主观评分法，缺乏关键绩效和量化指标
3分	盲目追新，选择不适合的考核工具，增加管理成本却成效不足
4分	过度依赖KPI，虽严格执行有一定效果，但忽视了其他因素
5分	根据实际情况灵活选择考核工具，全面评估，充分发挥"指挥棒"作用

图11 "绩效花"考核工具评价卡

三、绩效考核指标如何评价

绩效考核在操作实施上的最大难点是考核什么内容、用什么指标考核、设定什么评分标准以及如何设置目标值。从 SMART 原则（具体性、可衡量性、可达成性、相关性、时限性）角度出发，能够帮助构建明确、清晰、可量化、可执行、与组织战略一致且有时间规划的绩效考核内容。这样的绩效考核内容不仅能为员工指明方向，而且能促进组织目标的达成。

企业绩效考核指标设置得好不好，可从图 12 的五个维度进行打分。

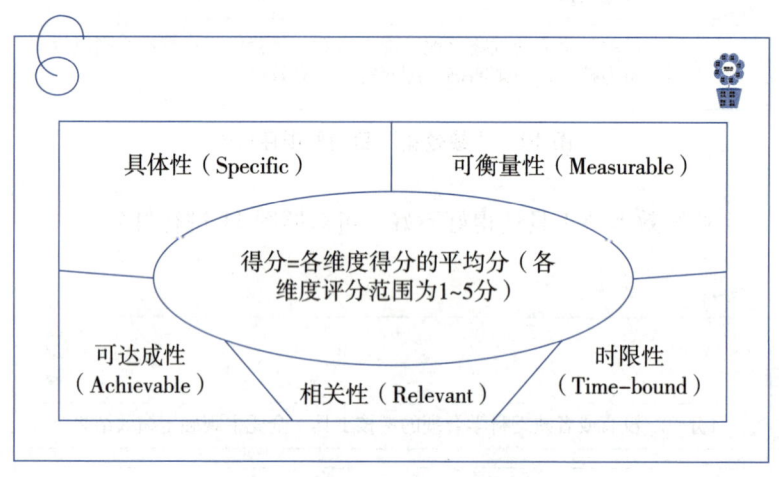

图 12 "绩效花"考核指标评价卡

计分方式：根据各维度的标准进行评分，最后取各维度得分的平均分。

SMART 原则评价如表 2 所示。

表 2　　　　　　　　　SMART 原则评价

分数	评分标准				
	具体性 (Specific)	可衡量性 (Measurable)	可达成性 (Achievable)	相关性 (Relevant)	时限性 (Time-bound)
1分	考核指标模糊，缺乏明确的定义和描述，员工难以理解	没有可量化的指标标准，难以进行客观评价	考核指标设定过于理想化，超出员工的能力范围	指标与被考核者的工作职责或组织目标几乎无关	没有明确的时间规划，难以追踪指标完成进度
2分	指标描述较为概括，但提供了一定的方向	有一定的量化标准，但不够精确或全面	指标具有一定的挑战性，但部分员工认为难以达成，且缺乏具体的实现路径	指标与工作职责或组织目标的关联性较弱	有大致的时间规划，但不够具体
3分	指标描述较具体，员工能够理解其要求	大多数指标都有明确的量化标准	目标切实可行，在多数员工的能力范围内，且有明确的实现路径	指标与工作职责和组织目标有一定关联，但不够紧密	明确了完成的时间节点，确保指标的可追踪性
4分	指标描述详细且具体，员工能够准确理解并执行	有清晰的量化标准和指标，可以进行客观评价	目标既具挑战性，又在现有资源和能力范围内可实现	指标与工作职责和组织目标紧密相关，有助于推动目标实现	设定了具体、合理的时间规划，指标有具体评估周期
5分	指标具有明确的行动指导和预期结果，且附有实施的例子和解释	有详细的量化标准，可进行详细的跟踪和评估	具有高度挑战性，但有明确的资源和计划支持	指标与组织愿景和战略一致，对实现组织目标和企业愿景至关重要	指标不仅有明确的时间规划，还包括监控和调整机制

四、绩效考核周期如何评价

好的考核周期应具备以下特点：具有确定性，确保绩效管理有序进行；具有适应性，与岗位性质、工作节奏相匹配，保证绩效反馈和目标调整的及时性；具有合理性，通过短、中、长考核周期的合理搭配，避免管理成本过高或反馈出现延迟；具有灵活性，根据内部组织架构、外部行业特性和市场变化调整周期，满足业务需求，促进持续改进。

绩效考核周期的设置是否合理可对照图 13 进行打分。

1分	考核周期不明确，导致绩效管理混乱无序
2分	考核周期完全不适应当前工作节奏，严重阻碍了绩效反馈和目标调整的及时性
3分	短、中、长考核周期搭配不甚合理，导致过程反馈不及时或产生较高的管理成本
4分	采用行业内普遍认可的考核周期，搭配短、中、长期合理的考核频率，但未根据组织和岗位特性做灵活设置
5分	根据组织和岗位特点灵活设定考核周期，且适配行业特性和市场变化，完美贴合业务需求，促进即时反馈与持续改进

图 13 "绩效花"考核周期评价卡

五、绩效考核关系如何评价

好的绩效考核关系应避免仅靠单一的主观判断，比如分管领导直接决定其分管部门的绩效考核结果。当然，也不是说考核者越多、考核角度越周全，考核效果就一定好。考核者增多，考核关系会变得复杂，影响和干扰因素也会增多，不同考核者打出的分数也不具

有可比性，无形中增加管理成本。设计绩效考核关系的关键还是要结合企业实际情况，在满足绩效管理与考核目标的前提下，越简单越好。

绩效考核关系设计的好坏可对照图14进行打分。

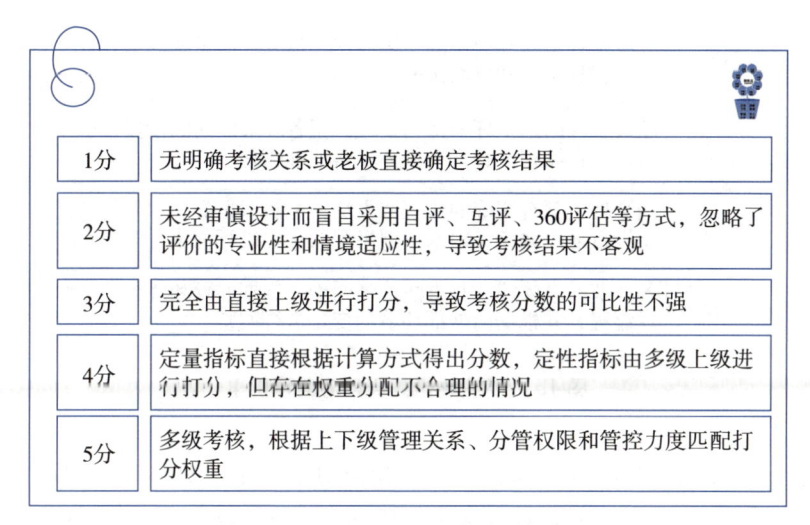

1分	无明确考核关系或老板直接确定考核结果
2分	未经审慎设计而盲目采用自评、互评、360评估等方式，忽略了评价的专业性和情境适应性，导致考核结果不客观
3分	完全由直接上级进行打分，导致考核分数的可比性不强
4分	定量指标直接根据计算方式得出分数，定性指标由多级上级进行打分，但存在权重分配不合理的情况
5分	多级考核，根据上下级管理关系、分管权限和管控力度匹配打分权重

图14 "绩效花"考核关系评价卡

六、绩效管理流程如何评价

科学有效的绩效管理体系包含绩效计划、推进实施、复盘检查、改进完善四个环节。判断绩效管理体系是否有效，要从流程完善度入手，很多企业的绩效管理体系往往只注重某一环节，不关注绩效管理整体流程。只有绩效管理流程完善，绩效管理体系才可能有效。而且，绩效管理流程设计应根据员工、部门的需求及组织内外部环境变化定期优化。

企业绩效管理流程设置得好不好可对照图15进行打分。

七、绩效考核依据如何评价

绩效考核依据是一个不断优化的、数据驱动的评估体系，应从

分数	描述
1分	缺乏系统的绩效管理流程,随机或临时进行绩效考核,无法有效跟踪和评估员工绩效
2分	只有绩效考核和简单的结果应用,没有完整系统的绩效计划、辅导实施和反馈沟通
3分	绩效管理的四个环节都已建立,但各环节之间的衔接不够紧密,操作流程不够详细具体,落地性较差
4分	四个环节都有明确的流程和方法,能够根据员工和部门的需要进行适度调整,但未根据组织的变化进行优化
5分	各环节的具体流程和方法清晰明确,定期回顾和优化绩效管理流程,并根据内外部环境的变化进行调整

图15 "绩效花"管理流程评价卡

最初的无明确标准和主观评分,发展到具有全面、具体且可量化的评分标准,确保数据来源的规范性、真实性和可信度。随着绩效管理流程日趋完善,可进一步实现数据来源的多元化和准确性,并采用科学、先进的数据收集与分析技术开展绩效考核。

绩效考核依据的客观真实、公平公正与否,可对照图16进行打分。

八、绩效考核结果应用如何评价

绩效考核结果应用是将考核结果转化到组织或员工关注的其他方面,以促进组织或个人产生更符合预期的行为。结果应用从薪酬分配扩展到岗位管理、员工培训、评优评先和中长期激励,最终要运用在企业的经营检视中,帮助企业全面提升经营管理水平,实现既定的战略目标。

绩效考核结果应用水平的高低可对照图17进行打分。

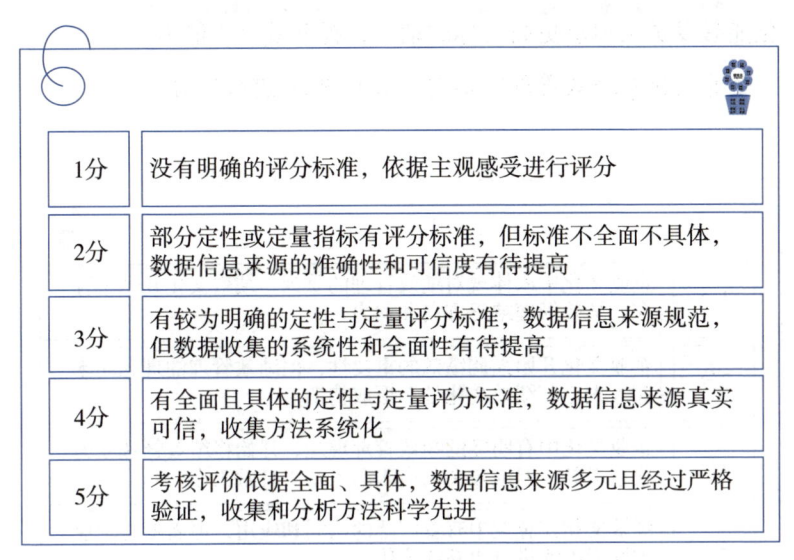

1分	没有明确的评分标准，依据主观感受进行评分
2分	部分定性或定量指标有评分标准，但标准不全面不具体，数据信息来源的准确性和可信度有待提高
3分	有较为明确的定性与定量评分标准，数据信息来源规范，但数据收集的系统性和全面性有待提高
4分	有全面且具体的定性与定量评分标准，数据信息来源真实可信，收集方法系统化
5分	考核评价依据全面、具体，数据信息来源多元且经过严格验证，收集和分析方法科学先进

图 16　"绩效花"考核依据评价卡

1分	考核结果没有实际应用
2分	考核结果仅应用在薪酬分配上，如绩效工资、奖罚等
3分	考核结果除应用在薪酬分配上，还应用于岗位职级调整等
4分	考核结果除应用在薪酬分配、岗位职级调整上，还应用在员工培训、评优评先、中长期激励等方面
5分	考核结果全面应用在企业管理提升上，尤其重视员工的绩效辅导、沟通反馈和改进计划及企业经营检视，提升企业管理水平

图 17　"绩效花"结果应用评价卡

九、企业文化对绩效管理的影响如何评价

企业文化对绩效管理的影响体现在内部对其理念的认同和实践，是绩效管理成功实施的重要基础，最终形成绩效文化。优秀的企业

文化能激发员工追求更高目标的动力，提升其个人能力。

企业文化对绩效管理的影响可对照图 18 进行打分。

分数	描述
1分	企业文化中未体现对绩效管理的重视，绩效文化几乎不存在，绩效管理缺乏方向和动力
2分	企业文化开始强调绩效的重要性，但绩效管理的理念尚未深入人心，绩效文化处于形成初期
3分	企业文化中有明确的绩效管理理念，开始将绩效管理视为战略工具，但绩效文化尚未深入员工日常工作
4分	绩效文化在企业中有着广泛的认同和应用，但需随着企业的发展不断进行更新和优化
5分	企业不仅拥有成熟的绩效文化，还能根据内外部环境的变化进行优化和调整

图 18　"绩效花"企业文化评价卡

十、战略规划对绩效管理的影响如何评价

战略规划的质量决定绩效指标的质量。没有清晰合理的战略规划，绩效管理无从谈起。具体可对照图 19 进行打分。

十一、管理水平对绩效管理的影响如何评价

管理水平指组织在规划、组织、领导和控制方面的综合能力，直接影响绩效管理体系的制定、实施和效果。具备高管理水平的组织，能确保绩效管理体系的高效执行。

管理水平的高低可对照图 20 进行打分。

认知篇
怎样看待绩效管理？   055

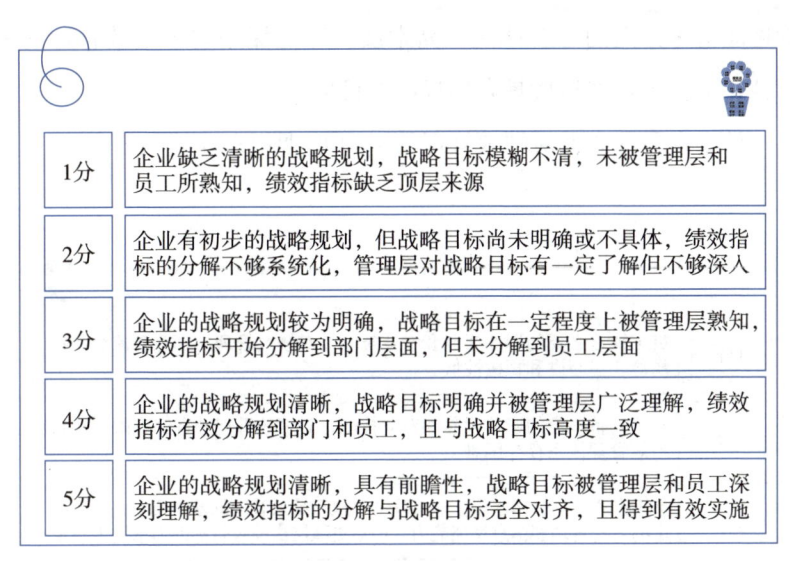

1分	企业缺乏清晰的战略规划，战略目标模糊不清，未被管理层和员工所熟知，绩效指标缺乏顶层来源
2分	企业有初步的战略规划，但战略目标尚未明确或不具体，绩效指标的分解不够系统化，管理层对战略目标有一定了解但不够深入
3分	企业的战略规划较为明确，战略目标在一定程度上被管理层熟知，绩效指标开始分解到部门层面，但未分解到员工层面
4分	企业的战略规划清晰，战略目标明确并被管理层广泛理解，绩效指标有效分解到部门和员工，且与战略目标高度一致
5分	企业的战略规划清晰，具有前瞻性，战略目标被管理层和员工深刻理解，绩效指标的分解与战略目标完全对齐，且得到有效实施

图10 "绩效花"战略规划评价卡

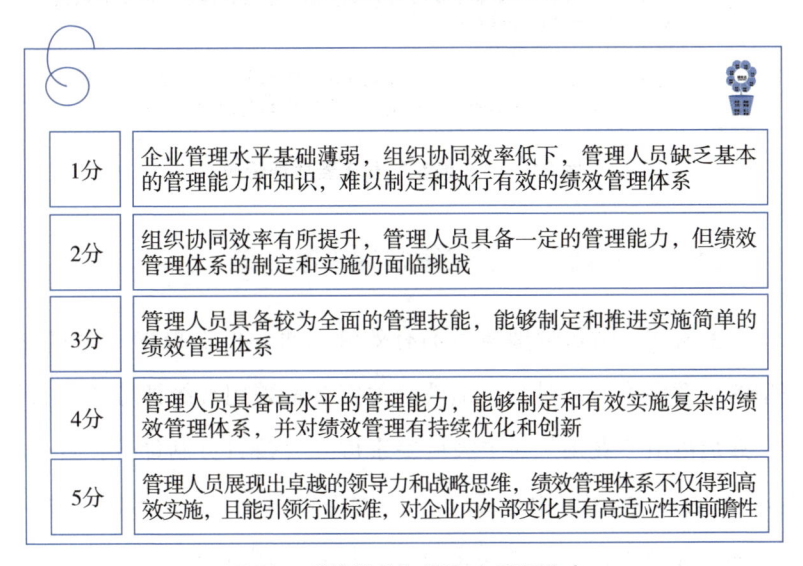

1分	企业管理水平基础薄弱，组织协同效率低下，管理人员缺乏基本的管理能力和知识，难以制定和执行有效的绩效管理体系
2分	组织协同效率有所提升，管理人员具备一定的管理能力，但绩效管理体系的制定和实施仍面临挑战
3分	管理人员具备较为全面的管理技能，能够制定和推进实施简单的绩效管理体系
4分	管理人员具备高水平的管理能力，能够制定和有效实施复杂的绩效管理体系，并对绩效管理有持续优化和创新
5分	管理人员展现出卓越的领导力和战略思维，绩效管理体系不仅得到高效实施，且能引领行业标准，对企业内外部变化具有高适应性和前瞻性

图20 "绩效花"管理水平评价卡

十二、员工素质对绩效管理的影响如何评价

员工素质是员工在职业素养、专业技能、绩效管理理念、自我

管理能力等方面的综合体现。高素质员工能深刻理解绩效管理的重要性，主动设定并达成具有挑战性的目标。

员工素质的高低对绩效管理的影响可对照图21进行打分。

分值	描述
1分	员工缺乏必要的职业素养和专业技能，对绩效管理的理念和流程认识浅薄，参与度和积极性低
2分	员工具备一定的职业素养和专业技能，对绩效管理的理解有限，执行绩效管理体系存在困难
3分	员工素质达到合格水平，能够理解并执行绩效管理的基本要求，具备一定的自我管理和信息反馈能力，但对更高层次绩效目标的追求动力不足
4分	员工具有较高的职业素养和专业技能，对绩效管理体系有清晰的认识，对绩效管理有正面的推动作用
5分	员工素质优秀，对绩效管理有深刻理解，能够主动制定和达成有挑战性的绩效目标，积极参与并推动绩效管理体系的持续优化和创新

图21　"绩效花"员工素质评价卡

十三、绩效管理体系的综合评价怎么做

综上所述，绩效管理体系的有效性与否，可以根据"绩效花"模型的维度评价卡，对每个绩效的关键要素采用五级评分法进行评分，分别得出"花瓣"8个关键要素得分（按百分制计分，百分制得分=实际得分÷40×100。若8个维度均为满分5分，则总分为100分）和"土壤"4个关键要素得分（按百分制计分，百分制得分=实际得分÷20×100，若4个维度均为满分5分，则总分为100分）。综合评价卡如前文中图7所示。

对比"花瓣"和"土壤"得分的高低，通过图22找到企业所在的象限，查看企业绩效管理状态并按照相应的管理建议进行提升。

认知篇
怎样看待绩效管理？ 057

	"花瓣"得分低、"土壤"得分高	"花瓣"得分高、"土壤"得分高
高	状态说明：虽然企业的基础环境很好，但绩效管理体系尚不成熟。这可能是因为缺乏有效的绩效考核工具、有不明确的考核指标或不合理的管理流程等问题。 管理建议：利用"土壤"的优势，建立科学的绩效管理制度，优化绩效管理的各个维度，特别是考核。通过培训和指导，提升员工和管理层对绩效管理的理解和应用能力。	状态说明：企业的绩效管理体系成熟，同时基础环境也非常好，说明企业不仅有着高效的绩效管理机制，而且整个组织的"土壤"也非常肥沃，能够支持绩效管理体系的良好运作。 管理建议：企业应持续优化现有的绩效管理体系，保持与战略目标的对齐，并加强员工对绩效文化的认同感和参与度。同时，可以利用"土壤"中的优势资源，如优秀的企业文化和较高的管理水平，进一步推动绩效管理的创新和发展。
低	"花瓣"得分低、"土壤"得分低 状态说明：表示企业的绩效管理体系不成熟，同时企业的基础环境也存在较大问题。 管理建议：在这个状态下，企业需要全面改进，既要加强绩效管理体系的建设，又要提升企业的基础环境。第一，应制定明确的战略规划，并确保所有员工都了解并认同。第二，通过培训和教育提升员工素质，建立健康的企业文化。第三，对绩效管理的各个维度进行深入分析，找出问题所在，逐一进行改进。	"花瓣"得分高、"土壤"得分低 状态说明：企业的绩效管理体系相对成熟，但基础环境存在一些问题。这可能是因为战略规划不明确、员工素质参差不齐、管理水平有待提高或企业文化需要进一步优化等原因。 管理建议：应重点改善"土壤"中的各个维度，特别是明确战略规划、提升员工素质、提高管理水平以及塑造健康的企业文化。同时，利用已经相对成熟的绩效管理体系来推动这些改进，通过明确的考核指标和激励措施来引导员工行为，提升员工对企业文化的认同感和归属感。
	低	高	"花瓣"得分

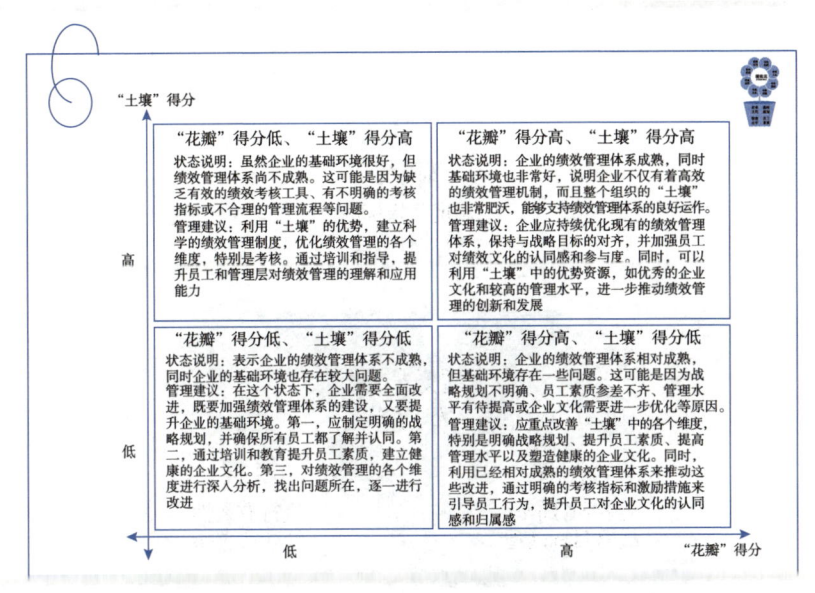

图22　"绩效花"绩效管理体系评分应用建议卡

绩效管理是一个系统完整的体系，为了充分发挥其作用，需要各模块都科学、合理、有效地衔接。"绩效花"模型不失为评价指导、改进提升整个绩效管理体系的先进模型。

当然，如果想简要地评价一个绩效管理体系的有效性，也可从绩效管理的输入、过程、结果三个维度入手，如图23所示。

输入：主要检查体系设计的有效性，包括对绩效制度和绩效指标体系的评价。

过程：主要检查执行过程的有效性，包括对绩效体系PDCA循环的执行情况进行评价，检验在执行绩效管理的过程中各级员工的绩效水平是否得以改善。

结果：主要检查支持战略目标落地的有效性，包括回顾绩效指标达成的情况与战略目标达成的情况，避免出现两者不一致的情况，比如某部门或员工的绩效指标得分很高，但企业的绩效得分很低。

当然，为了更简洁而精准地评价绩效管理体系的有效性，我们

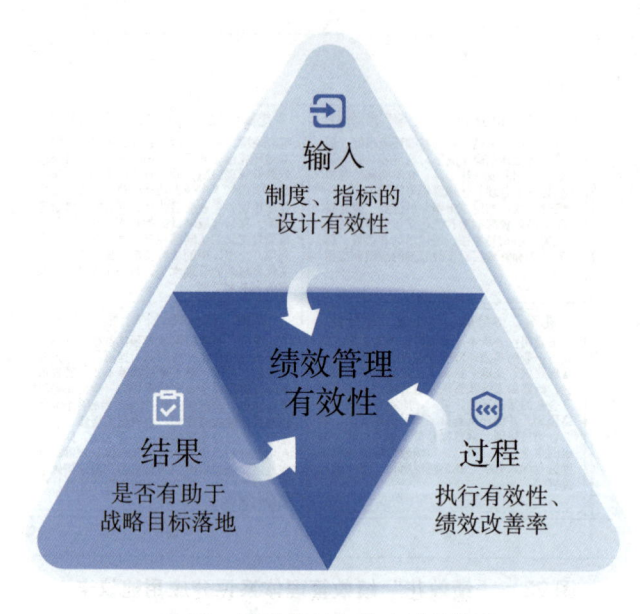

图 23　绩效管理有效性判断模型

可以从绩效管理的三个核心维度——输入、过程、结果逐一进行评价。

输入：此维度重点在于评价体系设计的合理性和实用性。需要考量绩效管理制度的完善程度以及绩效指标体系的科学性和针对性。通过深入分析这两项要素，可以确保绩效管理体系在起始阶段就具备坚实的基础。

过程：此维度聚焦绩效管理执行的流畅性和成效。需要全面评估 PDCA 循环的计划、执行、检查、行动四个环节的执行情况，并考察这些环节是否有效推动了员工绩效的持续改善。通过对执行过程的细致考察，可以发现绩效管理体系在执行层面是否存在不足。

结果：此维度关注绩效管理体系是否有效支持战略目标的落地。需要回顾绩效管理指标达成情况与战略目标之间的对应关系，确保两者保持一致。特别是要警惕那种部门或员工绩效指标得分高但企业整体绩效得分低的情况，因为这可能意味着绩效管理体系在结果导向方面存在问题，需要进一步优化和调整。

综上所述，通过这三个维度的综合评估，我们可以更全面地了解绩效管理体系的有效性，并为其后续的改进和优化提供有力依据。

◎ 总结提炼 ◎

一、绩效管理的目的与作用

（1）目的：实现企业的战略目标、构建激励与约束并重的动态平衡。

（2）作用：降低企业总成本。

二、绩效管理存在的问题

（1）做不好的原因：绝大多数企业存在"不愿""不敢""不会""不需"的"四不"问题。

（2）员工误解原因：绩效导向问题突出、考核内容制定不合理、标准与流程不清晰、目标值设定过高、沟通与反馈的缺失。

三、绩效管理的正确认知

（1）"不患寡而患不均"："均"应解释为公平、公正，做得多、做得好，绩效成绩就好；做得少、做得差，绩效成绩就不好。

（2）绩效表现构成：结果（业绩）+过程（效率）。

四、绩效管理体系的要素

（1）包含要素："绩效花"模型的"8+4"个维度。

（2）"绩效花"的8片"花瓣"：目的原则、考核工具、考核指标、考核周期、考核关系、管理流程、考核依据、结果应用。

（3）"土壤"的4个要素：企业文化、战略规划、管理水平、员工素质。

（4）评价体系水平：可从"绩效花"模型的"8+4"个维度进行。

五、绩效管理方案的实施

（1）结合实际：需要结合企业的实际情况，进行定制化设计和持续优化。

（2）配套需求：岗位职级；薪酬；招聘；培训。

六、绩效管理的局限性

不能解决的问题：目标设定的合理性问题；人岗不匹配问题；团队规模与评价分布问题。

七、绩效管理的推行策略

（1）全员推行：当企业管理基础较好时，建议推行全员绩效管理。

（2）分步推行：当企业管理基础薄弱时，建议先在关键岗位试点，有效果后再全员推行。

八、绩效管理的职责划分

（1）企业负责人/绩效考核委员会：推动者、决策者。

（2）人力资源部、企业管理部/战略发展部：牵头者、建议者。

（3）部门负责人：执行者、反馈者。

（4）普通员工：执行者。

九、管理者面对团队绩效考核结果不理想的措施

（1）剖析过程。

（2）设计改进类指标。

（3）跟进落实。

◎ 举一反三 ◎

试着用书中的"绩效花"评价卡对你所在企业的绩效管理体系进行评价打分，并试着提出一些优化建议。

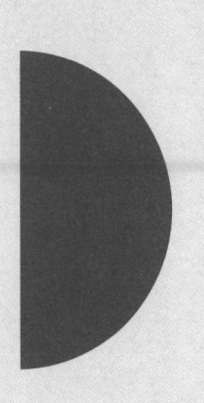

内容篇

绩效管理的灵魂

在成功跨越认知障碍后，我们将步入绩效管理的核心关键——绩效管理工具与考核内容。本章将深入、细致地剖析从绩效管理工具的选择到考核内容存在的种种痛点，全方位解读令企业管理者头疼的一系列棘手问题，提供极富实操性的解决办法。

◎ 痛点支招 ◎

痛点 19
绩效管理工具那么多，该怎么选？

人力资源部刘部长：张老师，在绩效管理工具与考核内容方面，我们遭遇了一些颇为棘手的难题，迫切期望能获得您的答疑解惑与协助！第一个问题是绩效管理工具如何选择，我主要是对 KPI、BSC、OKR 这三种绩效管理工具的选择有困惑。

张老师：KPI、BSC、OKR 这三种绩效管理工具很有代表性。企业在选取绩效管理工具时，需要结合企业的业务类型、发展阶段以及具体考核事项来有针对性地选取，我们可以从特点、优势、适用场景等方面进行对比分析（见表 3）。

表3　　　　　　　　三种绩效管理工具对比

绩效管理工具	特点	优势	适用场景	示例企业类型
KPI	（1）以量化指标为主； （2）关注关键业务成果； （3）强调目标的实现和达成	（1）客观、可衡量； （2）集中精力关注核心业务； （3）便于管理和评估	（1）对业务成果有明确要求的企业； （2）适合追求精确衡量和高效率的企业，通过具体的量化指标来评估部门和员工的绩效	（1）销售型、生产型企业； （2）传统制造业、零售业等
BSC	（1）平衡四个维度，财务、客户、内部运营、学习与成长； （2）强调长期与短期的平衡； （3）将战略转化为具体的绩效指标	（1）综合考虑多个方面，更全面； （2）促进战略目标的实现； （3）有助于优化内部流程	（1）追求整体绩效和战略落地的企业； （2）适合需要全面、平衡地评估和管理企业绩效的大型企业和集团公司，通过四个维度的平衡来确保企业战略实现和可持续发展	（1）大型企业、集团公司； （2）多元化经营的企业等
OKR	（1）设定明确的目标（而非指标）和关键成果； （2）强调目标的挑战性和可衡量性； （3）鼓励团队协作和创新	（1）明确的目标设定（不一定是可量化的目标）； （2）激发员工积极性，促进团队协作； （3）便于根据关键成果的达成情况跟踪和评估目标的完成情况	（1）快速发展的创新型企业； （2）适合需要灵活调整目标和战略的企业，通过设定明确的目标和关键成果来激发员工的潜能并推动企业发展	（1）科技企业等； （2）互联网行业、新兴行业等

大家要注意，绩效管理工具并非一成不变。以华为公司为例，有公开资料显示，华为的绩效管理大致分四个阶段。第一阶段是在《华为基本法》发布之前，华为基本上处于自发生长阶段，更多是利用企业文化进行团队和员工管理，考核仅起到补充辅助作用，没有为每个岗位设计考核指标。第二阶段，华为处于高速发展期，推出任职资格管理体系，几乎所有岗位都有自己的任职资格标准，并且与员工的切身利益挂钩，个人考核试点开始，采用绝对考核，涵盖能力、态度、业绩三方面。第三阶段，华为处于发展成熟期，适时推出 PBC（个人业务承诺），从最初的目标设置到过程的执行监控、结果的运用、能力的提升、重点工作的布局等多个方面保障绩效能够被有效管理，同时组织绩效出现。第四阶段，华为以考核为目标导向，增加了跨部门团队考核的新内容，逐步形成自我激励和自我约束的机制，在个人考核方面比较注重绩效沟通，大量员工没有标准化的量化指标，公司把评价权利交给主管，特别注重帮助主管提高人员评价能力。同时，BSC、OKR 等优秀绩效管理工具被引入，组织考核方面有强调与战略的连接、差异化考核、KPI 精简、强调组织干部人才考核等特点。华为在不同发展阶段运用不同绩效工具，丰富完善了绩效考核体系，充分体现了绩效管理工具的选取要秉承与时俱进、与企业发展相适应的原则。

人力资源部刘部长：这样对比分析之后，我清楚多了。

痛点 20
BSC 可以用于员工绩效管理吗？

财务部钱部长：张老师，我们先前在制定企业年度目标时，时常运用BSC这个工具，但我有一些困惑，BSC能够用于员工的绩效管理吗？

张老师：BSC虽然是很好的组织绩效管理工具，适用于企业和部门层级的绩效管理，但一般情况下并不太适合应用于员工个人的绩效管理。第一，BSC的四个维度——财务、客户、内部运营、学习与成长，能全面反映企业和部门的整体战略与运营情况，但员工个人工作通常只具体聚焦某一个或几个方面，难以对应这四个维度设计绩效指标，更难以准确从这四个维度衡量员工的贡献。第二，员工个人工作受诸多不可控因素影响，BSC强调全面平衡的指标体系，可能没有充分考虑员工的特殊情况，影响了评估的公正性和准确性。第三，BSC的战略导向性很强，使员工在理解和把握上有一定的难度，这种情况可能导致部分员工对绩效评估的目标和标准感到模糊不清，进而影响其工作积极性。总之，BSC更适用于企业和部门层级的绩效管理，用于统筹规划和整体战略推进，不适合直接用于员工个人的绩效管理。

财务部钱部长：如此看来，BSC确实不适合用于员工绩效管理。不过，BSC的平衡理念能否用于员工绩效管理中呢？

张老师：的确，员工的绩效管理也需要维持平衡。我设计了一个绩效指标体系五大平衡模型，大家可以看图24。

在这个模型中，我提出五大指标平衡：结果指标与过程指标平衡、定量指标与定性指标平衡、当下指标与未来指标平衡、计划内指标与计划外指标平衡、通用指标与个性化指标平衡。这五大平衡是BSC的延伸，对员工绩效管理有一定的借鉴意义。结果指标和过程指标平衡，既注重成果，也重视达成目标的过程，这有助于全面发现员工的优点与不足之处。定量指标和定性指标平衡，使评价更加全面和客观，有助于避免单一指标带来的局限性。当下指标和未

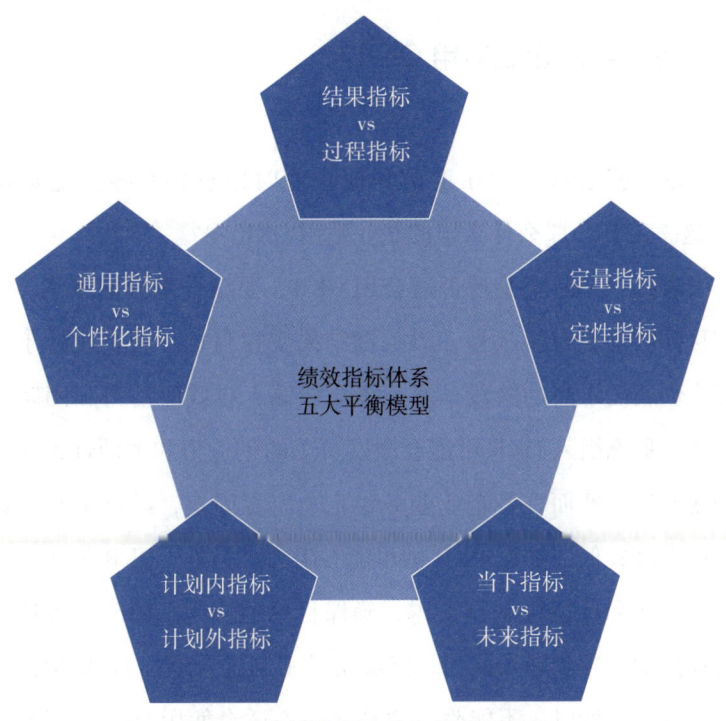

图24　绩效指标体系五大平衡模型

来指标平衡，旨在引导员工既做好眼前的工作，又为未来的发展积累资源和经验。计划内指标和计划外指标平衡，考虑到了工作的不确定性和突发情况，使绩效评估更灵活、适应性更强。通用指标和个性化指标平衡，体现了对个体差异的尊重，使评价更贴合实际。但我们在借鉴这些方法时，必须根据员工的工作特点和企业的实际情况进行合理的调整应用，避免生搬硬套。

财务部钱部长：没想到绩效指标还有这么多讲究。

痛点 21
什么样的企业适用 OKR？

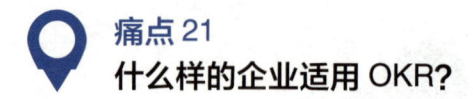

王总：张老师，我在走访其他企业时留意到有些企业运用了 OKR 这一工具，那么什么样的企业适用 OKR 呢？

张老师：判断企业是否适合用 OKR，要综合多方面因素。OKR 强调目标明确且有挑战性，以关键结果支撑目标。若企业处于快速发展、创新需求高的阶段，员工素质较高，自我驱动力和团队协作精神强，那么引入 OKR 可能会激发员工的创造力和主动性，促进企业创新发展。然而，若企业业务稳定、流程固定，或员工对目标管理的接受度较低，推行 OKR 则可能有阻力。另外，OKR 的实施要有良好的沟通和反馈机制作支撑，确保目标的协同。同时，管理者要具备较强的引导和辅导能力，能够帮员工制定合理的 OKR 指标并有效跟进评估。所以，不能简单说企业适不适合使用 OKR，而要结合具体情况深入分析评估。

王总：您的分析让我对 OKR 的适用情况有了更清晰的认识。我会结合我们企业的实际情况，认真考虑是否引入 OKR 以及如何更好地实施。

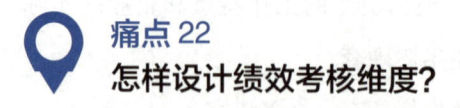

痛点 22
怎样设计绩效考核维度？

人力资源部刘部长：张老师，企业存在众多岗位，而且每个岗位都涉及诸多绩效指标，我很困惑究竟应该如何合理地设计考核维度呢？

张老师：我们刚刚谈到的 BSC 是一个很好的工具，但从 BSC 分解出来的绩效指标并不适合所有员工。所以，在构建部门和员工的绩效考核内容体系时，我设计了另一个原创模型——"手掌"模型（KUC），请看图 25。"手掌"模型是我在多年企业实践与学术研究的基础上提出的，灵感源自手掌的五指形态。传统的绩效管理模式往往过于僵化或侧重单一指标，难以全面激发组织潜力与员工动力。"手掌"模型则通过以下五个维度，实现了绩效管理的系统性与灵动性。

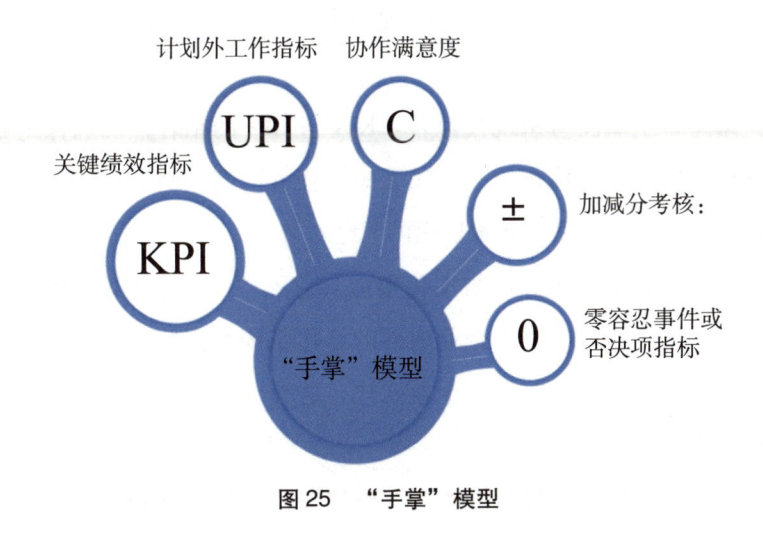

图 25　"手掌"模型

KPI（关键绩效指标）指一般从企业战略、部门职责、岗位职责、流程、重大项目等分解出的关键考核指标。

UPI（Unplanned Performance Index，计划外工作指标）：指一般从企业当期的临时工作计划中分解出的考核指标。

C（Cooperation，协作满意度）：指各部门之间以及员工之间的协作满意度，需结合各部门的工作配合需求进行量化评价，是非主观评价。

±（加减分考核）：指对职业行为绩效指标或者价值观行为化的考核指标，也可用于对考核指标以及未纳入考核的员工综合表现进行加减分调节。另外，可以依据职责和工作特性，作为体现更高的个性化要求的奖惩类指标。一般最多可加减 10 分。

0（零容忍事件或否决项指标）：指企业不可接受的情况，如安全事故、质量事故、重大违规违纪等，一旦发生，无论其他绩效指标的得分高低，当期绩效总分均为 0 分。

"手掌"模型之所以这样设计，旨在构建一个既全面又均衡，同时兼具灵活性与原则性的绩效管理体系，其设计背后的逻辑和目的主要包括以下几点。

第一，全面性与系统性整合。KPI 与 UPI 的结合，既确保了长期战略目标的落地执行，又兼顾了短期任务的高效响应与适应变化的能力，实现了战略与战术层面的无缝对接。

第二，强化团队合作与文化塑造。引入"C"维度的协作满意度进行评价，直接反映了企业内部的合作氛围与团队效能，鼓励跨部门协作，构建积极向上的企业文化，这是许多传统绩效管理模型可能忽视的重要方面。

第三，行为引导与价值塑造。通过加减分考核机制，我们不仅要关注结果，还要重视过程与行为，激励员工遵循企业价值观，塑造正面的职业行为。这种正负向的反馈机制对员工行为调整有直接的指导意义。同时，加减分考核机制可用于考核指标的调整，使得出的评价结果更符合考核者的心理预期和判断。

第四，风险防控与底线思维。设立零容忍指标，体现了企业对安全、质量、合规等的坚守，能有效防范重大风险，确保企业可持续发展，避免因个别严重事件影响企业整体绩效与信誉。

第五，适应性与动态平衡。"手掌"模型如同手掌般灵活，能够根据企业不同发展阶段、市场环境变化，调整各维度的权重与考核内容，保持绩效管理体系的活力与有效性。

"手掌"模型的设计精髓在于它不仅是绩效考核维度的构建工具，更是战略实施的指南、团队合作的催化剂、行为规范的标尺和风险控制的防火墙，综合考量了绩效管理的多维度需求，能有效促进企业健康成长。

人力资源部刘部长：张老师，这个"手掌"模型设计得太巧妙了，这五个维度可以全面均衡地衡量企业和员工的绩效表现，就像五个手指，缺一不可，共同组成了一个有力的推手。

张老师：感谢刘部长的认可，"手掌"模型已经应用于各行各业很多企业的绩效管理中，效果都很不错，具体五个维度的实操方法会在本章的"基础夯实"中为大家具体讲解。

痛点 23
绩效考核指标是从哪里来的？

战略发展部李部长：张老师，我们战略发展部和人力资源部不同，他们负责员工绩效管理，我们负责组织绩效管理，包括部门和子企业的绩效管理。我们以往进行绩效考核时往往抓不住重点指标，常有"捡芝麻丢西瓜"的情况，这该怎么办？

张老师：首先，应深入理解绩效考核指标的根源，请看组织绩效指标溯源模型（见图26）。

我们可以从图中看出，组织绩效指标的来源有两大维度。

先聚焦第一个维度——可以提前设计出来的指标，这一维度涵盖了那些应当在计划阶段就被精心规划和设定的绩效指标，具体

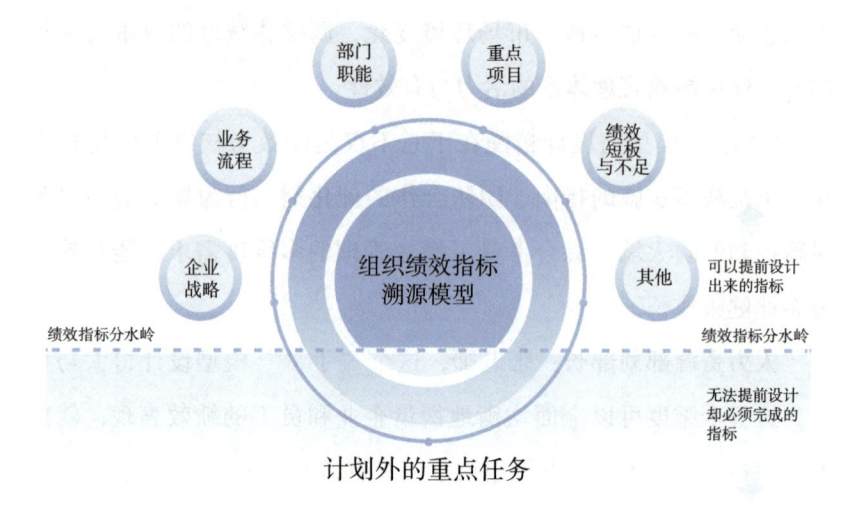

图 26　组织绩效指标溯源模型

如下。

（1）企业战略。绩效指标首先源自企业的长期战略目标和愿景，通过将这些战略目标层层分解，转化为具体的、可衡量的绩效指标。

（2）业务流程。依据企业内部的核心业务流程，设计指标以评估流程的效率、质量和成本控制情况。

（3）部门职能。根据各部门的职能定位及部门职责说明书，确立与之匹配的绩效指标，确保部门的工作产出与企业目标一致。

（4）重点项目。针对企业当前阶段的重点项目或关键业务领域，设计特定的绩效指标，以追踪项目进展和成效。

（5）绩效短板与不足。识别企业在以往绩效考核周期内的短板，通过设计指标来监控和督促这些短板的改进。

（6）其他。可以参考行业内通用的绩效考核指标及竞争对手的做法，并结合企业自身特点进行调整，设定具有行业竞争力的绩效标准等。

我们再来看下第二个维度——无法提前设计却必须完成的指标，

我们将这类指标统称为计划外的重点任务。在企业运营过程中，可能会出现突发的、重要的工作任务或市场变化，需要企业迅速响应。这类指标无法提前预设，但同样重要，要求企业具有灵活性，能够即时设定相关指标来跟踪这些临时性、高优先级任务的完成情况。

绩效考核指标既包括基于深思熟虑的战略规划和日常管理活动而预先设定的部分，也涵盖需要灵活应对的动态指标，共同构成一个全面、灵活的绩效管理体系。

战略发展部李部长：听完您的讲解后，我们选取组织绩效考核指标就有依据了！

痛点 24
绩效考核指标分解有哪些有效方法？

行政部王部长：张老师，关于绩效考核指标的设计，我认为组织绩效考核指标相对来说更容易制定，因为在企业和部门层级上通常能够找到明确的目标。然而，员工级别的绩效考核指标设定却相当困难，因为员工的工作内容繁杂且琐碎，不同岗位间的差异也非常大，很难用一套统一的标准来衡量。因此，我建议绩效管理做到部门层级就可以了。

张老师：王部长的观点有一定道理，我也认同组织绩效比个人绩效更重要，但我仍然建议能做到个人绩效是最好的。因为组织绩效的实现最终还是要依靠每名员工的努力和贡献。如果只关注组织层面的绩效，而忽略了员工层面的绩效，就无法有效地激励员工发挥其最大潜力，也难以发现和解决员工在工作中存在的实际问题。虽然员工的工作内容繁杂琐碎、岗位差异较大，指标设计存在一定难度，但这并不意味着我们应该放弃。接下来，我将分享一个绩效考核指标分解的"三问五法一验证"模型。

绩效考核指标分解"三问"模型如图27所示。在设计绩效考核指标时，我们可通过问自己三个问题，来思考绩效考核指标的设计方法，也叫"灵魂三问法"。

（1）做什么工作？即明确员工的工作内容和职责范围。

（2）成果是什么？即确定期望达成的结果和产出。

（3）标准是什么？即为成果设定具体、可衡量的标准，以便评估绩效结果。

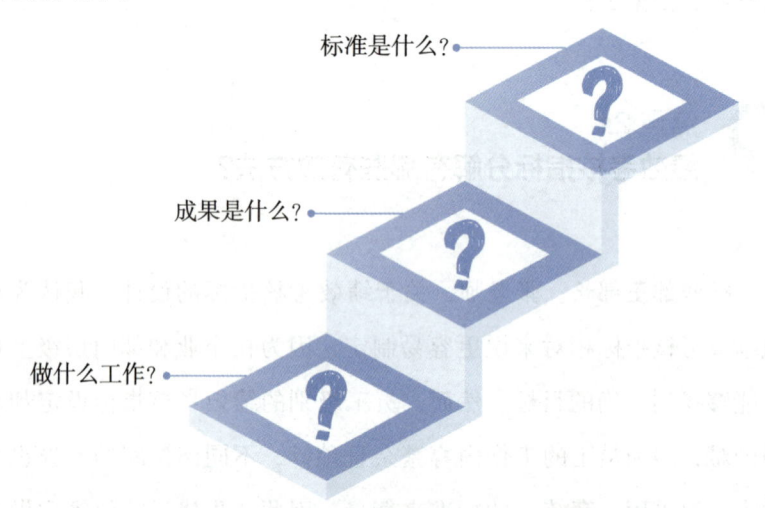

图27 绩效考核指标分解"三问"模型

绩效考核指标分解"五法"模型如图28所示。

（1）直接寻找法。这是一种最直接的方法，通常是指依据直觉就能想到的衡量指标。例如，对于销售人员而言，最相关的指标无疑是销售额。

（2）内容分解法。即通过因果分析，将成果根据成因分解为具体小指标。比如，如果我们想要提高销售额，则可以将其分解为增

直接寻找法
直接寻找法是最直接的方法，通常是指依据直觉就能想到的衡量指标

内容分解法
进行指标因果分析的一种方法，指将大指标分解成小指标

PDCA循环法
利用"计划—执行—检查—行动"循环分析企业指标

QQTC法
按照数量、质量、时间、成本四个维度对岗位指标进行分解考核

关键事件法
指寻找要达成策略性目标需要开展的核心工作事件，并形成绩效考核指标

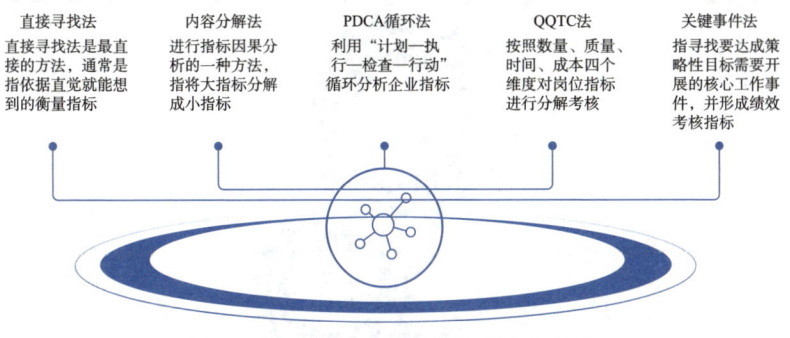

图28　绩效考核指标分解"五法"模型

加客户数量、提高客户平均购买金额等小指标。

（3）PDCA循环法。即通过PDCA循环的四个环节（计划、执行、检查、行动）分解指标。例如，在计划阶段设定目标，在执行阶段关注进展，在检查阶段评估效果，在改进阶段调整策略，从而形成不同阶段的具体指标。

（4）QQTC法。即按照数量（Quantity）、质量（Quality）、时间（Time）、成本（Cost）四个维度对指标进行分解。以生产产品为例，可以分解为生产数量、产品质量、生产时间和生产成本等具体绩效考核指标。

（5）关键事件法。是指寻找要达成策略性目标需要开展的核心工作事件，并形成绩效考核指标的方法。例如，如果战略目标是提升客户满意度，那么关键事件可能包括及时处理客户投诉，相应的绩效考核指标可以是投诉处理的及时率和满意度。

如图29所示，通过指标分解"齿轮"模型，先从正向验证指标分解过程是否有疏漏，再从反向验证一下三级指标是否能够支撑一级指标的达成。

通过以上模型，能够更系统、科学地设计出员工的绩效考核指标，从而解决指标设计难的问题，让绩效管理更加有效。

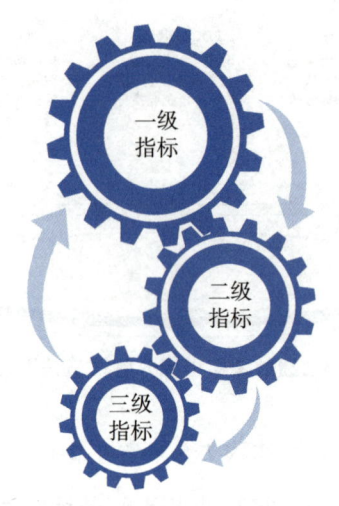

图 29　绩效考核指标分解"齿轮"模型

行政部王部长："5+3+1"，绩效考核指标设计的 9 种方法，我学会了。

痛点 25
计划外工作太多怎么办？

行政部王部长："三问五法一验证"模型的思路的确十分清晰，但我仍觉得无法彻底解决考核内容的问题。就像我们行政部负责的工作繁多且杂乱，还有领导交办的诸多临时性工作。这些计划外的工作耗费了我们大量的时间与精力，然而却不在我们的绩效考核范围内，也不给我们加分。如此发展下去，恐怕就没人愿意去做这些计划外的事情了，我们着实陷入了左右为难的困境啊。

张老师：我很理解王部长的困扰，临时的计划外工作确实是很多职能部门绩效考核的难题。为什么要考核计划外工作？主要有三个原因。第一个原因最关键，计划外工作可能会消耗员工大量精力和时间，甚至导致原本计划内的工作无法按时完成。如果只考核计划内工作，那么未能完成的计划内工作会扣分，而完成了计划外的工作却也没加分，这将导致绩效考核结果无法客观地反映员工的真实工作表现。第二个原因，把计划外工作纳入绩效考核，能推动这些工作按时、按质、按量完成。第三个原因，员工在计划外工作中付出了很多却没有受到激励，可能会打击他们的积极性甚至使他们失去工作动力。

行政部王部长：明白了，看来计划外工作的绩效考核还真是有必要做，感谢张老师的解答。

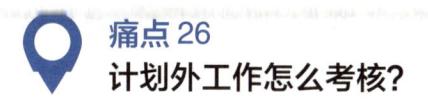

痛点 26
计划外工作怎么考核？

行政部王部长：张老师，临时性工作属于计划外范畴，我们在月初拟定绩效考核计划时，着实难以将其纳入考核表中，这可如何是好？

张老师：我来说一说计划外工作考核的五大难点。第一，计划外工作的数量和质量极难衡量，考核的难度颇高，领导的考核意愿也相对较弱。第二，在制订考核表之初，并未在其中设置相应的考核内容。第三，计划外工作的权重难以明确，其工作时间和数量变化大，管理成本高昂。第四，计划外工作的难易程度参差不齐，评判难度极大。第五，计划外工作通常较为紧急，期望的目标和评价标准通常难以把控。

行政部王部长：您总结的这五大难点可谓是一针见血，那到底应该如何应对呢？

张老师：还记得我在前面提及的"手掌"模型吗？"手掌"模型中有一个 UPI 维度，它针对的就是计划外工作任务的考核。

具体操作时，因为计划外工作无法提前预知，考核指标不能像 KPI 在绩效考核周期初确立，所以计划外工作是事后考核。当计划外工作出现时，应将其列入考核表的 UPI 模块。为降低管理成本、提高可行性，我通常建议企业对 UPI 用加减分方式考核，安排专人将领导临时布置的计划外工作分配至专人或指定处，如微信群或企业 OA，同时清晰地界定完成要求，如负责人、时间和标准。在任务执行中，明确负责人跟进各部门计划外工作完成情况。考核周期结束，仍由负责人收集汇总各部门完成情况，并交给上级领导，领导再横向比较各部门完成情况，相对公平地进行加减分评价。这样做不仅能降低管理成本，还能更客观地界定加减分尺度，不然每个部门的分管领导都给自己部门打高分，分数就不具备可比性了。

行政部王部长：我明白了，按您这个方法，计划外工作考核的可执行性就极大增强了！

张老师：对于计划外工作的考核还有一种方法——提前设置总权重，比如 20%，在事后考核时，根据各计划外工作的重要性把 20% 的权重分配到各指标，再进行打分。但这种方法要烦琐一些，我不太推荐这种方法。

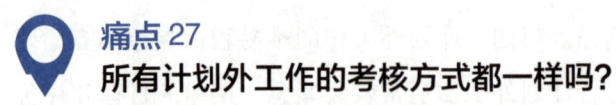

痛点 27
所有计划外工作的考核方式都一样吗？

安全质量部余部长：张老师，我们安全质量部经常会碰到不少计划外的工作。比如，需要接待政府相关部门的临时检查，这项工作具有临时性和随机性的特点，而且至关重要，不能有丝毫疏忽。还有像上个月，采购部临时采购了大批应急物资入库，由于人手不足，我们安全质量部一半的员工都去帮忙了，整整两天才完成。这两种情形如果都纳入考核范畴，会不会存在被扣分的风险？要是有这种可能，估计以后大家都不愿意帮忙了。

张老师：余部长的担忧可以理解，我们的确不能对所有计划外工作一概而论。在实际操作中，我们需要依据部门职责和岗位职责，来确认这些计划外工作到底是应当完成的本职工作还是额外工作。

安全质量部余部长：接待安全质量相关部门的检查属于我们安全质量部的分内工作，而协助采购部完成物资入库则不属于我们的本职工作，属于额外工作。

张老师：没错，正是如此。对于部门和岗位职责范围内的计划外工作，可以采用"有奖有罚"的考核方式，完成不佳就扣分，完成出色则加分，因为企业在"以岗定薪"时，其实已经为这部分工作"买单"了，只是没有将其纳入年度或季度的工作计划而已。

倘若计划外工作在部门和岗位职责之外，比如因其他部门人手短缺而临时分配的这类额外工作，可能需要部门员工加班才能完成。这种情况下，如果任务完成得不好还扣绩效考核得分和工资，显然不公平，这时可以通过加减分考核解决，完成出色就加分奖励，完成不理想则不扣分，或者额外设置特殊任务奖（专项奖），以体现对额外付出的激励。当然，如果部门员工原本的工作量就不饱和，安排的临时性工作也在职责范围内，那么按正常计划外工作任务考核就行，不用进行加减分考核或设置特殊任务奖。

安全质量部余部长：您讲解得很透彻，我明白了！

痛点 28
"部门墙"问题怎么解决？

市场部肖经理：张老师，我们市场部是前台的销售部门，在"前线"冲锋陷阵。可打仗得有后勤补给，为达成销售目标，需要企业中后台部门的充分支持，但我们常遇到其他部门不积极配合的情况。有一次，我们几乎就要和一位重要客户签订合同了，但由于其他部门的流程推进缓慢，最终导致客户流失，这对我们的打击很大，这样的问题能通过绩效管理解决吗？

张老师：肖经理，您说的是企业常见的"部门墙"问题。部门间沟通不畅、协作效率低一般有五种原因，无利益机制、无考核权力、没明确职责、没沟通流程、无足够能力。前两种原因能用绩效管理解决。

市场部肖经理：张老师说得对，无利益机制和考核权力确实难以激励和约束协作部门，那具体应该怎么操作？

张老师：把内部协作纳入绩效考核体系能有效缓解协作不畅的问题，我的"手掌"模型里有专门针对协作工作考核的维度——协作满意度。具体操作时，协作工作指标考核各部门协作配合事项完成的及时性，每月可统一由一个部门，比如王部长的行政部负责汇总并发布部门间协作清单，组织考评及结果的收集整理，然后由提需求部门给协作部门的配合程度打分。若有扣分，则必须指明原因，推动改进，提高协同效率。

市场部肖经理：太好了，用这种考核方式，其他部门就不敢不积极配合工作了。

张老师：没错，但有一种协作情况不能扣分，您能想到吗？

市场部肖经理： 是不是您在痛点 27 中所讲述的不在本职工作范围内的额外配合工作呀？

张老师： 没错，本职工作外的额外配合工作不能再扣分，不然没人愿当"雷锋"。但一般来说，部门间本职工作范围内的协助工作应以减分为主，因为这属于该做好而未做好的。原则上不鼓励因部门间协作加分，特殊情况除外，比如职责范围外的协助，可由部门提出加分建议，最终由高管决定。而员工之间的协作配合通常以加分为主。

市场部肖经理： 我明白了！

痛点 29
企业文化和价值观该怎么考核？

人力资源部刘部长： 张老师，最近我们董事长经常谈到企业文化建设和员工的价值观塑造，也强调要在员工的绩效考核中体现这一点。然而我总感觉企业文化和价值观虽然很重要，但太形而上，很难量化和考核。您说这该怎么去衡量和评估呢？

张老师： 对于企业来讲，企业文化和价值观的重要性不言而喻，价值观实则蕴含于企业文化之中。不知诸位是否还记得"绩效花"模型？在"花盆"的"土壤"里，有一个至关重要的要素便是企业文化。那么，企业文化究竟应当怎样考核呢？

第一，企业文化绝不能仅止步于墙上的标语，而应当深度融入企业各个层面的管理制度之中，就像在员工手册里，对于员工的相关要求以及激励导向务必彰显企业文化的引领方向一样。

第二，依据制度对员工的要求应细化为具体的行为。企业要构建正面行为清单，罗列出企业所鼓励的行为。同时，要制定负面行为清单，明确企业所杜绝的行为。

第三，将行为清单归入绩效考核体系，通过加减分项的形式，对员工的行为展开量化评估。一旦组织或员工有正面行为清单中的行为，便依照评价标准对其进行加分；出现负面行为，就依照对应标准对其进行减分，这也是"手掌"模型中加减分考核的运用方式之一。

人力资源部刘部长：我懂了，企业文化要细化为具体行为并纳入绩效考核，这样企业文化就更易有效落地了。

张老师：没错，这是"通用加减分"的用法。还有一种"个性化加减分"考核，能对考核指标和未纳入考核的员工综合表现进行加减分调节，使评价结果更符合考核者的预期和判断，比如员工觉得某项工作完成得好应得高分，考核者不认同并有合理的理由，就可适当减分。当然，我们也能根据各部门的职责和工作特点，设计特有的鼓励或惩罚性的考核内容。这些考核虽然不是关键绩效指标，但能体现企业对部门更高的个性化要求。例如，我们针对客服部可以设置加分项——收到客户感谢信，加1分。

人力资源部刘部长：这种方法真是妙极了！看来"手掌"模型中的每一项都有着极为精妙的设计。

痛点 30
价值观行为化考核的具体示例有哪些？

人力资源部刘部长：张老师，您刚刚讲解了将企业文化细化为具体行为并纳入绩效考核的方法，让我很受启发。但我还是想深入了解一下，价值观行为化考核具体有哪些示例呢？

张老师：好的，那我就更具体地举例说明（见表4）。

表4　　　　　　　　价值观行为化考核清单示例

价值观	正面行为（示例）	负面行为（示例）
团队合作	在团队会议中，积极分享自己独特的工作思路和方法不少于3次/月，且被采纳至少1次	一个月内拒绝参与团队讨论超过3次
	主动承担非本职但有利于团队项目推进的工作任务，每月至少1项，并在规定时间内高质量完成	因个人原因导致团队项目进度延后超过3天且无正当理由
	每周至少为团队成员提供2次有效的技术或业务支持，帮助解决实际问题	一个月内未对团队成员的求助给予任何回应超过2次
	当团队成员之间出现分歧时，主动协调沟通，促使问题在2天内得到解决	在团队合作项目中，故意隐瞒关键信息，影响项目进展
创新	每月至少提出2种具有可行性的新工作方法或流程改进建议，并得到部门认可	连续3个月未提出任何创新建议
	每季度积极尝试1种新的业务模式或市场策略，并形成书面报告分析其可行性	对新的业务模式或技术方案，在未深入了解的情况下直接否定超过2次/月
	主动参与企业创新项目，每周投入不少于5小时的时间进行创新探索	消极参与创新项目，每周实际投入时间不足2小时
	关注行业动态，每月至少分享3条有价值的新技术或新趋势信息给团队	对他人的创新建议，未经过认真思考就提出反对意见超过3次/月

续　表

价值观	正面行为（示例）	负面行为（示例）
客户至上	对客户的咨询或投诉，在 1 小时内给予回应，并在 24 小时内提供解决方案	对客户的咨询或投诉，超过 2 小时未回应
	每月主动回访客户不少于 5 次，收集客户反馈并及时改进工作	1 个月内客户对服务不满意的投诉超过 2 次且无改进措施
	为客户提供超出其预期的服务，每月至少获得客户书面表扬或感谢信 1 次	未经过客户同意，擅自更改服务内容或承诺
	根据客户需求，定制个性化服务方案，每月至少完成 1 份方案并得到客户认可	忽视客户反馈，连续 2 个月未对客户提出的问题进行改进
诚信正直	在工作中如实记录工作数据和成果，每月经检查无任何虚假记录	故意提供虚假工作数据或报告超过 1 次/月
	遵守企业的保密制度，不泄露企业机密信息，1 年内无任何违规行为	违反企业保密制度，泄露企业机密信息
	发现不诚信行为，立即向相关部门举报，每季度至少 1 次	对不诚信行为视而不见，1 年内未进行任何举报
	主动承认自己的错误并及时改正，每月至少 1 次	拒绝承认自己的错误，且不采取任何改正措施

人力资源部刘部长：这些示例让我对价值观行为化考核有了更具体、更明确的认识。我会尽快组织团队，根据我们企业的价值观制定相应的行为清单，并将其纳入绩效考核体系。

痛点 31
发生企业不可容忍的行为怎么考核？

纪检监察部严部长：张老师，我是做纪检监察工作的，对企业"红线"行为格外关注。如果发生了一些企业不可容忍的事件或行为，比如贪腐、重大生产安全事故等，这该怎么进行绩效考核呢？

张老师：严部长提到的正是"手掌"模型的最后一个关键维度——零容忍事件或否决项指标。这类事件或行为一旦出现，极有可能给企业造成极其重大的负面影响，甚至可能给企业造成金额巨大的损失。此外，如果某些个别关键工作的完成情况严重低于目标值，也可以被认定为否决项。

一旦出现这类情况，企业应当扣除当事人当期的全部绩效工资。有些企业的浮动薪酬占比相对较低，就算当事人当期的绩效工资全部扣除，也并不会对其收入造成较大的影响，以至于有些人可能认为这没什么要紧的，这就表明企业的管理手段失去了效果。

因此，当情节严重的情况出现时，除了扣除当事人的当期绩效工资，还要依据企业的其他奖罚制度，从其年度绩效工资里扣除一定的比例。这样一来，对当事人的警示作用将会更加显著，只有感到足够疼痛，才能长记性。至于怎样界定情节是否严重，企业可以通过制定相应的质量管理办法、安全管理办法等进行判断。例如，企业可以在安全管理办法中，对安全质量事故进行分级，不同级别的事故对应不同的惩罚措施。

纪检监察部严部长：我明白了，接下来我就要针对纪检监察的工作内容做一些否决项指标出来。

痛点 32
对一线部门怎么考核？

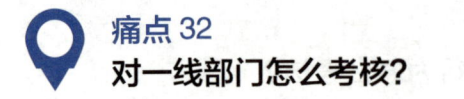

市场部肖经理： 张老师，我在市场部工作，一直对咱们一线部门的考核方式感到困惑。就拿我们市场部来说，目前的考核办法的效果确实不太理想，没法充分调动大家的积极性。您能详细讲讲一线部门到底该怎么考核吗？

张老师： 一线部门通常是指直接参与产品制造、市场推广、客户服务等与企业核心业务运作紧密相关的部门，像生产部门、销售部门、客服部门、研发部门等，它们直接面对产品、客户、市场。对于一线部门的考核，一般会采用以下三种常见方法。

（1）目标达成率法。即用完成值除以目标值。

（2）计件法。即按照完成的件数计价，或者按一定比例计算提成。

（3）贡献分配法。即根据员工对目标达成的贡献来分配奖金包，而奖金包由团队目标的达成情况决定。

市场部肖经理： 我们现在采用的应该是目标达成率法，每月根据各自的目标完成率来兑现奖金。

张老师： 实际上，这三种方法各有优缺点。目标达成率法的优点是全面客观，适用于所有一线岗位，能紧密结合企业战略目标；缺点是目标值难以确定，激励方式的链条长，激励性稍弱。计件法的优点是即时激励，员工能即刻看到每项任务的收益，激励性强；缺点是适用范围有限，岗位需有清晰定量的工作成果，如销售额、生产件数等，既可能导致员工短视，还可能受市场波动影响，奖金总额难以把控，员工收入差异大。贡献分配法的优点是奖金总额可控，能论功行赏；缺点是奖金总额难以确定，且分配固定奖金包可能加剧员工矛盾（奖励一人的钱来自扣罚的另一人）。所以，不同部门只有根据工作性质选取一种合适的方法或几种方法的组合，才能有效激励员工，同时应保证企业成本预算可控。

痛点 33
对销售部门怎么考核？

市场部肖经理：张老师，您能再具体讲讲销售部门应该采用哪种绩效考核方式吗？

张老师：没问题。在销售部门的考核中，我们可以用"打粮食"和"增肥力"这两个词形象地表述一些关键绩效指标。"打粮食"指能直接给企业带来经济效益的指标，好比农民打下粮食，创造直接收成，像销售利润这类指标，是企业生存和发展的关键，是实在的收益。"增肥力"则是指那些不能马上带来直接收益，但能为企业未来增长打下基础、增强潜力的指标，比如销售量。销售量的提升对当前利润的直接贡献可能不大，但有助于扩大市场份额、提高品牌知名度，为未来达到更高的销售利润创造条件，就像给土地注入"增肥力"，为未来丰收做准备。

市场部肖经理：这两个词真形象，那具体应怎样操作呢？

张老师：对于销售部门的考核，可从组织绩效和员工绩效两个角度分别考虑。先说组织绩效。销售部门绩效直接与企业收入挂钩，考核方案要围绕销售目标的实现、市场开拓能力、客户关系维护及团队合作等多维度进行设计。KPI指标要区分主次，分为"打粮食"和"增肥力"指标。比如当期目标是利润的企业，销售利润就应是其主要的"打粮食"指标，销售量是次要的。对于"增肥力"指标，主要指标的考核权重要大，次要指标的权重要小且应设加分上限。再看员工绩效。可把销售人员绩效奖金分为两部分，一是基础绩效，关联"增肥力"指标，用目标达成率法考核与兑现；二是销售提成奖金，这属于"打粮食"指标。销售提成的计算分两步。第一步是确定提成基数，比如以销售人员完成销售额的一定比例计算提成，而有的企业为了让销售人员关注利润而非单纯的销售额，也可按销售毛利润计算提成。第二步是确定提成比例，企业要考虑产品类型、市场状况、目标利润等因素，参考同行业水平，既要保障激励效果，又不能过度压缩企业利润空间。通过设置基础提成率和阶梯提成率，进一步激发销售人员的积极性。

对于销售管理人员的考核，我们不仅要关注其个人销售业绩，更要重视团队的整体表现和发展。所以，考核指标的设置除个人销售业绩，还应包括团队销售目标达成情况、团队成员培养与发展、销售策略制定与执行效果等方面的指标。在提成方面，销售管理人员的提成比例应比其他销售人员低，但可从团队业绩中提取一定比例作为其提成。这种设计是鼓励销售管理人员把更多精力放在团队建设和管理上，多培养优秀的销售人员，努力提升团队的销售能力，而非只关注个人销售业绩，把客户和经验都握在自己手里。

对于销售辅助人员（类似生产辅助人员，他们不直接销售，但对销售任务达成有重要的辅助作用）的考核，我们可把绩效薪酬分为两部分，一部分关联团队销售业绩的达成情况；另一部分关联销售辅助人员工作任务的达成情况，这样能激励其更好地完成辅助工作。

市场部肖经理：您把销售的组织和个人绩效考核方法梳理得太清楚了，这下我心里有数了！

痛点 34
对生产部门怎么考核？

王总：张老师，我很关心对生产部门的绩效考核，这是我们企业的命脉，涉及的员工人数也最多，还得麻烦您详细讲讲对他们的绩效考核应该怎样开展。

张老师：生产部门确实是企业经营的关键，对其进行绩效考核很重要。鉴于生产部门工作节奏快、员工知识水平可能相对较低等特点，考核设计得不能太复杂。

在组织绩效方面，产量、质量是必要的考核内容，同时应把成本节约、环保等因素考虑进来，用目标达成率法进行考核。一般来说，部门绩效的考核结果可直接作为生产部门正职的考核结果。对于部门副职的考核，则要根据其分管工作，同样采用目标达成率法进行。

对于一线生产员工，我们可以采用计件法进行考核。按照生产人员的操作完成数量按件计算提成，完成件数越多，绩效奖金越多。不过在某些行业，由于生产特性，无法单独计量单个生产人员完成的数量，只能计算小组或班组完成的数量。对此，可先根据小组生产完成情况算出小组的计件奖金包，再运用贡献分配法，依据员工的岗位、职级、工作效率、工作态度等因素把奖金分配到个人。

除了计件法，还有计时法。计时法是按生产人员的工作时间计算工资，通常以小时为单位。此方法适用于工作成果难以精确量化，但工作时间相对稳定、工作流程较标准化的生产岗位。比如一些设备操作岗位，其工作内容和强度在一定时间内相对固定，可采用计时法计算工资。但运用计时法可能会使一部分员工的工作积极性不高，所以往往要结合其他激励措施运用。

王总：感谢张老师的讲解，请您再展开说说激励措施方面。

张老师：除计件考核，我们还要根据行为规范及额外贡献调整奖金。比如原本应发8000元绩效奖金，有一次违规操作扣50元，同时有合理化建议被采纳奖励150元，则最终绩效奖金就是8100元。

另有一类生产辅助人员，他们不直接参与生产，但对生产的间接影响较大。我们可把其绩效奖金分为两部分：计件绩效奖金和过程绩效奖金。计件绩效奖金与团队产量产能挂钩，过程绩效奖金与个人工作完成情况挂钩，采用目标达成率法。比如，先按团队计件工资平均值的70%算生产辅助人员的计件工资，再根据个人工作目标完成情况算个人过程绩效奖金。这样分别计算两部分的绩效工资，既能关联团队整体业绩，又能体现个人目标达成情况，详见表5。

表5　　　　　　　　生产部门考核要点

考核对象	考核要点
生产部门	考核产量、质量、成本节约、环保等，采用目标达成率法
部门正副职	部门正职考核结果与部门绩效考核结果直接挂钩，部门副职则根据分管工作考核
一线生产员工	计件法：按件计算提成，多劳多得；无法按个人计件时，先算小组计件奖金包，再用贡献分配法分到个人
	计时法：按工作时间计算工资，适用于成果难以精确量化、工作时间稳定且流程较标准化的岗位，需结合其他激励措施运用
	根据行为规范和额外贡献调整奖金，如违规操作就扣钱，提出合理化建议被采纳就奖励等
生产辅助人员	绩效奖金分为两部分：计件绩效奖金与团队产量产能挂钩，过程绩效奖金与个人工作完成情况挂钩，采用目标达成率法

王总：张老师，您讲得太详细了，我明白了。

痛点 35
对客服部门怎么考核？

人力资源部刘部长：张老师，最近我在研究各部门绩效考核的优化方案，客服部门作为直接面向客户的重要部门，其绩效考核一直是难题。现有的考核方式不够精准，既难以充分调动客服人员的积极性，也无法有效提升服务质量。您能讲讲客服部门该怎么既科学又有效地考核吗？

张老师：客服部门的考核确实需要精心规划。首先从组织绩效看，客服部门的考核指标应聚焦服务质量、问题解决效率、客户保留率及增值服务推广等方面。咱们可类比之前讲过的"打粮食"和"增肥力"，将客服部门的绩效指标分为"保基础"和"促增值"两类。比如，问题首次解决率作为"保基础"的主要指标，能保证基本服务效率和质量；客户升级服务转化率作为"促增值"指标，能推动增值服务推广和客户价值提升。我们要根据当期客服工作重点区分主次指标，设置合理的权重和评分标准。

对于一线客服人员的绩效，可分为两部分：第一部分是基础绩效，与"保基础"指标挂钩，如客户满意度评分、平均响应时间、服务合规性等，用目标达成率法考核，可设定明确的评分标准和完成目标，若达标则获基础奖金。第二部分是增值绩效，与"促增值"指标挂钩，如成功推荐客户升级服务、处理复杂问题的效率高、成功挽回客户等，可设置为提成或额外奖金形式，激励客服人员在完成基本服务的同时，积极创造额外价值。

对于客服辅助与后台支持人员（不直接面对客户，但对提升整体客服质量和效率很重要）的考核也可分为两部分：第一部分与客服团队整体绩效挂钩，如团队客户满意度提升、服务效率提高等；第二部分与个人任务完成情况挂钩，根据岗位职责设置具体指标。客服部门考核要点详见表6。

表6　　　　　　客服部门考核要点

考核对象	考核要点
客服部门	分为"保基础"和"促增值"两类： （1）"保基础"，确保基本服务效率和质量； （2）"促增值"，推动增值服务推广和客户价值提升
一线客服人员	分为基础绩效和增值绩效两部分： （1）基础绩效，与"保基础"指标挂钩； （2）增值绩效，与"促增值"指标挂钩
客服辅助与后台支持人员	分为与客服团队整体绩效挂钩和与个人任务完成情况挂钩两部分

人力资源部刘部长：张老师，您讲的让我对客服部门的考核有了全新的认识！

痛点 36
对研发部门怎么考核？

战略发展部李部长：张老师，最近我们的企业战略有所调整，对研发部门提出了更高的期望和要求。在我们讨论研发部门的绩效考核时，大家意见不统一。您认为研发部门到底怎样考核才能既符合企业战略，又能激发研发人员的创新热情和工作效率？

张老师：研发部门的考核确实复杂且关键。从组织绩效方面看，要紧密结合企业的战略规划和研发部门的职能定位，考核指标应包括项目进度、研发成果质量、技术创新水平、研发成本控制等多个维度。比如，在规定时间内成功完成若干关键研发项目，并达到预期技术指标和质量标准；在降低研发成本的同时，保证研发成果的先进性和市场竞争力。

对于一线研发人员的考核，不能单纯以成果定好坏，要综合考虑多个因素。首先是工作成果，包括完成的研发任务、取得的专利或技术突破等。其次是创新能力，比如提出新颖的研究方法、解决复杂技术难题的能力等。此外，团队协作和知识分享也是重要考核点，因为研发工作往往需要团队成员的密切配合。

在考核方法上，可以采用 MBO 与 KPI 相结合的方式——设定明确的团队和个人目标，将其细化为可量化的关键绩效指标。例如，规定研发人员在某个时间段内要完成特定功能模块的开发，且该模块的性能要达到一定标准。同时，引入 OKR 也是很有必要的——设定具有挑战性的目标，如开发出行业领先的技术解决方案，然后确定关键成果，如完成技术原型开发、通过严格的测试等。通过定期的评估和反馈，让研发人员清晰地了解自己的工作与目标的差距，并及时调整。

另外，要重视里程碑节点的考核。可将研发项目划分为若干重要的里程碑节点，如项目立项、方案设计完成、原型开发成功、小试中试通过等，在每个节点对项目的进展和质量进行评估，确保项目按计划推进。

这里再强调两点。第一，绩效不是万能的。除了绩效考核，我们还要给研发人员设置专项奖励。对于在某些方面有突出贡献的人员，如在技术创新上取得重大突破、成功解决关键技术难题、为企业节省大量研发成本等，要有相应的专项奖励，这样才能更充分地激发研发人员的活力和创造力。第二，对于研发工作人员，我们的工作重点是在选人上，而非考核。若人选正确，就不需要在绩效管理上花费太多精力；反之，即便我们竭尽全力通过绩效管理来激励和引导他们，也很难达到预期的绩效产出。研发部门考核要点详见表 7。

表 7　　　　　　　　　研发部门考核要点

考核对象	考核要点	具体内容
研发部门	结合企业战略规划和研发部门职能定位，涵盖项目进度、研发成果质量、技术创新水平、研发成本控制等多个考核指标	在规定时间内完成关键研发项目，达到预期技术指标和质量标准，降低研发成本并保证研发成果的先进性和竞争力
一线研发人员	综合考量工作成果、创新能力、团队协作和知识分享	（1）完成研发任务、取得专利或技术突破； （2）提出新颖的研究方法，解决复杂技术难题的能力
考核方法	（1）MBO 与 KPI 结合； （2）引入 OKR； （3）里程碑节点考核； （4）设置专项奖励	（1）设定团队和个人目标，细化为可量化的关键绩效指标； （2）设定挑战性目标及关键成果，如开发行业领先技术方案及完成技术原型开发并通过测试； （3）划分为项目立项、方案设计完成、原型开发成功、小试中试通过等里程碑节点，评估进展和质量； （4）在技术创新、解决关键难题、节省成本等方面有突出贡献时给予对应奖励

痛点 37
对安全质量部门怎么考核？

安全质量部余部长：张老师，我们安全质量部在企业里责任重大，最近人力资源部刘部长也在跟我探讨如何科学有效地开展绩效考核，您能给些专业建议吗？

张老师：安全质量部门的考核需要全面精细设计。考核重点主要包括以下两个方面。一是安全方面，包括事故预防，如风险识别和防范措施的有效性；隐患排查治理的成效，如隐患发现及时、准确并整改的彻底性；安全制度的执行情况，是否严格按操作规范执行；员工安全培训的效果，关系员工安全意识和技能的提升。二是质量方面，包括产品或服务的质量达标率、质量问题发生率、质量改进措施实施效果等。

从组织绩效的角度来看，可以设定以下具体指标：涉及安全方面的考核指标有事故发生率、潜在隐患识别率、隐患整改率、制度建设达标率、制度执行率、安全培训覆盖率、考核通过率等。涉及质量方面的考核指标有质量合格率、不良率、返工率、满意度、投诉率、生产效率、产品寿命、质量成本、技术改进率等。

对于一线安全质量工作人员的考核，要注重日常工作细节。可依据绩效指标分解的"灵魂三问"（做什么工作、成果是什么、标准是什么）进行。在安全方面，必须明确日常安全检查做什么，即按规定流程和频率对各区域和环节进行检查；成果是及时发现安全隐患，尤其是识别重大隐患；标准是严格遵循既定安全检查流程和标准，确保无重要区域和环节遗漏。这里需要注意，该项工作也要有检查方，不能完全依赖被考核者自己提供的考核数据。

通过明确做什么工作、成果是什么、标准是什么，能更全面、准确地抓住一线安全质量工作人员的考核关键点，避免流于形式。此外，安全质量工作人员不仅是被考核者，也是考核者。他们需要考核其他部门和员工在安全与质量方面的执行情况。比如考核生产部门是否严格遵守安全操作规程，产品质量是否符合质量标准，设备维护部门是否按时对安全设备进行维护保养以保障设备运行的稳定性，其他员工是否正确佩戴个人防护用品，以及是否按照质量要求进行操作等。通过对其他部门和员工的安全质量考核，能够促进整个企业形成良好的安全质量文化和氛围。

在考核方式上，可以采用定期检查和不定期抽查相结合的方式。比如每月进行一次全面的安全质量检查评估，每周不定期抽查某些重点区域或关键环节的安全状况和产品的质量情况。另外，可以通过员工的反馈和实际案例分析评估他们的工作效果。

安全质量部门考核要点详见表8。

表8　　　　　　　　安全质量部门考核要点

考核对象	考核重点	具体内容
安全质量部门	安全方面	事故发生率控制、隐患整改率、制度执行率、安全培训覆盖率、考核通过率等
	质量方面	产品或服务质量合格率、投诉率等
一线安全质量工作人员	安全方面	日常安全检查（流程、频率、区域、环节）、发现隐患（及时性、准确性、重大隐患识别）、整改跟进（督促、复查、杜绝类似问题）、违规处理（制止、警示）、应对突发安全事件（响应、处理、损失控制）等
	质量方面	对质量标准的熟悉程度（掌握、阐述、应用）、质量问题判断处理能力（发现、解决、质量改进）、质量改进工作参与贡献（参与项目、提出建议、推动提升）等

续 表

考核对象	考核重点	具体内容
考核方式	定期检查和不定期抽查相结合	每月全面检查评估，每周不定期抽查重点区域或关键环节
	员工反馈和实际案例分析	评估工作效果

安全质量部余部长：明白了，我接下来要根据您讲的先做一个优化稿，再请张老师把关。

痛点 38
对项目怎么考核？

人力资源部刘部长：张老师，项目管理在企业业务中占据重要地位，对于如何科学全面地考核项目以及合理分配项目奖金，我一直有些困惑，您能给我详细讲讲吗？

张老师：对于项目的考核，可从以下几方面考虑。一是项目组的考核，应重点关注项目目标达成情况，包括是否按时完成，是否在预算内完成，是否达到预期质量标准，是否满足客户需求，还包括考察项目的创新性和可持续性，是否为企业带来新的竞争优势和发展机会。二是项目过程的考核，应关注执行过程的规范性、协调性和沟通效率，比如流程是否遵循项目管理规范，团队协作是否顺畅，信息传递沟通是否及时准确等。三是项目里程碑节点的考核，可将项目划分为若干重要节点，如项目启动、需求分析完成、设计方案确定、开发完成、测试通过等，在每个里程碑节点评估项目的进度、质量、风险，确保按计划推进。

对于项目组人员的考核，要根据他们在项目中的角色和职责明确具体的指标。以项目经理为例，有两种考核方式：一是将项目组的考核结果100%关联项目经理，项目组成绩即项目经理成绩；二是除考核项目目标达成情况，还要考核项目经理的其他能力，如项目计划制定和执行、团队管理协调、风险应对决策等。对于技术人员的考核，应重点考核技术难题解决、技术创新应用效果等。对于其他成员的考核，如质量控制人员、文档管理人员，应主要考核各自职责内工作的完成质量和效率。有针对性的考核能更准确地评估不同岗位人员在项目中的表现和贡献。

人力资源部刘部长：张老师，我明白了。您能再讲一讲考核后的项目奖金应该如何科学分配吗？

张老师：关于项目奖金的分配，首先要根据项目人员的角色定位和绩效结果，算出每人的贡献度。可建立评估体系，综合考虑工作难度、时长、成果重要性等因素确定贡献度。然后，用贡献度占比计算奖金分配额。若某项目总奖金共10万元，成员A的贡献度是30%，成员B的贡献度是20%，则成员A应得奖金3万元，成员B应得2万元。这种奖金分配方式能激励项目团队成员积极工作，提高项目成功率和效益。

项目考核要点详见表9。

表9　　　　　　　　项目考核要点

考核对象	考核要点	具体内容
项目组	结果考核：目标达成情况	是否按时完成、是否在预算范围内完成、是否达到预期质量标准、是否满足客户需求和期望等
	过程考核：规范性、协调性、沟通效率等	流程是否遵循规范、团队协作是否顺畅、信息传递沟通是否及时准确等

续 表

考核对象	考核要点	具体内容
项目组	里程碑节点考核：进度、质量、风险等	在各里程碑节点进行评估，确保按计划推进
	创新性和可持续性	是否带来新的竞争优势和发展机会
项目经理	直接关联	项目组考核结果100%关联
	直接关联+项目管理能力	项目目标达成情况及项目计划制订和执行、团队管理协调、风险应对决策等能力
技术人员	技术难题解决、技术创新应用效果	技术难题的解决能力、技术创新应用效果等
其他成员	各自职责内的工作完成质量和效率	质量控制人员、文档管理人员等在职责范围内的工作表现

人力资源部刘部长：张老师，您的讲解非常详细全面，让我对项目考核和奖金分配有了清晰明确的思路！

痛点 39
职能部门应该考核业绩吗？

行政部王部长：张老师，近来企业一直强调职能部门要贴近业务，还希望职能部门的考核能关联一部分业绩指标。然而，职能部门的工作难以通过企业业绩直接衡量，我认为考核与业绩挂钩未必能切实体现职能部门的工作价值，职能部门只要考核本职工作就好，没必要和企业业绩挂钩，对此您怎么看？

张老师：确实，职能部门的工作更多是为业务部门提供支持和服务，间接推动企业发展。这种间接贡献难以像业务部门那样用具体明确的数字或指标精准衡量，所以单纯用业绩指标衡量职能部门工作成效不准确，也无法全面反映其工作价值，甚至可能降低绩效考核的有效引导作用。

所以，直接将企业业绩作为职能部门的考核指标不太恰当。不过，在绩效奖金的兑现环节，我们可以将职能部门的奖金分配与企业的经营结果关联起来。例如，即使职能部门的考核结果是满分，但如果企业整体的业绩考核结果不尽如人意，在绩效奖金分配时，可以通过职能部门绩效系数与企业绩效系数的加权计算方式，使职能部门的奖金分配与企业的经营结果产生关联。这样的做法，一方面能够体现职能部门对企业整体发展的贡献，另一方面也能保证绩效奖金分配的公平合理。总之，对职能部门的绩效考核，重点应放在其核心职能的有效发挥情况以及对企业战略目标的有力支持程度上，而非片面地追求业绩指标。通过全面综合地考量多方面的因素，我们才能更精准地评估职能部门的工作表现，从而激励他们为企业的长期发展贡献更多的力量。

行政部王部长：我明白了，考核指标不应设置业绩指标，但在奖金兑现时可以关联企业经营业绩，这样比较合理！

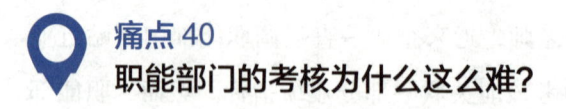

痛点 40
职能部门的考核为什么这么难？

行政部王部长：张老师，我们部门的考核让我很头疼！工作内容复杂多样，指标不好量化，这该怎么办？

张老师：职能部门的考核确实是个大难题。相较业务部门，职能部门的考核难点主要突出表现在以下几个方面。

一是工作性质复杂多样。职能部门的工作内容通常复杂多样，涉及多个方面和领域，难以用单一指标衡量工作效果。而且职能部门工作的计划性弱，临时性任务多，这是不利于考核的因素。

二是间接贡献与成果难量化。职能部门工作往往通过提供支持和服务间接推动企业整体发展。与业务部门能用销售额、利润等量化指标衡量业绩不同，职能部门的贡献更多体现在优化流程、提高效率、增强组织凝聚力等方面，这些成果难以直接量化。

三是团队协作与跨部门沟通。职能部门通常需与其他部门紧密合作完成企业各项任务。这种团队协作和跨部门沟通的特点使考核需考虑多个因素，包括与其他部门的协作情况、沟通效果等，增加了考核难度。

四是考核标准的制定与更新。随着企业的发展和外部环境的变化，职能部门的工作内容和要求也不断变化。因此，设计合适并保持与时俱进的考核标准是巨大的挑战。制定职能部门的考核标准也需考虑工作灵活性大、人员数量、人员素质、定岗定编等不同情况的差异。

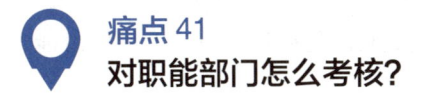

痛点 41
对职能部门怎么考核？

行政部王部长：职能部门的考核太难了，也不是我一个人的烦恼。张老师有什么办法能解决这些难题，让考核更合理有效呢？

张老师：对于职能部门的考核，我们提出了"一二三职能部门考核法"，即一个中心、两个基本点、三种创新方法，下面具体展开分析。

1. 一个中心

一线业务部门作为直接面向市场、客户或服务的核心单元，其考核体系应以"效益"为核心。这里的效益包括经济效益，如利润增长、成本控制、销售额提升等，也包括社会效益，如客户满意度提升、品牌形象塑造、社会责任履行等。设定明确的效益指标，能激发一线业务部门员工的积极性，促使他们创新和优化工作流程，实现企业整体的战略目标。

但二线职能部门与一线业务部门不同，更多扮演支持、服务和协调的角色，因此考核重点应在效率上。效率不仅指职能部门内部工作的快速响应和高效执行，更重要的是支撑一线业务部门不断提升效益。例如，人力资源部门优化招聘流程、提升培训质量，能提高员工素质和效率；财务部门通过精细的预算管理和成本控制，能为一线业务部门提供充裕的资金支持；行政部门优化办公环境、提升服务质量，能为员工营造更好的工作氛围。

组织分工的目的正是让各部门和员工能够发挥各自的专业优势和特长，共同推动企业的发展。一线业务部门通过实现效益来体现企业的市场竞争力和社会价值，而二线职能部门则通过提高效率来支撑一线部门效益的实现。因此，在考核体系的设计上，应充分考虑不同部门的特点和职责，确保考核标准既能够激励员工发挥潜能，又能够推动组织整体目标的实现。

所以，一线业务部门考核应以效益为中心，二线职能部门考核应以效率为中心，两者相辅相成，共同促进组织的发展。

2. 两个基本点

两个基本点，即服务支撑效率和管理推动效率，是职能部门考核的核心所在。职能部门在组织内部扮演着双重角色，既是服务者又是管理者。

作为服务者时，职能部门的主要任务是为一线业务部门提供有力的支持，确保其高效运作。服务效率的提升可通过加强内部沟通协作、优化工作流程、提升服务质量等方式实现，同时，通过内部客户满意度评价，可以客观评估职能部门的服务效果，不断优化服务方式。

作为管理者时，职能部门代表组织进行专业条线管理，推动各项工作的有序开展。为了提高管理推动效率，需要制定明确的管理目标和标准，通过动态目标设置（Goal Setting）任务进行考核，确保管理措施的有效执行。同时，职能部门还应积极参与组织战略规划和决策过程，为组织的长远发展提供有力保障。

3. 三种创新方法

（1）内部服务满意度评价。在内部服务满意度评价中，一线业务部门对职能部门的评价至关重要。然而，这一过程也需要注意以下两点。

一是合理设置指标权重。通常建议指标权重不超过30%，以避免职能部门因顾虑而影响正常管理职责的履行。评价应聚焦服务职责，而非管理职责。例如，人力资源部的管理职责为薪酬总额和人员编制的核定，这不应纳入服务满意度评价中，应由企业高管进行评价。

二是为确保评价的有效性，应明确列出每个职能部门的服务职责，并确保一线业务部门仅针对这些服务职责进行评价。这样的评价方式有助于精准识别职能部门在服务履职方面存在的问题，进而推动其不断提升服务水平。同时，评价结果的反馈也应及时、准确，确保职能部门能够清楚地了解自身存在的问题并采取有效措施进行改进。

（2）常规履职评价。常规履职评价是评价职能部门日常工作表现的方法。职能部门承担了很多例行工作，如人力资源部每月的薪资发放、社保缴纳等。对于这些工作，不建议用"工资发放准确率"或"报表及时率"等具体的量化指标，建议引入常规履职评价系统。在这种系统中，为特定职责指标设定正面行为和负面行为。员工有正面行为时加分，有负面行为时减分。这一评价系统的核心理念包括四个方面的积极行为（完成度高、速度快、质量好、资源消耗小）和四个方面的消极行为（完成度低、进度慢、质量差、资源消耗大），还有一个中间状态（无加分也无减分）。

（3）动态 GS 评价。它是专门针对那些具有特殊性、时效性或高度重要性的项目或任务的评价方法，如年度重点任务的细化分解，或是在高层领导会议中明确指出的关键任务。这些任务往往由核心职能部门牵头，涉及多个部门的协同配合，对企业整体发展具有战略意义。

鉴于 GS 任务的临时性、变化性和复杂性，传统的静态评估机制往往难以适应。所以，我们引入动态 GS 评价机制，用更灵活、及时的方式跟踪和评价任务执行情况。这种机制不仅关注任务完成的结果，更看重过程中的协调、沟通和创新能力，保障任务能高效、高质量地完成。

通过完善动态 GS 评价机制，我们可以更加精准地把握职能部门的工作效率，及时发现并解决问题，推动企业整体执行力的提升。这对于应对复杂多变的市场环境、提升企业竞争力具有重要意义。

行政部王部长：张老师讲解得太清晰了，看来只要想清楚里面的逻辑关系，职能部门还是可以进行绩效考核的。

痛点 42
对财务部门怎么考核?

财务部钱部长: 张老师,我最近为我们部门的考核问题很苦恼。我们财务人员平时的 KPI 都完成得很好,很少有出错扣分的情况。但目前要求采用强制分布法,必须有绩效等级 C 的名额,可大家都表现不错,这可怎么办?

张老师: 首先,关于强制分布法中出现绩效等级 C 的问题,您要明白,被评为等级 C 并不代表这个人的工作一定做得不好,而是在团队内部横向比较中比其他人的表现稍弱一些。但如果您部门内所有人的表现都极其出色,那完全可以向企业领导说明实际情况,提出特殊申请,不评等级 C 也是可以的。

您刚刚提到大家现有的 KPI 都能轻松完成,这反映出当前指标可能无法区分员工工作表现的差异,这时就需要重新审视和调整绩效考核指标了。可增加财务分析深度和准确性、成本控制建议有效性和可操作性、新财务政策理解和应用能力等方面的考核。还可以考虑增加短板改进类的指标,像 BSC 的学习与成长指标。您应该比较清楚每名员工在专业知识、工作方法或团队协作等方面的薄弱环节。若有的员工在财务风险管理方面需要加强,那么就可以把这方面的改进情况作为考核点,如果该员工在规定时间内这方面的能力和表现有显著提升,就可以加分。

如果有两名员工,您很难决定谁应该被评为绩效等级 C,我建议您可以采用"加时赛或附加题"的方式来区分。您可以给他们布置一些有挑战性的任务,比如解决复杂的财务核算问题,或者制订创新的财务预算方案。然后观察他们在完成任务时的质量、效率,以及在过程中展现出的工作态度和责任心。相信通过这种方式，这两位员工的表现将不再完全相同，这时再做出最终的判断就变得更加容易了。

财务部钱部长： 张老师这一番分析下来，让我知道想做好绩效管理还是要花点心思的。虽然会有一些工作量，但我理解并认同这个方法！

痛点 43
对纪检监察部门怎么考核？

纪检监察部严部长： 张老师，最近我们纪检监察部门的考核把我愁坏了！我们部门的工作性质特殊，很多工作成果难以直观量化，如防腐工作。而且，监察工作发现的问题有时涉及多个部门，责任难界定。另外，我们部门的一些工作要高度保密，这导致很难获取外部评价，内部评价又可能偏主观片面。这可怎么办？

张老师： 纪检监察工作的性质特殊，您说的这些确实是难点，咱们一个一个解决。先说工作成果难以直观量化的问题，像防腐工作成效的衡量，确实不像销售部门的销售收入能直接清晰量化。针对这些问题，您还记得前面讲的职能部门考核的常规履职评价吧？咱们可以为特定的、无法量化的职责指标设定正面和负面行为清单，有正面行为就加分，有负面行为就扣分。

另外，咱们可以设定一些阶段性的工作成效指标。比如，观察一段时间内企业内部的违规行为是否显著减少。这能通过统计违规事件的数量、类型以及严重程度的变化来体现。员工对廉政风险的敏感度有无提高，可以通过组织廉政知识测试、问卷调查或者开展小组讨论等方式评估。还有一点非常关键，考核是否建立了更完善的防腐机制，比如审查企业新出台相关制度的合理性、完整性和可操作性。这些工作的成效可能需要一段时间才能充分显现，但确实是纪检监察部为企业作出的重要且长远的贡献。

对于监察发现问题的责任界定，我们可制定一个详细的责任划分指南，明确不同情况下各部门应承担的主要责任、次要责任和连带责任。同时，监察过程中要确保问题的产生过程和相关部门涉及情况的材料准确性，包括相关文件、邮件、会议纪要等，为后续的责任界定提供充分的确凿依据。

鉴于内部评价可能存在主观性和片面性，且纪检监察工作"裁判员"的特殊性质不适合同事间互评，我们可以更多采用上级对下级的评价形式，结合工作成果的量化评估，如完成的项目数量、发现问题的价值及整改效果等。同时，可引入外部独立评估机制，在严格保密的前提下，邀请行业内资深纪检监察专家对特定工作成果和工作方式进行评估。另外，针对下级对上级的反馈，我们可采用匿名保密方式，设置专门反馈通道，确保员工能真实表达意见，且反馈能得到重视和处理。

严部长：张老师给了我很大的启发！

痛点 44
对部门副职怎么考核？

王总：张老师，部门副职的绩效考核让我很头疼啊！部门副职人数本来就不多，而且不同部门副职的考核者都不同，您说这可怎么办？

张老师：下面详细介绍几种可行的方法（见图30）。

指标设定	难点： 1.工作定性指标多，难以量化 2.工作差异大，不好比较 3.工作内容杂，难以聚焦 4.临时工作多，无法列入计划	工作分类抓住关键 服务类　管控类　协作类	优化意见
考核关系	难点： 1.职能部门间协作多，不能仅依赖上级考核评价 2.部门副职与正职分工有差异，正职无法对副职进行准确评价 3.部门分管领导"手松手紧"问题难以解决，导致打分不具有可比性	服务对象评价　上级领导评价　协作对象评价 分清责任分别考核	优化意见
考核结果	难点： 1.在部门内排名，部门副职与下属进行比较，容易挤占下属的优秀名额 2.在企业范围内排名，因为副职人数较少，导致绩效结果不好比较 3.副职的绩效结果与部门的绩效结果有一定挂钩，导致副职之间的竞争并不是副职个人的竞争	原则上不建议强制分布。必要时，可以结合部门绩效结果，对属于同一个领导分管的部门进行排名 特殊对待专区排名	优化意见

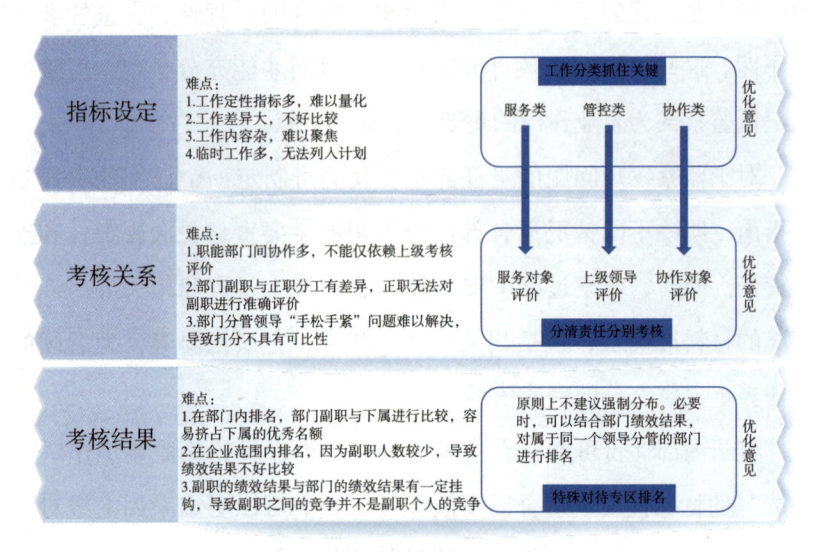

图30　部门副职考核要点

（1）部门副职的指标设定。主要难点在于：一是工作定性指标多，难以量化；二是工作差异大，不好比较；三是工作内容杂，难以聚焦；四是临时工作多，无法列入计划。鉴于以上难点，我的优化意见为：工作分类，抓住关键，能量化的指标要尽量量化，不好量化的指标尽量行为化，并设置正面和负面行为清单。

（2）部门副职的考核关系。主要难点在于：一是职能部门间协作多，不能仅依赖上级考核评价；二是部门副职与正职分工有差异，正职无法对副职进行全面准确的评价；三是部门分管领导"手松手紧"问题难以解决，导致打分不具有可比性。鉴于以上难点，我建议可以把部门副职的工作分为：服务类、管控类和协作类，分清责任后进行分类考核。对于服务类工作，让被服务对象进行评价；对于管控类工作，让上级领导进行评价；对于协作类工作，让协作对象进行评价。

（3）部门副职的考核结果。主要难点在于：一是在部门内排名，部门副职与下属进行比较，容易挤占下属的优秀名额；二是在企业范围内排名，因为副职人数较少，导致绩效结果不好比较；三是副职的绩效结果与部门的绩效结果有一定挂钩，导致副职之间的竞争并不是副职个人的竞争。对于以上难点，我的建议方法如下。

一是直接得分法。这种方法是最容易操作的，将绩效得分直接转化为绩效系数。绩效系数可以设定为分数除以 100 或 95。比如，某位副职的考核分数是 85 分，如果除以 100 作为绩效系数，那他的绩效系数就是 0.85；如果除以 95，绩效系数就是 0.89。也可以将得分区间对应不同的绩效等级，再对应不同的绩效系数。比如设定 90 分及以上为 A 等级，绩效系数为 1.2；80~89 分为 B 等级，绩效系数为 1；60~79 分为 C 等级，绩效系数为 0.8；60 分以下是 D 等级，绩效系数为 0.6。这样能够直观地根据分数确定绩效等级和系数。

二是部门联动法。副职的考核结果要和所在部门的考核结果紧密关联，比如把部门副职考核表的得分与部门组织绩效考核的得分做加权求和后得出最终分数。一般而言，副职的绩效等级不应超过部门的绩效等级，因为部门的整体表现会在很大程度上影响副职的工作成果和绩效。但在特殊情况下，如果副职的得分高于 90 分，并且其工作表现确实非常优异、对部门有突出贡献，经过评估和审批，可以给予高于部门绩效等级的评定。例如，某个部门的考核等级是 C 等级，但其中一位副职在工作中表现突出，得分超过 90 分，如果没有这位副职的努力，部门绩效等级可能连 C 等级都拿不到，经过综合考量，可以将其绩效等级评定为 B 等级。反之，当部门考核结果为 A 等级（90 分及以上），而该部门副职得分低于 80 分，可以将部门副职的绩效等级最高评定为 B 等级，一般情况下评定为 C 等级。

三是强制分布法。这也是你们目前正在使用的方法。采用强制分布法的前提是考核者保持一致，只有这样，分数的可比性才较强，这是实施强制分布法最重要基本的前提条件。如果能够统一由高管进行打分，可以在全企业范围内将所有副职进行排名。如果高管工作繁忙，没有时间为每个部门副职逐一打分，我们也可以在小范围内进行强制分布排名。比如，一位分管领导负责管理三个部门，那么这三个部门的副职就统一由这位分管领导进行打分，然后根据分数在这一小范围内进行强制分布排名。

王总：副职考核看来是真难啊，您能分享这么多方法，我受益匪浅！

痛点 45
指标库、目标责任书和考核表三者之间是什么关系？

人力资源部刘部长：张老师，最近我在做绩效考核工作，对指标库、目标责任书和考核表这三者关系的认识一直比较模糊，请您讲讲！

张老师：咱们先来说指标库，它就像一个丰富的宝藏库，里面保存着各种各样的绩效考核指标。企业的通用绩效指标库包含了适用于大多数部门的常见指标，比如部门预算控制率，能反映出各部门在预算管理上的表现和控制能力；关键人才流失率，能衡量企业整体以及各部门在人才保留方面的效果。而每个部门还有自己专属的指标库，这是依据部门独特职责和岗位特点定制的。拿市场部来说，销售计划完成率是关键指标，直接体现了市场部完成销售任务的情况和效率；对安全质量部来说，出厂产品合格率非常重要，反映了其把控产品质量方面的工作成果。

接下来谈谈目标责任书和考核表。它们可以说是从指标库里精心挑选出来用于特定时期的考核内容。目标责任书更多用于年度考核，主要针对有明确年度目标的部门和岗位。企业高管要对企业的整体发展和战略目标负责，所以需要签署年度目标责任书，明确一年的工作重点和要达成的关键绩效指标。同样，各部门也有自己的年度目标责任书，将部门工作与企业年度目标紧密结合。考核表相比之下更适用于日常、频繁的考核，比如月度和季度考核，它能及时跟踪和评估员工短期内的工作表现和绩效达成情况。

在制定目标责任书和考核表时，不是仅从指标库里简单选取几个指标就行了，还需要为每个选定的指标设定具体的目标值。这些目标值要合理且具挑战性，能激励员工努力达成目标。在评价标准方面，指标库里可能有通用标准，但实际情况复杂多变，应根据具体情况适当调整优化。同时，要清晰界定每个指标的权重，体现其在整体绩效中的重要程度。另外，数据来源必须明确，确保数据准确可靠，保证考核结果的公正客观。关于考核表应具备哪些要素和特点，后续辅导中我会进行详细讲解。

人力资源部刘部长：您讲得非常清晰，我明白了！

痛点 46
相同岗位的不同员工，绩效考核表一样吗？

市场部肖经理：张老师，当前同样的岗位使用的是相同的考核表。最近给部门销售人员进行绩效考核时碰到个难题，我们部门的销售人员小王主要负责开拓新市场，组织了不少市场活动；另一名销售人员小李的重点任务是催收回款。我特别纠结，他们的考核表能使用相同的吗？

张老师：肖经理，考核表应是一人一表，而不是一岗一表。就像您说的小王和小李的情况，小王当期重点是开拓新市场、做市场活动，那他的考核表中的绩效指标应侧重新客户开发数量、市场活动效果等方面，具体指标可设定为新客户签约数量、市场活动带来的品牌曝光度和潜在客户线索数量等。小李的当期重点工作是催收回款，那他的考核表的绩效指标就应是回款金额、回款周期、客户信用管理等指标。除了指标不同，两人的各项指标权重也应有所区别。对小王，新客户开发数量的权重可能更高；对小李，回款金额的权重可能更高。所以，即便岗位相同，但每名员工当期的工作重点不同，考核表就必须按员工当期的工作重点制定，做到一人一表，这样才能更精准地评估员工工作表现和贡献，也能更有效地激励他们朝企业期望的方向努力。

市场部肖经理：这样分析下来我就懂了！

痛点 47
如何评价绩效考核表的质量？

人力资源部刘部长：张老师，我最近在整理各部门的绩效考核表，发现有些考核表看着很全面，可实际用起来效果不好，而且找不到问题所在。这让我很困惑，到底应怎样评价考核表的质量优劣呢？

张老师：评估考核表的质量，我们可以运用"5+2"模型（绩效指标质量评价模型）。

这里的"5"代表5个关键评价指标维度。一是绩效指标与战略目标的相关性，即考核表中的指标是否与企业整体战略方向一致。例如，如果企业的战略重点是拓展新市场，可考核表中的指标主要在维护老客户方面，那相关性就不强。二是指标名称的规范性，指标名称要准确、简洁，让员工一看就懂其含义。三是指标定义的清晰合理性，不能模糊，以免让员工误解要达成的目标。四是指标评分标准的清晰合理性与实操性，评分标准要明确、可操作，不能太复杂或过于主观。五是指标数据来源的准确合理性，数据要有可靠来源，保证公平公正。

"2"指考核表整体的两方面。一是各指标所占权重是否得当，权重分配要反映各项工作的重要程度，若关键工作的权重过低，就无法引导员工关注重点。二是为各指标设定的目标值是否清晰合理，目标值不能过高让员工觉得遥不可及，也不能过低没挑战性。

通过对这些指标维度进行细致的评分，能对考核表中每个方面进行量化评估。将这些指标得分按一定权重加总，就能得到考核表的最终得分。这种方法不仅是一种定量评价工具，还能帮我们全面了解考核表的优势和不足，从而优化改进。所以，从我讲的"5+2"模型能看出，优秀的考核表要能准确反映员工和部门工作表现，与企业战略紧密结合，同时具备可操作性和公平性，激励员工朝既定目标努力。通过这种模型，能确保考核表在形式和内容上都达到高效、有用的目的，成为对组织部门和员工个人有效的绩效考核工具。刘部长，您觉得这样的评价方法能解决您的困惑吗？

人力资源部刘部长：张老师，我明白了。

痛点 48
绩效考核表上应该有几个指标？

战略发展部李部长：张老师，我们部门牵头组织绩效考核时遇到了问题，大家对考核表该设置多少个指标意见不一。市场部主张多设置指标，认为能全面涵盖工作各方面，而财务部认为指标应设置得少而精，便于聚焦重点。这下把我难住了，请您帮忙分析一下。

张老师：绩效指标有不同类型，分为带权重的 KPI 指标和不带权重的指标。那些不带权重的指标，如计划外工作绩效指标、协作工作绩效指标、价值观行为化指标，还有各部门的个性化加减分指标等，这些通常采用加减分评估，数量没有严格限制。有相关情况发生，就在考核表总分基础上相应加减分即可。所以，谈指标数量时重点要讨论带权重的指标，也就是重点工作 KPI 指标的数量，因为这些指标能够有效衡量部门或员工的工作成果。

一般建议设置 5~7 个 KPI 指标较为适宜。为什么这么说？因为一旦 KPI 指标数量过多，每个指标能分配到的权重就会较低，无法体现关键工作的重要性，也容易让被考核者产生不在意的态度。另外，KPI 指标数量过多会使被考核者不知把主要精力放在哪儿，导致工作重心分散。相反，如果 KPI 指标数量过少，比如只有 2~3 个 KPI 指标，则未必能充分反映考核重点，很容易顾此失彼、以偏概全。而且，KPI 指标数量过少会使单个指标的权重过大。一旦外部环境发生变化，比如市场需求突然减少、资源供给波动、关键原材料短缺等情况发生，那么权重过大的指标将严重影响绩效得分，进而可能导致考核结果严重偏离实际工作表现。

以上探讨的主要是以部门和员工作为被考核者的常规情形。而对于一些特殊情况，如集团企业考核二级单位、二级单位考核下级单位，或者企业考核某些相对独立的业务单元时，也可能根据当下阶段的具体战略需求和管理重点，有针对性地设定 2~3 个关键指标。这属于特殊情况，不在这次的讨论范围内。

战略发展部李部长：我明白了。

痛点 49
如何为指标设置权重？

战略发展部李部长：张老师，指标数量的问题算是弄明白了，可这 KPI 指标的权重又该怎么设置才合理呢？

张老师：给指标设置权重的原则首先是依据重要性设置，核心指标的权重自然要高些。但单一指标权重通常不能高于 40%。若高于 40%，将产生一系列不良影响，一是该指标对整体考核结果的影响过大，一旦出现状况，可能使整个考核结果严重失衡，导致考核结果过度依赖这一指标表现；二是单一指标权重过高会极大压缩其他指标的权重，使其他重要工作在考核中难以体现，导致考核结果无法客观全面地反映部门或员工真实工作的完成情况。同时，单一指标权重也不宜低于 5%。低于 5% 时，这类指标在考核中的作用就会很微弱，难以对员工产生有效的引导，员工可能不重视该项工作。

另外，指标的权重设置一般为 5% 的整数倍，这主要出于以下几方面考虑。一是便于计算和评估，能大幅提高考核过程中的效率和准确性，减少计算误差。二是让权重分配更清晰明确，让员工和相关人员一目了然，清楚各项工作的重要程度。三是设置权重时，需充分考虑各指标间的平衡和协调，避免权重过于集中在少数指标上或过度分散。确保各项工作在考核中得到合理的关注和衡量。四是要紧密结合企业的战略目标和阶段性重点工作，对于那些与战略目标紧密相关或当前重点关注的指标，应赋予较高权重，从而引导员工将工作重心放在对企业发展具有关键意义的事项上。

战略发展部李部长：好的，我们马上就开始设计方案。

痛点 50
如何区分一般指标和高价值指标？

财务部钱部长： 张老师，我们财务部在做绩效评估的时候，总是很难找到哪些是具有更高价值的绩效指标，您可以讲讲吗？

张老师： 我先列举一些不同岗位的常规绩效指标和高价值绩效指标的例子，然后咱们一起总结规律。

销售岗位的常规绩效指标通常是销售额，这一绩效指标能直观反映销售业绩数量。而对于销售岗位而言，更高价值的绩效指标包括客户满意度、客户续签率、客户反馈得分等，这些绩效指标侧重客户关系的维护与发展，能够预示销售业务的可持续性和发展潜力。

运营岗位的常规绩效指标通常包括运营成本、工作效率、项目完成率等，这些绩效指标能反映工作的执行过程和成本控制。对于运营岗位而言，更高价值的绩效指标包括用户体验、产品质量、工作流程改进、物流时效、仓库管理效率等，这些绩效指标注重运营效果和质量提升，对业务的长期发展影响更大。

人力资源岗位的常规绩效指标通常包括员工招聘率、员工流失率等，侧重人员流动和补充。更高价值的绩效指标包括人岗匹配度、员工满意度、敬业度、训前训后能力提高度、绩效提升度、员工发展计划等，更关注员工发展和组织活力。

财务岗位的常规绩效指标通常包括资产负债率、净利润率、财务报表准确度、预算控制率等，主要反映企业财务状况和财务岗位的基础工作表现。而更高价值的绩效指标包括风险控制、资本运作能力、投资回报率等，侧重财务管理战略层面和价值创造。

研发岗位的常规绩效指标通常包括研发进度、研发成本等，关注研发工作执行和成本。而更高价值的绩效指标包括技术转化、创新能力、知识产权、技术领先度等，更强调研发成果的价值和竞争力。

采购岗位的常规绩效指标通常包括采购降本率，关注采购成本控制。而更高价值的绩效指标包括供应商质量、供应链稳定性等，更注重采购工作对整体供应链的影响。

综上，常规绩效指标通常更侧重工作的基本表现和数量方面，容易量化和直接衡量。而更高价值的绩效指标往往更关注工作的质量、效果、长期影响和战略价值，难以直接量化，但对企业的长远发展具有更重要的意义。

财务部钱部长：的确，质量不高的指标，即便考核得了高分，其实对企业的贡献也有限，还是要选取高质量的指标。您的讲解让我的思路一下打开了！

痛点 51
部门和员工的绩效指标谁来把关？

人力资源部刘部长：张老师，最近我们在设置绩效指标时遇到了大麻烦，对于部门和员工的绩效指标到底该由谁来定、谁来把关，我真是头疼得很，麻烦您给我支支招！

张老师：我们分成三部分分析。第一，部门的组织绩效指标。您还记得前面我讲过的那个组织绩效指标溯源模型吧？组织绩效的指标源于战略、流程、职责、重点项目、短板和其他，还有一部分不能提前预知的计划外任务的绩效指标。由于这些来源往往涉及企业整体规划、战略方向以及跨部门的业务流程等宏观层面的内容，通常上级领导对这些有更全面的把握和决策权。他们能基于企业的战略目标和整体运营情况，从宏观角度初步筛选和确定哪些指标对于部门的绩效评估最为关键。然后，上级领导会与部门负责人进行沟通。部门负责人更了解本部门具体工作的细节、实际操作情况以及面临的挑战。通过与部门负责人的沟通，能进一步优化和调整初步确定的指标，使其更符合部门实际情况和工作需求。

第二，人力资源部要参与把关辅导。人力资源部的作用不容小觑，能够有效避免指标出现不合理之处，比如与企业战略不匹配、遗漏重要指标、目标值过高或过低等情况。人力资源部凭借专业的知识和对企业整体情况的了解，能给出合理建议和调整方向，确保部门的组织绩效指标既具挑战性又切实可行，能真正推动部门工作，为企业战略目标的实现做贡献。

第三，员工个人层面的绩效指标。有些企业会先让员工自己拟定一版指标，然后再由上级领导审核。严格来说，这种操作方式并非完全不可行。但是，当企业绩效管理基础不成熟，员工绩效意识也不强时，很可能出现员工自己所选指标缺乏系统性和全局性的情况，与企业战略目标脱节。而且，员工也许会出于对自身利益的考虑，设定过于宽松或不切实际的指标，挑肥拣瘦、避重就轻。所以，比较高效和妥当的做法是采取"自上而下"的指标设置方法，先由企业层面的绩效考核委员会明确各部门的关键绩效指标，再由各部门确定员工的关键绩效指标，通过"两上两下"两次沟通来完成绩效指标的确定。

在此过程中，如果人力资源部配置了 HRBP（人力资源业务伙伴），那么 HRBP 应参与沟通并进行把关辅导。如果没有配置 HRBP，那么经部门和员工共同确认的绩效指标也需提交至人力资源部进行审核。人力资源部要着重防止绩效指标"跑偏"，比如与部门目标不一致、过于主观或难以衡量等问题的出现。当然，在企业推行绩效管理初期，绩效管理体系还不成熟时，建议人力资源部尽量多参与各部门绩效指标及目标值的制定会议，这样能及时发现问题并为各部门提供专业支持，帮助他们更好地理解和运用绩效管理工具，促进绩效管理体系顺利推行和不断完善。

人力资源部刘部长：我明白应该如何操作了！

痛点 52
绩效指标必须自上而下分解吗？

战略发展部李部长：张老师，我们在制定绩效指标的时候一直在纠结一个问题，绩效指标是不是必须自上而下分解？比如，现在我们企业的业务变化很快，市场环境也很复杂，需要企业迅速响应，这种情况下还能坚持传统的自上而下分解绩效指标的方式吗？而且我们部门对于一些新的业务方向还处于摸索阶段，没有很明确的上级绩效指标可以参考，这该怎么办？

张老师：通常绩效指标制定多使用自上而下的方式，即"战略解码"，从企业战略规划出发，层层剖析细化，将战略目标分解落实到部门和岗位工作目标上。

然而，在一些特殊情况下，自下而上也是可行的。比如在资源型老板领导的企业，老板的资源整合调配能力强，但业务细节和专业知识有限，这时就需要依靠下属基于专业见解和经验，共同确定绩效指标。

再如平台型企业，强调开放性、创新性及多元化的业务发展模式，员工的自主性和创造力是推动企业前行的关键动力，采用自下而上的绩效指标制定方式，能为员工提供更大的发挥空间，激发其创新思维和积极性，以适应市场的变化和竞争。

此外，在员工素质高、自驱力强的企业，员工有敏锐的市场洞察力和强烈的责任感，能主动识别关键工作重点并承担责任。通过自下而上的绩效指标制定方式，可调动和发挥员工的主观能动性与创造性，为企业带来发展机遇和创新成果。

对于您提到的部门对新业务方向处于摸索阶段、无上级绩效指标参考的情况，可先让员工基于对新业务的理解和对市场的判断，自下而上地提出初步指标设想，再结合企业战略和资源投入调整完善，设定合理的绩效指标。但无论选择哪种方式，达成共识是核心环节。确定绩效指标要综合考虑企业长远战略目标、市场环境变化、员工能力水平和工作意愿等因素，通过深入沟通协商，确保绩效指标既能反映企业期望和战略导向，又能激发员工积极性，促使他们为实现企业目标全力以赴。

战略发展部李部长：张老师的讲解太系统了，让我彻底弄明白这个问题了！

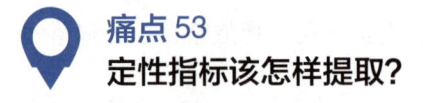

痛点 53
定性指标该怎样提取？

行政部王部长：张老师，我们应该如何提取定性指标？

张老师：可以通过"三化"方法来提取定性指标。

第一，能量化的尽量量化。例如，培训工作可以考核培训次数、考核通过率和满意度；制度管理工作可以考核制度出台的数量、制度执行情况检查次数及问题通告发布及时性等。

第二，不能量化的尽量细化。例如，办公室主任、行政内勤这些岗位的工作繁杂琐碎，可以从跨部门沟通满意度、日常事务响应及时度、接待满意度、纪要提交及时性、活动满意度、档案规范度等方面进行考核。

第三，不能细化的尽量流程化。可以按流程梳理每条工作职责，针对每个流程，考核完成的及时性和质量。例如，对于招聘这项工作，首先应该想到的是量化，即需要招聘几个人，这时就可以考核到岗率。假如不清楚量化目标，那就考虑细化，比如招聘的及时性和满意度。假如细化也做不到，则可以考核招聘工作流程中的关键事项，如招聘渠道建设完成率、需求分析质量、发布招聘通知及时性、面试邀约人数等。

用这"三化"提取定性指标后，再挑其中最关键的指标去考核，抓大放小，而不是把所有提取出的定性指标都拿来考核，造成管理成本过高。

行政部王部长： 好的，但这些定性指标也很难评价，就算有，也很复杂，领导不愿意用，有什么简便的方法吗？

张老师： 下面推荐三种简单好用的评价方法。

第一，目标对照法。可以将对定性指标的要求细分为四个等级：优秀、良好、合格与不合格，并为每个等级设定具体的分数区间。接下来，依据被考核者在实际工作中的表现，对照各等级的具体描述，确定其表现最符合哪个等级，并据此在相应的分数区间内给出具体评分。

第二，基准线比较法。可设定一个基准分值，如果被考核者的表现略优于基准，则加 1 分。如果表现略差于基准，则减 1 分。也可根据差异程度大小，每次加或减 2~3 分，这样可以拉开分数差距。

第三，相对排名法。如果多名被考核者的定性指标相似度较高，那么可以把每名被考核者的定性指标统一视为一个综合指标去打分。

先对表现最突出的被考核者打分，比如95分，接着基于其他被考核者与该基准分数表现之间的相对差距来确定他们的得分。可以根据被考核者的排名以及相对于最优表现的差异程度，每上升或下降一个等级，分数相应调整1~2分。

行政部王部长：我明白了，回去我就组织大家尝试设计。

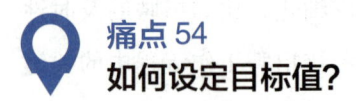

痛点54
如何设定目标值？

王总：张老师，绩效指标目标值的设定是个大难题，到底该怎么做呢？

张老师：绩效指标目标值的设定在绩效管理中确实比较难，主要体现在以下几个方面。

一是"鞭打快牛"。以往表现出色的部门或员工被要求做得更好，可当达到一定程度后，每前进一步都需要付出巨大的努力，较难取得显著提升。

二是"缺乏数据"。进行内部比较时，怎样的数据标准才算客观公正？是对标竞争对手，还是参考行业标准？关键是这些数据又从哪里获取呢？

三是"保护慢牛"。以往表现不佳的工作，在设定目标值时如果依旧很低，则无疑是在纵容落后，而不是激励进步。

绩效指标目标值的设定通常有以下四种方法。

第一种是战略目标分解法。根据企业的战略目标或上级的目标制定要求，自上而下地层层分解，同时自下而上地层层承接。管理层基于企业期望订立并传达目标，员工则进行可行性分析及目标达成分析，确定可以完成的挑战性目标。这种方法的优势在于能有效分解战略目标，最大程度保障战略目标的实现。但它的不足之处是在确定具体绩效指标目标值时缺乏量化依据，容易出现相互博弈的情况。此方法适用于战略目标清晰且能直接分解为量化指标的企业。

第二种是历史数据法。以企业内部的历史数据为基准，并在此基础上按照一定比例设定目标。例如，如果企业上月的销售额为100万元，那么本月的销售额目标就可在上月基础上增加一定比例，如增加3%，达到103万元。这种方法简单易行，因此被广泛应用。然而，这种方法也有其局限性，容易出现"鞭打快牛"的现象，从而打击员工积极性。具体来说，如果在上一考核周期目标完成得好，那么当前考核周期的目标值就会相应提高；反之，如果上一考核周期的目标值完成情况不佳，那么当前考核周期的目标值则可能相应调低。为了避免目标值持续上升，被考核者可能会在达成目标后就降低努力程度。这种方法更适用于那些业务稳定、不易受外部环境变化影响，且能依据历史数据预测未来发展态势的绩效指标。

第三种是外部标杆法。可参考业界标杆企业的数据进行横向对比，通过学习与分析，找出自身不足与差距，将标杆企业某项或多项指标的当前实际完成值按一定百分比作为目标值。比如标杆企业月均人效（人均利润）是50000元，若本企业与标杆企业差距不大，可直接以此为目标值或按一定百分比设定。若差距较大，在短期内也难以达到，则可设定追赶期，如6个月，然后将差距平均分配到这几个月。这种方法能促使企业向行业优秀企业看齐，提升自身的经营管理能力，对保持竞争力很重要。但确定可对照的标杆企业难度较大，要确保指标横向对比有意义，且标杆企业数据获取较难。此方法适用于效率类绩效指标，能找到企业存在的差距。

第四种是业绩曲线法。设置三级目标值，即底线值、达标值、挑战值，通常用于核定部门奖金包。底线值是部门要达到的最低要求，部门完成的目标值越高，激励力度越大。此方法的优点是灵活性和激励性强，解决了单一目标值过高或过低的问题。缺点是三级目标值设置存在高度设置的博弈问题。此方法适用于影响因素多且复杂，上下限弹性大的绩效指标。

王总：张老师的辅导既清晰又系统，我今天真是赚到了！

痛点 55
发现当初设定的目标值不合适了怎么办？

财务部钱部长：张老师，作为财务部负责人，我发现我们企业当初设定的一些目标值现在看来不太合适了，您说这可怎么办呢？毕竟财务数据和实际业务情况都有了不少变化。

张老师：钱部长，绩效目标的设定确实是严肃的，不能随意调整，但也不是完全不能调整。当企业实际情况发生重大变化，灵活调整目标值是很有必要的。我们一旦发现目标值不符合业务环境或企业的发展阶段，就需要立刻行动。我们可以先安排专业人员研究关键绩效指标，用数据分析确认目标值。若目标值不合适，则需要建立动态调整机制，如每半年评估修正一次以适应环境变化。

设定目标值要考虑企业环境和发展阶段、结果与过程的平衡、绝对与相对的结果、长期与短期的目标。有三个原则需要遵循：一是"与行业比"原则，排名要进步（进步法）；二是"与自己比"原则，跳一跳够得着（够着法）；三是"与过去比"原则，不能退步（不退步法）。

财务部钱部长：感谢张老师，这下我清楚多了！

痛点 56
"肥田瘦地"怎样考核？

市场部肖经理：张老师，我们市场部在进行绩效管理时遇到了一个棘手的问题，销售人员负责的市场区域有好有坏，就像有"肥田"也有"瘦地"。那些条件好、市场潜力大的区域，销售人员的业绩相对容易提升；而那些条件差、市场开拓难度大的区域，销售人员的业绩往往很难出彩。在这种情况下，该怎样进行公平合理的考核呢？

张老师：肖经理提出的这个问题就是绩效管理中典型的"肥田瘦地"难题，关于这个问题，我想和各位展开一次深入的探讨，下面先和大家分享一个案例。

甲和乙是某农业科技企业在 A、B 两个地区的技术指导员，负责推广和应用新型农业种植技术。这两个地区的基础条件差异较大，A 地区土壤肥沃、水源充足、气候适宜，拥有优质的农业生产条件，堪称"肥田"；而 B 地区土地贫瘠、水资源紧缺、气候多变，属于农业生产条件较差的"瘦地"。在同一年度内，甲利用 A 地区的优越条件，通过合理安排新型农业种植技术推广，使新型技术得到了广泛应用，A 地区的农作物产量因此大幅提升。而乙在 B 地区竭尽全力推广新型农业种植技术并改良技术方案，尽管付出了极大的努力，但由于自然条件限制，B 地区的收效并不明显。如果您是甲和乙的上级，如何评判他们的绩效？

财务部钱部长：我倾向以数据为导向，用数据衡量个人贡献。从成果看，甲推动的新型农业种植技术在 A 地区成效显著，提升了农作物产量，贡献突出。所以，我认为甲的绩效更好。

人力资源部刘部长：我同意钱部长的部分观点，但我认为管理不能只看数据和结果，要理解员工在艰苦环境下的表现。管理旨在激发积极性，甲的成功是因为 A 地区的基础好，而乙在艰苦条件下付出了极大的努力，其职业素养和精神值得表彰。

市场部肖经理：在我看来，绩效应以结果为导向，但也应重视员工在困难中的努力和创新精神，在"瘦地"上取得的成功更能体现能力。

张老师：大家说得都有道理。许多组织由于基础条件和资源禀赋的不同，存在"肥田"和"瘦地"现象。负责"肥田"的甲拥有较好的条件，理应产出更多的成果，但如果甲仅依赖这些优势而不去挖掘自身潜力，就无法满足组织的期望。相反，负责"瘦地"的乙虽然面临更为艰苦的条件，但应得到鼓励和支持，通过积极探索与实践来实现潜在的价值。绩效考核应结合每名员工在其特定环境下所取得的业绩与行为表现进行，这样既能体现组织的战略导向，又能确保绩效考核的公平性。

纪检监察部严部长：绩效考核的严肃性和公平性不容置疑，我认为一定要制定清晰、统一的规则，同时对"肥田"和"瘦地"的员工采取差异化但能保证公平性的评价方式。

张老师：严部长说得对！"肥田"产生订单很容易，有先天优势，是组织资源投入和前人努力的结果，因此在"肥田"者应作出应有贡献，不能坐吃山空。而"瘦地"的资源条件差，应鼓励员工创造条件、迎难而上，发挥自己的价值。所以绩效考核要综合考虑结果和行为表现，保证符合组织导向且对员工公平。若单纯以结果论，大家都想去"肥田"，没人去"瘦地"。

行政部王部长：张老师说得对，我认为注重绩效考核结果的同时不能忽视员工情感。绩效考核要考虑员工的感受，尤其是要考虑在劣势条件下默默付出的员工，他们的努力应得到公正的回报。还请张老师从专业角度分析如何解决"肥田瘦地"这个难题。

张老师： 这里有几种方法能够解决"肥田瘦地"问题。

方法一，绩效指标或权重差异化。

面对不同地域、不同项目情况，企业可采用不同绩效指标或赋予绩效指标不同权重，公正地评价员工表现。上述案例中，对在"肥田"工作的甲的绩效考核，应侧重新技术推广速度、覆盖面、农作物产量增长率等绝对数值指标；对在"瘦地"工作的乙的绩效考核，应侧重技术改良创新性、农户满意度、单位面积产量增长率等相对性指标。

企业发展战略调整时，绩效考核体系也要与时俱进。初创企业为聚焦核心业务，绩效指标不宜繁复，以结果导向为主；企业发展到一定阶段，要开始关注绝对数值指标，同时应纳入相对性指标。

让我们从另一个角度重新审视甲和乙的例子，结论可能会有所不同。假设市场环境对所有参与者都是公平的，甲在条件优越的A地区获得了较高的农作物产量，但如果竞争对手的增长速度超过了他，管理者可能会感到担忧。相比之下，乙在条件艰苦的B地区，虽然产量不及A地区，但乙凭借拼搏精神和创新的推广方法，成功缩小了与竞争对手之间的差距，并抑制了对手的业务增长，在这种情况下，管理者应当肯定并赞扬乙面对挑战时积极进取的态度。

方法二，设定不同的目标和目标值。

财务部钱部长： 张老师说得对。受您的启发，我们财务部门应根据不同市场和项目特性，灵活设定、调整目标值，衡量团队实际效益。如在利润丰厚、前景好的市场设高盈利目标；在新兴或转型市场，短期盈利能力非主要考核目标，应更关注市场份额增长、客户获取速度或收支平衡点达到等指标。

张老师：钱部长不愧是财务高手，数据敏感度很高！目标设定要考虑组织环境和发展阶段，考虑结果与过程的平衡、绝对与相对的结果、长期与短期的平衡。针对不同市场特性，根据其难易程度灵活设定不同目标和目标值。若事先假设的内外环境发生剧变，导致预算目标的基础发生变化，通常需要对目标进行调整。许多组织都建立了每季度或半年一次的目标修正机制，以应对这种变化。

纪检监察部严部长：是啊，在设置目标时，公平性和合理性至关重要。既要防止员工因目标过高而失去信心，也要避免因目标过低而滋生懈怠情绪。只有设定合理的目标，才能真正激发员工的积极性，让他们在"肥田"和"瘦地"中都能发挥最大的作用。

行政部王部长：此外，目标设定还需要充分沟通和协商，确保每名员工都能理解和接受，进而转化为实际行动。同时，我们也需要关注员工的成长和发展，除了短期目标，长期的职业发展规划同样不可或缺。

安全质量部余部长：对于安全质量部而言，我们的目标则是零事故率、产品质量合格率等硬性指标，无论是"肥田"还是"瘦地"，都不能放松对安全和质量的要求，这是我们一切业务活动的基石。

张老师：谢谢各位部长的发言。解决"肥田瘦地"的问题，要制定差异化考核指标和权重，设定既合理又具有针对性的目标值，结合员工的差异和需求，打造公平、科学、激励性的绩效管理体系。

方法三，加设指标难度系数。

战略发展部李部长：我们战略发展部设计各部门的组织绩效指标时也遇到了问题，企业的业务部门指标多是量化的、严格的，而其他部门更多是定性指标，考核要求相对简单，导致业务部门虽然努力但很难拿高分，职能部门反而相对容易拿高分，因此业务部门常来"兴师问罪"。

张老师：我很理解李部长的难处，给您讲一种方法。在设置绩效指标时，为不同的绩效指标设定指标难度系数，并将其与考核结果相乘，以此来更精确地反映员工在面对不同难度任务时的实际表现。例如，业务部门的某员工承担了一项非常困难的工作任务，但工作任务完成得不够理想，其考核得分仅为80分，而指标难度系数为1.2，则其最终得分为80×1.2=96分。

大家请看表10，我们在设置指标难度系数时，可根据工作任务的难易程度划分不同的等级，分别设置不同的系数。

表 10　　　　　　　　绩效指标难度系数

指标类型	要求	指标难度系数
A类指标	（1）目标值较上年度完成值增幅不低于X%（X由各企业自定）； （2）属于上级单位考核本企业的重点攻坚指标或财务指标	1.2
B类指标	（1）目标值不低于上年度完成值和前三年平均值中的较大值； （2）被纳入企业年度重点难点的工作	1.1
C类指标	其他指标	1

战略发展部李部长：这种方式很好，在考核前明确指标难度系数，充分考虑实际工作的困难度和挑战性，这样不仅能确保业务部门在完成艰巨任务时的努力和成果得到客观公正的评价，还能有效鼓励职能部门提升工作效率和质量，避免因任务难度低而轻松获得高分，从而促使各部门更加积极主动地承担具有挑战性的绩效指标。

张老师：不仅如此，还可根据企业的战略目标和业务需求，定期调整指标难度系数，与企业发展方向保持一致。对业务部门而言，应使其在高难度市场环境中感受到企业对其付出的认可；对职能部门而言，虽然其工作难以定量，但应设定具有挑战性的目标，通过提升服务品质、创新管理思路等方式提升难度系数，在考核中体现价值。

战略发展部李部长：这样能化解不同部门间绩效考核的矛盾，促进全员朝企业的长远目标前进。

痛点 57
如何设定难度系数？

人力资源部刘部长：张老师，刚才咱们提到的"肥田瘦地"问题中绩效指标的难度系数具体该怎么设定呢？

张老师：设定指标难度系数主要有以下几种方法。

第一种是直接归类法。该方法依据指标的性质与复杂度，直接将其划分为 A、B、C 三类。对于经营财务类指标，由于其本身的复杂性和重要性，执行难度较高，故可被归为 A 类指标，并赋予 1.2 的难度系数，以体现其挑战性。对于技术改革、市场开拓、业务创新、项目业务、重大决策类指标，我们可采取灵活分类：如果在工作量、紧急程度、难度、创造的价值维度上显著超出常规范畴，则同样归为 A 类指标；若超出程度较为有限，则归为 B 类指标，难度系数设为 1.1。至于其他常规指标，则自然归为 C 类指标，对应难度系数为 1。这种方法的优点在于直观易懂，操作便捷；其局限性也不容忽视——个性化不足，可能在特定情境下难以精准反映实际情况。

第二种是目标折算法。有些企业设定指标的目标值过高，以企业当前的能力、资源等条件几乎难以完成。这种情况在集团型企业中较为常见，集团给子公司下达的任务过高，而子公司又无法变更指标和目标值。此时，可以采用目标折算法，用给定的目标值除以在当前资源条件下预估的可完成值。假设给定的目标值为 M，预估最大可完成值为 N，那么在目标值不能轻易调整的前提下，可以设置难度系数等于 M 除以 N。这种方法的优势在于一事一议，能够针对具体的指标得出较为精准的难度系数。不过，还是建议在发现目标值明显不合理时就优先修改目标值。

第三种是多维度评分法。将指标的难度通过多个维度进行评估，如目标可达成性、工作量、技术复杂度、资源配给、内外部因素、风险与不确定性等。根据这些维度建立一个分级的评价体系，每个级别赋予不同的分值，最后计算每个指标在各个维度上的总分。将所有指标总分的平均值作为基准分，则难度系数等于每个指标的得分除以平均分。这种方法的好处是评价体系相对全面客观，打分公开透明，容易让员工信服。但缺点是评价体系复杂，操作难度大，管理成本较高。所以在企业管理基础较为薄弱的时候，不太建议采用这种方法。

建议将难度系数设定在 1.0~1.2，主要基于以下几点考虑。第一，对承担不同难度指标的岗位，其薪酬水平也应有差异，不能完全依赖难度系数体现。若岗位薪酬标准已拉开合理的差距，则指标难度系数范围不用设定得太大，或可不设定，因为工作难度大的人员的薪酬待遇较高，本应承担难度大的工作，不需要再额外设定难度系数。第二，绩效得分一般有封顶限制（如 120 分），难度系数设定得太高意义不大。第三，建议企业设置专项奖、年终奖、中长期激励、补充福利等激励手段，可有效激励承担攻坚克难任务的员工。

人力资源部刘部长：将绩效和薪酬搭配起来去看这个问题，感觉真是内涵丰富啊！

痛点 58
难度小出错少与难度大出错多，哪个人的绩效好？

战略发展部李部长：张老师，我们部门有小丁和小冯两人。小丁作为专员，其岗位性质决定了工作难度相对较低，这也体现在他日常工作中较少的错误率上。上个月，他凭借稳定的表现，在工作难度不大的情况下，取得了 97 分的绩效得分，绩效等级为 A 等级。尽管因出错被扣除了 100 元绩效，但其最终应发的绩效工资也有 1900 元，与固定工资相加，月薪总计 6900 元。反观小冯，作为主管，他肩负着更重大的工作职责，面对的挑战自然也更加艰巨。上个月，他因工作复杂性和高要求而出现了较多的错误，导致绩效得分为 87 分，被评为 B 等级，但考虑到其岗位的高难度性，有这一成绩仍很不易。按照我们的绩效制度，小冯被扣除了 1000 元绩效工资，发放了 2000 元的绩效工资，与固定工资相加，月薪发放了 8000 元。他们谁的绩效更好呢？

张老师：绩效考核是一个综合考量的过程，不仅关注结果，也关注员工在实现目标过程中的表现和努力。绩效不仅是任务完成的成果，而且是员工实际表现与岗位目标之间的比较。因此，我们不能简单地将绩效与岗位难度或出错率直接挂钩。

我们需要先明确绩效的定义：它是基于员工在一定时期内对既定目标达成程度的评估。绩效工资是员工收入的一部分，与岗位价值和个人表现紧密相关，但它们是不同的概念。薪酬策略中"以岗定薪、按绩取酬"的原则，意味着薪酬首先反映的是岗位的相对价值和对组织的贡献。

以您说的这两名员工为例，小冯上个月的收入高于小丁，对比两人的绩效时，只对比绩效结果即可（将实际值与目标值进行对比），无须再同时考虑员工所在岗位上的薪酬水平。如果岗位薪酬水平本身就不合理，那么就算绩效考核进行得再好，从员工角度，他们也是根据最终到手的工资去评价考核合理性的。

这里，我们需要记住三个关键点。

第一，绩效结果不应与薪酬标准混淆。绩效结果是根据员工完成情况评估得出的，而薪酬标准是在绩效结果未知的情况下，根据职级和岗位价值等因素提前确定的。

第二，绩效结果不应与绩效工资、应发月薪混淆。本案例中，虽然小丁的绩效分数和等级高于小冯，但小丁的应发绩效工资和应发月薪总收入均低于小冯。

第三，绩效结果不应与组织贡献混淆。小丁的绩效结果与等级均高于小冯，但其贡献度未必大于小冯。

在实际工作中，员工的绩效应该根据他们对岗位目标的达成程度来评估，同时考虑岗位目标的难度和风险。高难度的岗位目标可能带来更高的风险，但也可能带来更高的回报。因此，绩效评估应该综合考虑员工的表现、岗位的目标和组织的期望，以确保公平性、合理性和激励性。

战略发展部李部长：我懂了，感谢张老师！

痛点 59
能力素质怎么考核？

安全质量部余部长：张老师，我们刚刚完成了一场关于员工能力素质提升的培训，那么能力素质能否进行考核呢？如果可以考核，要怎么进行呢？

张老师： 能力素质项当然可以进行考核。能力素质考核的目的是帮助员工识别和发展自己的潜力，从而推动个人和组织的发展。我们可以结合业务目标、工作职责要求，将考核的标准分为四个等级，并且明确四个等级的标准。详见表11。

这种方法有以下两个亮点。

第一，行为化亮点。进行能力素质描述时，大家经常使用"了解、掌握、精通"等程度副词区分，但这些描述通常难以把握，比如如何判断某名员工对某项技能是精通？还是掌握？我建议将其行为化，根据员工的具体行为表现确定等级。

第二，联动亮点。联动岗位要求与能力素质等级标准，使等级更明确。如高级专员岗位要求能独立完成工作，等级标准对应二级；主管岗位要求能指导员工，等级标准对应三级。当然，这仅是大体的对应关系，还需要结合岗位职责。如您部门的专员仅做基础工作，沟通协调能力为一级即可。而行政部门专员要同企业内外人员打交道，沟通协调能力就需达到二级。

安全质量部余部长： 张老师，我还有一个疑问，通过这张表我可以看到每个等级的标准，那在考核的时候应该按照哪级标准来评分呢？

张老师： 这要根据岗位要求确定。比如您部门的安全质量管理专员做到一级就行，主管要做到二级。确定等级后，要与等级标准对比，确定员工是否达标，如果不达标，那么就需要去提升。当然，考核能力素质指标时，要避免单一考核者打分，应增加员工自我评估、同事评价、上级评价等方式，使打分更客观，考虑到有一定的工作量，一般每年开展一次。

表 11　　　　　　　　能力素质考核标准示例

能力素质项	岗位要求	等级	等级标准
沟通协调能力	协助做	一级	表达清晰：能够简单明了地表达自己的想法。 耐心倾听：在交流中能够耐心听取他人意见。 给予反馈：对他人的询问或请求给予基本的反馈。 基本礼貌：在沟通中展现出最基本的礼貌和尊重
	独立做	二级	有效反馈：提供具有建设性的反馈，促进他人成长。 解决冲突：能够识别并处理低级别的冲突，尝试寻找共同点。 调整方式：根据不同的听众调整自己的沟通方式。 团队互动：积极参与团队讨论，促进团队合作
	会指导	三级	高效协调：能够管理并优化团队之间的沟通流程。 深度倾听：深入理解对方观点，促进多元化思维的融合。 沟通影响：通过沟通影响他人，推动项目或变革。 建立共识：能够围绕复杂议题建立广泛的共识
	会创新	四级	沟通策略：在组织层面上制定并实施沟通策略，以支持企业目标。 多元沟通：在多元文化的环境中高效沟通，促进国际合作。 危机管理：在压力巨大或危急情况下保持清晰的沟通能力，引导团队或组织。 激励他人：通过沟通激发团队动力，提高整体表现

安全质量部余部长：张老师，我会再去考虑一下每个岗位应该具备的能力素质以及这些能力素质的具体标准是什么。

痛点 60
360 评估真的不靠谱吗？

人力资源部刘部长：张老师，很多人反馈 360 评估不靠谱，评价的结果没什么参考价值，真的是这样吗？

张老师：在绩效考核里，定量指标的评价通常是较为精准的。然而绩效考核必然存在一些定性指标，在此情况下，通常采用评委评分的方法，这时 360 评估就能发挥作用了。许多企业认为 360 评估不可靠，实则是因为操作不当导致结果的可用性差。那怎样才能做好呢？具体如下。

第一，周期平时做。360 评估不能只在年底进行，在平时也要进行。我们可以分成不同的维度，每次评价 1~3 个维度，这样打分时更易聚焦。千万不要集中到年底进行一次性评价，如果题目量较大，时间久了考核者可能会记不清被考核者的表现。通过平时分维度进行评价，考核者能更清晰地回忆和评价被考核者在特定方面的表现，提高评价的准确性。

第二，内容差异化。360 评估有别于一般的绩效考核工具，不能仅着眼于工作业绩，还应涵盖能力、态度、价值观等诸多方面，尽可能全方位地评价员工，为管理者提供参考。并且，不同的评价维度需要匹配不同的考核者。例如，直属上级关注的是员工工作任务的完成质量与效率，以及对团队目标的贡献程度；企业领导关注的是员工于企业整体战略层面的表现和对企业文化的践行状况；协作部门关注的是跨部门合作中的沟通协调能力与协作成效；下属关注的是领导的指导方式和团队管理风格。当然，为确保评价的客观性与公正性，对考核者进行必要的培训和指导，让他们明晰评价标准和要点是非常必要的，以防其随意评价。

第三，评委设权重。360评估的考核者一般由员工的上级、平级、下级组成，但分类还要更细致，上级要区分直属上级和间接上级，平级要区分强关联部门和弱关联部门，下级要区分直接下级还是间接下级。我们也要对不同的考核者设置不同的评分权重，一般情况下，直属上级、平级的强关联部门和直接下级的权重要设置得高些，因为这些考核者在一定程度上更了解被考核者。

第四，打分五分制。打分五分制效率很高，百分制需要精确到具体分数，而五分制只需要在五个等级中做出选择，考核者能快速给出评价。同时，五分制可以最大程度地摆脱"手松手紧"的问题，考核者在不同的题目上原本可能会有松紧差异，而五分制相对较粗的颗粒度能在一定程度上平衡这种差异。

第五，结果控比例。为避免360评估沦为形式，一定要严控考核者的评分，每道题目不能都打相同分数。这里有一种"控两头比例法"可以参考，比如，规定5分和1分的比例不能超过一定限度，如10%，这样可以促使考核者更认真地先思考再评价，让分数更能反映真实情况。

记住并能做到这五点，360评估就不会不靠谱了。除了上述要点，360评估的结果出来后，结果的校验和公示也是非常必要的，这能使评价结果更令人信服。

人力资源部刘部长：这五点太关键了，我记住了。接下来我就要去尝试做一次360评估。

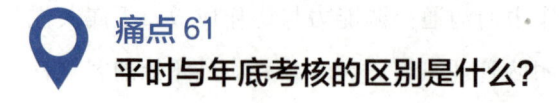

痛点 61
平时与年底考核的区别是什么？

行政部王部长：张老师，在目前我们的绩效管理体系中，既有平时的月度、季度绩效考核，又有年底的绩效考核，那么年底绩效考核是否有必要呢？只有平时绩效考核不就够了吗？

张老师：两者之间既有区别又相互关联。平时绩效考核是为了提供即时反馈，帮助员工及时改进工作方法，而年底绩效考核则更侧重于全年的总结和评估，是长期规划的基础。平时绩效考核和年底绩效考核相关联才能建立一个连续的绩效管理循环，全面地评价员工的绩效，促进员工和组织的持续发展。

行政部王部长：这样来看，平时考核和年底考核还是非常有必要的。那么是否还有其他的不同呢？我知道数据的提供周期是不同的。

张老师：没错，数据提供周期不同，平时绩效考核的数据是月度或季度的，侧重短期目标和日常表现；年底绩效考核要综合全年数据，包括 360 评估和干部评价等，一般都在年底进行。除数据统计周期，绩效结果的应用也大不相同。平时绩效考核的结果一般用于绩效工资的发放，年底绩效考核则要根据年度绩效考核结果进行薪酬调整、年终奖发放、职级调整、评优评先等。除此之外，还有其他不同点，详见表 12。

表 12　　　　平时绩效考核与年底绩效考核的区别

维度	平时考核	年底考核
考核内容	重点考核日常工作任务和阶段工作目标的完成情况	对全年工作进行综合性评估

续 表

维度	平时考核	年底考核
数据提供周期	基于较短的周期（如月度、季度）进行；为了收集和分析日常业绩数据和行为表现，能够及时发现问题并进行调整	通常在年末或次年年初进行，使用全年的数据（如360评估、干部评价这类工作）
目标复盘	关注月度或季度目标的完成情况，在月度、季度目标实现的基础上，保证年度目标的实现	对年初制定的目标进行复盘，评估目标的最终达成情况，为下一年的工作提供指导
全面性	主要关注员工的日常表现，但对于某些需要较长时间才能观察到的能力或技能是缺乏数据支持的	年底绩效考核作为综合性考核，可以对平时绩效考核中未涉及或未充分考核的方面进行补充，从而更全面地评估员工的表现
考核结果应用	月度或季度绩效工资的发放	通常与员工的职级晋升、薪酬调整、培训、评优评先等直接相关，具有决策性意义

行政部王部长：张老师，我看您的这个表里面有一个干部评价，这很重要吗？为什么要放在年底考核呢？

张老师：对于大部分企业来说，干部评价这项工作非常有意义，而且一般在年底进行。

首先，让我们来看看为什么要进行干部评价。平时绩效考核主要受目标值、指标、难度系数等因素的影响，会导致个别管理者的考核得分虚高，甚至领导会认为这样的高分并不是管理者个人努力的结果。而且，有的管理者虽然绩效考核得分高，但是部门内的人才培养和知识管理做得不到位。在这种情况下，干部评价的开展就可以作为有效调节绩效考核得分的一项工具。那为什么只在年底开展干部评价呢？因为这项工作只能由企业的"一把手"做，而领导的日常工作繁忙，不便于频繁开展干部评价。那么，最终成绩怎么算呢？我建议将全年 KPI 考核成绩占比设置为 80%，将干部评价占比设置为 20%，两者进行加权求和为最终得分。

其次，再让我们看看干部评价的维度、评分标准以及权重设计。以某企业为例，他们选取了五个维度：战略理解、勇于担当、突破创新、人才培养和文化践行。每个维度都要确定评分标准，五个维度所占的权重由企业另行确定。

行政部王部长：原来干部评价这么重要，感谢张老师的指导。

痛点 62
长期亏损的企业该怎么考核？

战略发展部李部长：张老师，我们集团有一家子公司常年亏损，这可把我愁坏了，真不知道该怎么考核才能有效，您快给我支支招。

张老师：对于长期亏损的企业，考核机制确实需要做出相应的调整和优化。下面几个关键点可供参考。

一是调整考核重点，不再仅盯盈利能力，而是转为评估企业在减少亏损、成本控制、效率提升、市场份额增长等方面的进展，这些指标可全面反映企业的运营状况与发展潜力。二是设定合理目标值，短期目标应聚焦实施改进措施，而长期目标应着眼企业转型与实现盈利，目标需具体、可衡量且与企业整体战略一致。三是加强过程管理，除结果导向指标，过程指标与行为指标也不容忽视，良好的过程管理可保障方向正确，提高最终工作成果的质量与可靠性。四是倾听一线员工的声音，与一线员工深入交流，员工的积极参与和创新思维是企业的宝贵资源。五是收集客户反馈，要主动与客户沟通，了解其对企业提供的产品或服务的不满之处，这些反馈是改进产品或服务、提高客户满意度的关键。六是分析竞争对手，应研究其成功策略，发现自身不足并制定对应策略。

如果我们采取了以上这些措施还是无法达成目标，那就要和领导层进行沟通。业绩的达成不只是员工的责任，也是领导层的责任。需要一起探讨是不是能在激励机制、资源配置等方面获得更多支持。李部长，您看这些建议对您有没有帮助？

战略发展部李部长：张老师，您这一番讲解真是让我豁然开朗！

痛点 63
绩效考核数据从哪里来？

人力资源部刘部长：张老师，我们在进行绩效考核时需要收集和分析大量数据，一般情况下，这些数据都是从哪里来呢？

张老师：在绩效考核中，不同部门可以提供各自专业领域的数据。各部门需了解本部门应该提供的一些考核数据，为其他部门提供参考。表 13 是以我们企业部分部门为例整理的一张表格。

表 13　　　　　　常见部门提供的数据示例

部门名称	相关数据	具体内容
财务部	与销售、成本、利润等相关的财务数据或财务报表	（1）销售额、预收款、应收款、固定资产折旧、产品成本、原材料成本等； （2）利润表、资产负债表、现金流量表等

续 表

部门名称	相关数据	具体内容
市场部	销售收入、营销费用及客户满意度等相关数据	(1) 销售额、销售增长率； (2) 营销费用； (3) 投资回报率； (4) 客户满意度、客户增长率
安全质量部	安全质量相关数据	(1) 安全事故及事故损失统计、安全隐患排查量、安全检查次数、安全事故处理率； (2) 产品或服务的质量检测结果、质量统计报表（不良品率、报废率等）
战略发展部	战略规划数据、外部环境分析数据	(1) 战略目标的达成率、战略行动计划的进度； (2) 宏观经济环境数据、行业环境数据
人力资源部	人力资源相关数据	(1) 员工入职数、离职数； (2) 人员动态调整数据； (3) 薪酬福利核算准确率； (4) 员工培训与发展数据
纪检监察部	员工行为监督数据、内部审计数据、风险控制数据	(1) 员工违规行为的记录、廉政教育活动的开展频次； (2) 审计计划、审计结果、对企业财务及业务流程的合规性评估数据； (3) 风险识别、评估、监控及应对的数据，风险事件发生后的处理、整改及预防措施的统计数据等

人力资源部刘部长：这些数据类型确实很全面。但我们如何确保这些数据的准确性和一致性呢？

张老师：人力资源部及绩效委员会要对收集的数据进行审核。对于有异议的数据，可直接要求数据提供部门给出解释，确保数据的准确性和一致性。当然，也可以建立一个跨部门的数据共享平台系统，各部门使用统一的数据收集工具和标准，以减少数据差异。

人力资源部刘部长：我明白了，看来以后在数据的管理和使用上，我们还是要更加严谨一些才行。

痛点 64
无法即时提供数据的指标还要考核吗？

人力资源部刘部长：张老师，目前企业的绩效考核周期为月度考核，但部分绩效指标只能以季度甚至是以年度输出，在月度考核时只能暂时按照100%完成先计算，后续再进行回溯，增加了人力资源部的工作量，这样的指标还应该考核吗？

张老师：绩效考核期末无法输出考核结果的数据，会给人力资源部增加负担，削弱考核"指挥棒"的作用。如果按100%完成处理是毫无意义的，不仅不能发挥考核的作用，还会冲淡关键绩效指标的权重。要想解决这个问题，应避免将考核周期内无法提供数据的指标纳入当期考核表。

当然，不是为简化考核流程就要舍弃重要指标。实际上，每项工作都有节点和进度，考核时只需考核该节点是否完成既定目标。所以，我们可改变这类指标考核方式和评分标准，使其有过程数据才具备考核条件。

人力资源部刘部长：我明白了！

痛点 65
审计类和投诉类指标的考核数据该由本部门提供吗？

纪检监察部严部长：张老师，在我们纪检监察部的工作中，对于审计类和投诉类指标考核数据的获取存在一个问题，我们部门投诉类指标的考核标准是有无收到其他部门的投诉，但我们有没有收到投诉，除了我们自己，外人很难知晓，这就导致考核结果很难让别人信服，好像我们占了便宜一样。针对这种情况，有没有什么好办法解决呢？

张老师：这确实涉及绩效考核中数据的客观性和准确性，投诉类指标的问题在很多企业都是普遍存在的，数据溯源确实是难题。投诉类指标，尤其是内部投诉，常常是数据收集中的一个困扰。我们可以将投诉分为外部投诉和内部投诉两类，外部投诉通常来自客户或供应商，而内部投诉则涉及跨部门间的协作问题。外部投诉相对容易追踪，因为客服部通常会有记录，但内部投诉的数据收集则更为复杂。

为解决这个问题，我们需要确立一项原则：投诉类指标考核数据绝不应由本部门自行提供，以避免潜在的利益冲突和偏见（除非是特殊情况，如涉密类工作，需要特别处理）。为此，我们可以采取以下几种方式来确保考核数据的客观性和准确性。

第一，建立独立的投诉渠道，设立董事长或总经理信箱、邮箱等投诉渠道，以此收集投诉数据。

第二，由与被考核部门无直接利益关系的部门负责收集数据。例如，您所在的纪检监察部是被考核对象，那么可以由其他部门来负责收集和提供投诉数据。

第三，设立专门的考核小组。这个小组可以采用全体员工随机抽查的方式，通过面对面访谈、电话询问、问卷调查等多种形式，对投诉类指标进行客观评估。

第四，建立标准的投诉流程，保证投诉都通过专有渠道进行记录和处理。数字化和信息化水平较高的企业会在系统中建立相应的流程，链条上的相关责任部门都能够访问和跟踪投诉及整改的进度。

纪检监察部严部长：张老师，您提供的这些方法很有参考价值，我会好好研究！

◎ 基础夯实 ◎

一、"手掌"模型解读

1. 关键绩效指标（KPI）

KPI 是反映被考核者关键工作成果完成情况的指标，体现了被考核者为企业贡献的类别及程度。KPI 反映被考核者关键工作成果的完成情况，而非考核员工全部的工作。KPI 应符合 SMART 原则，应当制定具有具体性、可衡量性、可达成性、相关性和时限性的考核方法以及考核标准，由考核双方达成一致。

KPI 如果是被考核者不可控的指标，就失去了考核的意义，不需要自身努力工作就能实现，或即使付出大量努力了也实现不了，员工就会放弃努力。

KPI 的制定，主要基于部门职能与岗位职责，将企业战略目标基于部门和岗位职责层层分解到各级组织和员工。例如，企业今年的战略目标是融资 1 亿元，那这个指标会分解给谁呢？由于融资部的核心职能是融资，这个指标就会被分解至融资部，再分解到融资部的每名员工身上。指标示例如表 14 所示。

表 14　　　　　　　　融资部 KPI 指标示例

绩效指标	指标说明	评分标准
融资计划完成率	融资计划完成率=实际融资额÷计划融资额	得分=融资计划完成率×100
融资成本率	融资成本率=综合融资成本（利息、手续费、服务费等）÷总融资额	完成目标值得满分；高出目标值 0.1 个百分点，扣 5 分；低于目标值，每低 0.1 个百分点，加 5 分，最高得 120 分
2A 信用评价的及时性	按时完成 2A 信用评价	按时或提前完成得满分，每延迟 1 周扣 10 分，延迟超过 1 个月或未完成不得分

2. 计划外工作指标（UPI）

每个部门和岗位都会遇到一些计划外工作，且有些临时工作任务甚至比计划内工作还要重要和紧急，务必按时完成，因此计划外工作又被称为重要督办事项。计划外工作指标考核各部门及员工计划外工作任务的执行情况，通常是由企业领导主持召开的办公会议确定重要督办事项内容、完成时间和完成标准（或通过办公通信软件或由专岗负责发布和收集），根据督办事项的工作量、完成难易程度设定不同加减分值（事后设置更具有操作性）。人力资源部或综合部负责收集督办事项完成的情况信息，而后交由任务交办人。再由交办人根据督办事项完成的及时性和质量进行打分。

例如，企业周一例会上，领导突然交办综合办公室准备一份重要材料，要求在周五之前完成，这就是一项重要督办事项，可以纳入计划外工作指标，可以考核"材料完成的及时性和质量"，由领导对报告的及时性和质量进行评分，示例如表 15 所示。

3. 协作满意度（C）

很多企业的各部门之间有"部门墙"，经常遇到内部协作不畅的问题。将内部协作的效率和质量纳入绩效指标，可以有效缓解该问题。每月由组织绩效牵头部门负责汇总各部门提供的协作评价结果清单，凡有扣分的，必须写明扣分原因，以促进改进，提高协同效率。

表 15　　　　　　　　计划外工作指标示例

督办事项	考核维度	评分标准
编制《××工作总结》，本周五前完成	及时性	满分 2 分，及时完成得 2 分，未及时完成不得分
	质量	满分 3 分，上级对报告质量的评价，满意得 3 分，良好得 2 分，一般得 1 分，差不得分

协作满意度指标考核示例如表 16 所示。

表 16　　　　　　　协作满意度指标考核示例

| 协作项 | 具体要求 | 评分标准 | 参与协作部门 ||||
			部门1	部门2	部门3	部门4	部门5
安全教育培训	全员参加	每次培训，缺席扣 1 分/人	√	√	√	√	√
提交绩效考核表	各部门负责人于考核月的 5 日前完成	延迟提交扣 1 分/天	√	√	√	√	√

续　表

协作项	具体要求	评分标准	参与协作部门				
			部门1	部门2	部门3	部门4	部门5
提交本部门人员的月度工资个税表	财务部应在每月5日前完成,将电子版交给党群人力部	延迟提交扣1分/天					√
提交上年度工会费用明细表	财务部应按时将上年度工会费明细表交给党群人力部	延迟提交扣1分/天					√
提交现金收支计划表	各部门于每月5日前完成	延迟提交扣1分/天,延迟3天及以上扣5分	√	√	√	√	√
提交经营业绩考核材料	各部门于每季度5日提交绩效考核资料	延迟提交扣1分/天,延迟3天及以上扣5分	√	√	√	√	√

4. 加减分考核（±）

考虑到有限的绩效指标无法有效覆盖全部工作内容的考核范围，为了提高考核的实操性，减少顾此失彼，避免反复考虑为绩效指标设置权重，企业可以基于制度执行情况、价值观行为化等设置一些通用化或个性化的加减分项，对于为企业作出贡献的事项，给予加分奖励，对于给企业造成一定负面影响的不良行为，给予减分处罚，加减分项需设置一定的上限，避免过度加分或减分。

加减分考核指标示例如表17所示。

表17　　　　　　　　加减分考核指标示例

类型	事项	事项说明	加减分标准
加分项	获得荣誉	对获得政府、行业、企业内部的各种先进表彰、嘉奖的进行加分	获得企业内部嘉奖加0.5分，市级嘉奖加1分，省级嘉奖加2分，国家级嘉奖加3分，或者额外再设置专项奖
	合理化建议	提出有利于企业发展的合理化建议并被采纳	加1分/条
	工作创新	工作创新（包括业务创新和管理创新），改善工作流程，提升办事效率，并取得较好成效	根据成效给予2~5分的加分
	降本增效	为企业节约大量成本费用或创造额外收益	根据降本增效金额给予2~5分的加分，或者额外设置专项奖
扣分项	风险或不良影响	业务监督缺失、失职失责，给企业造成资产损失风险或不良影响	视情节轻重扣2~5分或额外设置规则，可以根据不良影响的程度扣除一定比例的绩效工资
	缺席会议	未经审批无故缺席会议者	缺席1次扣3分

5. 零容忍事件或否决项指标（0）

为企业造成重大损失或负面影响极大的行为，比如重大安全事故、质量事故等通过减分项不足以体现处罚的，可以通过否决项的形式，实行一票否决。若考评期内出现任一否决项，则该考评期内绩效分数为0，无绩效工资，甚至同时还要接受企业的其他处罚条例。

零容忍事件或否决项指标示例如表18所示。

表18　　　零容忍事件或否决项指标示例

事项	事项说明
重大事故	发生重大安全、环境污染等责任事故，且负主要责任
违法违规	违反国家法律法规被追究法律责任
重大损失	因个人主观原因给企业造成直接或间接损失10万元以上的

二、绩效指标质量评价模型

绩效指标的质量决定绩效考核结果的有效性，是绩效考核中最核心也是最难的部分。那么，如果想提高绩效指标的质量，可以怎样做呢？我们可以参考"绩效指标质量评价模型"，共涉及 7 个方面，包括绩效指标与战略目标相关性、指标名称规范性、指标定义清晰合理性、指标评分标准清晰合理性与实操性、指标数据来源清晰合理性、指标权重合理性、目标值清晰合理性，每个维度的评价标准及所占权重如表 19 所示。

表 19　　　　　绩效指标质量评价模型

序号	评价维度	评分标准	权重
1	绩效指标与战略目标相关性	5分：绩效指标与企业战略目标的达成有明确的、直接的层次关系，指标可以显著反映战略实施的效果，该指标完成可以明显决定企业战略目标的达成（比如利润、收入指标）	20%
		4分：绩效指标与企业战略目标的达成有较为明确的层次关系，完成该指标可以有效辅助企业战略目标的达成（比如为了提高利润而选择的降本指标）	
		3分：绩效指标与企业战略目标的达成有关联，但不是直接或主要的驱动因素，指标的达成能在一定程度上反映战略实施的成效	
		2分：绩效指标与企业战略目标的关联很小，一般由关键职责分解而来；从长期看，指标的达成能在一定程度上促进战略的落地	
		1分：绩效指标与企业战略目标几乎没有直接联系，一般由常态化工作演变而来，强调该项工作完成与否，而非达到了什么效果	

续 表

序号	评价维度	评分标准	权重
2	指标名称规范性	5分：指标名称非常清晰、准确，能够直观地反映出所考核的内容，名称简洁不冗长，使用行业标准术语，表达无歧义，便于理解 4分：指标名称较为清晰，能够较好地反映所考核的内容，偶尔使用专业术语，一般能够理解 3分：名称基本清晰，但需要额外的解释或上下文关联来完全理解，名称可能略显冗长或包含一些不必要的修饰词，对于非专业人士可能存在一定的理解难度 2分：指标名称不够清晰，需要结合具体的定义或说明才能理解，名称较为复杂冗长，重点不突出 1分：指标名称含糊不清，难以直观理解所考核的内容，名称冗长且包含不必要的修饰，甚至用一段话作为绩效指标	5%
3	指标定义清晰合理性	5分：指标定义明确，没有歧义，用户可以轻松理解指标的含义和目的，逻辑性强，指标的定义基于合理和可验证的假设或事实，完全可操作，定义中包含具体的计算方法，易于实施和评估 4分：用户可以理解指标的核心含义，可操作性较高，定义中提供了计算方法，指标适用于大多数相关场景，在某些情况下可能需要进一步的描述或指导 3分：指标定义基本明确，但存在描述模糊的情形，需要进一步的解释，指标定义可操作性一般 2分：指标定义不够明确，存在较多歧义，用户理解起来存在困难，定义中缺少计算的具体方法，或方法过于复杂，难以实施，适用性较低 1分：指标定义非常模糊，用户难以理解指标的具体含义，定义中没有提供任何计算方法，需要重新设计或定义	20%

续　表

序号	评价维度	评分标准	权重
4	指标评分标准清晰合理性与实操性	5分：评分标准极其明晰，提供了详细的评分规则，评分标准完全可操作，易于理解和应用 4分：评分标准明确，提供了较为详细的评分方法，评分标准具有良好的可操作性，大多数情况下易于理解和应用 3分：评分标准基本明确，但可能在某些细节上需进一步的解释或说明，评分标准的可操作性一般，不易直接对指标进行评分，需要额外进行说明 2分：评分标准不够明确，存在较多的歧义，用户理解起来可能存在困难，评分标准的可操作性较低，难以理解和应用 1分：评分标准非常模糊甚至缺失，用户无法理解评分的具体规则和方法，评分标准缺乏实操性，难以在实际工作中应用	20%
5	指标数据来源清晰合理性	5分：明确指出了需要提供各类数据的岗位和方法 4分：明确指出了需要提供各类数据的相关部门和渠道 3分：数据来源部门为绩效牵头考核部门，并非真正能提供各项数据的部门 2分：数据来源有描述，但不够明确，难以确定具体提供的部门或岗位 1分：数据来源缺失，不清楚指标数据该由谁来提供	5%
6	指标权重合理性	5分：指标权重分配严格遵循了组织的战略目标和业务重点，与各指标对整体目标的贡献度成正比，体现了各项指标之间的平衡性，确保不同方面的重要考量得到适当的关注，基本坚持权重最低5%、最高40%的原则 4分：指标权重分配基本符合组织的战略目标和业务重点，各项指标的重要性得到了较为合理的体现，权重分配在大多数情况下保持了平衡	10%

续 表

序号	评价维度	评分标准	权重
6	指标权重合理性	3分：权重分配趋于平均，重点不突出，有时无法有效引导员工行为	10%
		2分：权重分配无规律可循，甚至次要指标的权重高于主要指标	
		1分：指标权重分配严重偏离了组织的战略目标和业务重点，未能合理反映指标的重要性，权重分配严重缺乏平衡，甚至一些指标的权重极低（3%以下）或极高（60%以上）	
7	目标值清晰合理性	5分：目标值在现有资源和市场条件下，既具有挑战性也有可实现性。目标值与组织的整体战略紧密相连，反映了战略目标在具体落地层面的要求，有合理的分解过程，便于跟踪和评估	20%
		4分：目标值通过努力基本可达成，但缺失分解过程，大部分指标与组织战略相对一致，反映了战略目标落地的程度	
		3分：目标值明确，但可达成性不可预知，无推导过程，个别指标与组织战略有一定的一致性	
		2分：目标值不够明确，或者可达成性较低或过高，可能过于理想化或与资源和市场条件不符，有很多指标未能充分反映战略目标的要求	
		1分：目标值的可达成性非常低或非常高，与现实情况严重脱节，不切实际，没有明确的衡量标准或方法，难以执行和跟踪，大多数指标的目标值不能反映战略目标的实现程度	

三、绩效指标的 SMART 原则

SMART 原则是确定关键绩效指标的一个重要指导原则，我们在

SMART 五个英文单词首字母的基础上，又增加了一个字母 S，具体说明如下。

（1）S 代表具体性（Specific）：指标要做到具体，不能笼统模糊，设置的绩效目标不能过于宽泛，也不能过于主观，需要将绩效目标的具体内容、实施步骤、资源要求等一一列出，让被考核者明确自己要做什么工作，应该完成到什么程度，也让考核者有清晰明确的评分标准。

（2）S 还代表挑战性（Stretch）：指标是具有挑战性的，是需要在能力范围内再多做一点，好的绩效目标是"跳一跳，够得着"，绩效目标不能太低，否则员工不用努力就能达到，会失去引导激励作用。

（3）M 代表可衡量性（Measurable）：目标是可明确量化的，不能量化的就要细化，使目标执行人有一个清晰的标准尺度。不能用数字体现的就要把它分解到最小的具体组织单位，在目标设置中要准确描述，不要使用形容词、虚词等。

（4）A 代表可达成性（Achievable）：指标是可实现的。员工可凭借自己的能力和努力达成绩效目标，避免设立无效目标。如果目标太高，员工根本够不着，就会灰心丧气，产生心理和行为上的抗拒，甚至干脆放弃努力，结果适得其反。具体目标定多高，需要视员工能力和企业给予的资源支持而定。制定绩效目标需要员工参与，使企业与员工达成一致意见，让绩效目标既有挑战性又有可执行性。

（5）R 代表相关性（Relevant）：指标是明确的且保证与组织目标有相关性。员工与目标、目标与目的之间要有相关性，如果目标脱离了组织的目的，目标与目的不相符或关联性很低，就会南辕北辙，无法达到绩效管理的目的。

（6）T 代表时限性（Time-bound）：指标须在特定的期限内完

成，保证目标完成的时效。对指标设定时间限制，并且就截止日期作出相应的工作安排，保证按时完成工作。设置时间限制后，就要拟定完成目标各阶段任务的时间进度表，并且及时检查工作进度。

四、员工绩效考核内容

1. 员工绩效考核内容来源

（1）部门目标分解。

部门负责人需与部门员工沟通确认部门绩效目标和考核内容，依据员工岗位职责及工作安排，将部门绩效考核内容分解到员工层面，以员工绩效目标的实现促进部门整体绩效目标的达成，所以部门目标分解是员工绩效考核内容的重要来源。部门负责人需要根据员工岗位职责和个人能力水平，将部门任务分配给相关人员。员工绩效考核内容的制定过程是工作任务分解分配的过程。

（2）岗位职责。

岗位职责是员工绩效考核内容的重要来源，特别是一些行政部门，岗位职责更是员工绩效考核内容的主要来源；另外，员工在企业各种业务流程中会担任相关角色，针对每个角色会有相应的活动，这些活动及其相关要求也是制定员工绩效考核内容的来源。

总之，不管是制定组织还是员工的绩效考核内容，都要根据企业战略诉求及绩效承诺主体的不同定位、职责、能力等制定差异化的考核内容，支撑企业战略目标的达成。

2. 考核内容的确定流程

绩效管理中，如何确定绩效考核内容，是执行绩效管理与考核工作的关键。考核内容确定的流程分为制定企业目标、进行目标分解、检查绩效目标、明确困难与支持、确定考核标准。

第一步：制定企业目标。

根据企业战略发展规划，制定企业整体战略目标和年度经营计划目标，并进行宣贯。

第二步：进行目标分解。

按照 SMART 原则，进行目标分解，将企业整体目标和年度经营计划目标分解到部门和员工层面，形成部门和员工的年度和季度目标与考核内容。

第三步：检查绩效目标。

检查部门和员工绩效目标与企业整体目标是否一致，员工绩效目标能否支撑部门目标的达成，部门目标能否支撑企业整体目标的达成。

第四步：明确困难与支持。

基于部门和员工的工作实际，列出在实现绩效目标过程中，可能会遇到的问题和阻碍，并提出相应的解决办法。结合自身实际，明确需要提高哪些方面的技能，比如要参加什么样的培训、学习什么样的知识等，同时希望获取什么样的授权和支持，才能够完成这样的绩效目标。

这一步要列出达成绩效目标所必需的合作对象和外部资源。很多工作是跨部门或者跨职能、跨序列的，应该有什么样的配合和合作方式，包括与外部资源的合作，都需要在这个步骤里进行明确。

第五步：确定考核标准。

要明确完成本次绩效考核各个指标的要求与判断标准。核心内容有三点：一是要有明确的日期，比如 5 月 15 日前，最好不用 5 月中旬这样的模糊表达；二是要尽量列出指标如果出现什么情况该如何扣分或者加分，以此进一步明确对指标的要求；三是要明确各个指标的数据来源，也就是谁为指标的打分提供参考数据。

五、指标权重设计

1. 权重分配原则

（1）结果性指标的权重大于过程性指标的权重。

（2）对企业战略影响大的指标及工作目标的分配权重要高。

（3）直接受被考核者影响且显著的指标及工作目标的分配权重要高。

（4）综合性强的指标的分配权重要高。

（5）权重分配在同级别、同类型岗位之间应具有一致性，且要兼顾每个岗位的独特性，因此要有一定的浮动范围。

（6）各指标的权重大小应有明显差异，突出考核重点，规避导向不明，权重应该根据实际情况的变化而变化。

（7）每个指标的权重不低于5%，不大于40%，权重的百分比值一般取5的整数倍。一般"主导类"单项指标权重为20%～30%，"分担类"单项指标权重为10%～15%，"支持类"单项指标权重为5%～10%。

2. 权重确定方法

（1）等级评分法。将拟考核事项或指标，根据其重要程度、工作量及难度，分成四个等级，分别赋予1、2、3、4分，求和得出总分，各考核事项和指标的权重＝得分÷总分。示例如表20所示。

表20　　　　　指标权重等级评分法示例

指标	指标类型	得分	权重
指标1	A类（一般任务指标）	1	10%
指标2	B类（较重要任务指标，如部门级任务）	2	20%
指标3	C类（重要任务指标，如企业级经营任务）	3	30%
指标4	D类（战略任务指标，企业战略级或政策性任务）	4	40%
合计		10	100%

（2）经验判定法。经验判定法是指领导或专家根据历史数据、自身经验和对各项评价指标重要程度、导向意图进行权重分配。该方法简单易行，但主观性较强。使用此方法时，企业应注意在召集利益冲突各方进行充分讨论的同时，平衡各种不同的意见，避免专断独行。

（3）倍数加权法。以指标中重要程度最低的那个指标作为基准，然后将其他各指标与该基准指标进行对比，判断这个指标的重要性是该基准指标的多少倍，得到重要性的倍数值，最后再用各指标的重要性倍数除以倍数之和，换算成百分数，即为各指标的权重。

（4）对偶加权法。先将各指标两两进行对比，重要性较高的得1分，把每个指标所得的分数相加。然后对指标重要程度进行排序，并以此作为编制次序量表的资料，再将其转换成等距量表来比较各指标的差异程度，最后查询正态分布表，得到各指标的比例，即为各指标的权重值。

（5）层次分析法。将绩效评估指标分解成多个层次，通过两两比较指标体系中下级指标对于上级指标的相对重要性，将人的主观判断用数量的形式表达出来并进行处理，以确定指标权重。该方法采取定量与定性相结合的方式，能准确地确定各指标的权重，但操作较复杂。

3. 确定权重时应注意的问题

（1）一般来说，职级越高，与业务的关联程度越高，关键绩效指标所占的权重就越高，示例如表21所示。

（2）一些典型、通用的指标在各部门考核表中所占的权重可以保持统一，以体现一定的一致性，比如部门费用预算控制率这类指标统一设置为10%。

表 21　　　　　　　　　指标权重设置示例

考核对象	内容及权重	
	关键绩效指标	过程性指标
高层管理人员	100%	—
业务部门人员	80%	20%
职能部门人员	50%	50%

（3）过程性指标权重的确定。过程性指标权重可以区别于关键绩效目标权重单独进行设计。可以把各项过程性指标的权重之和设定为100%，选择3~5项过程性指标，由于指标数量较少，所以可以拉开一定的差距。在分配权重时，也要遵循与关键绩效指标权重分配相同的原则。

4. 基于 BSC 的不同部门的指标权重设计

结合 BSC 的四个维度，销售业务部门、技术研发部门、生产供应部门、职能服务部门人员在指标选取及权重设计上，应该有所侧重差异。

销售业务部门侧重财务和客户指标的考核，两个维度的指标的权重可以达到或超过80%，内部运营、学习与成长指标占20%及以下的权重；技术研发部门侧重研发进度、研发成果等运营指标，可以占60%及以上的权重，客户、财务、学习与成长指标占较小的权重；生产供应部门侧重产量、产品质量、交期等内部运营指标及成本费用控制等财务指标，可以分别占60%和30%的权重，客户、学习与成长指标占较小的权重；职能服务部门侧重内部支持与服务保障，内部运营、学习与成长指标可以占据较高的权重，具体如表22所示。

表22　部门BSC指标权重分配示例

部门类型	财务 指标	财务 权重	客户 指标	客户 权重	内部运营 指标	内部运营 权重	学习与成长 指标	学习与成长 权重
销售业务部门	营收、利润、回款	50%	客户开发量、客户满意度	30%	策划方案完成质量	10%	培训计划完成率、人才储备数量	10%
技术研发部门	研发费用控制率	10%	技术支持及时性	20%	项目研发进度、研发成功率、技术专利数	60%	培训计划完成率、人才储备数量	10%
生产供应部门	生产成本费用控制率	30%	—	—	产量、产品质量合格率、交付及时性	60%	培训计划完成率、体系化建设及时性	10%
职能服务部门	费用控制率	10%	客户投诉率	10%	资金、合同、后勤保障等支持与服务的及时性和满意度	50%	招聘计划完成率、培训计划完成率、体系化建设及时性	30%

◎ 总结提炼 ◎

一、绩效管理工具

（1）KPI：以量化指标为主，适用于对业务成果有明确要求的企业。

（2）BSC：平衡四个维度，适用于追求整体绩效和战略落地的大型企业等。

（3）OKR：设定明确目标和关键成果，适用于快速发展的创新型企业。

二、绩效指标来源及维度

（1）员工绩效指标体系的五大平衡模型：结果指标和过程指标平衡、定量指标和定性指标平衡、当下指标和未来指标平衡、计划内指标和计划外指标平衡、通用指标和个性化指标平衡。

（2）"手掌"模型的维度：KPI（关键绩效指标）、UPI（计划外工作指标）、C（协作满意度）、±（加减分考核）、0（零容忍事件或否决项指标）。

（3）组织绩效指标来源：企业战略、业务流程、部门职能、重点项目、绩效短板与不足、计划外的重点任务、创新与变革项目。

三、绩效考核指标分解与设计

1. 绩效考核指标分解的"三问五法一验证"模型

（1）"三问"：做什么工作？成果是什么？标准是什么？

（2）"五法"：直接寻找法、内容分解法、PDCA 循环法、QQTC 法、关键事件法。

（3）"一验证"：通过绩效指标分解"齿轮"模型的正反面验证。

2. 指标权重设计方法

（1）依据重要性设置，单一指标权重通常不高于 40%、不低于 5%，且一般为 5% 的整数倍。

（2）考虑计算效率和准确性、分配清晰、平衡协调。

（3）结合企业战略目标和重点工作，赋予相关指标高权重。

3. 定性指标的提取及评价方法

"三化"：能量化的尽量量化、不能量化的尽量细化、不能细化的尽量流程化。

评价方法：目标对照法、基准线比较法、相对排名法。

4. "打粮食"和"增肥力"指标

（1）"打粮食"指标：直接为企业带来经济效益的指标，是企业生存和发展的关键。

（2）"增肥力"指标：为企业未来增长打下基础、增强潜力的指标。

四、不同类型部门考核方法

1. 一线部门

目标达成率法、计件法、贡献分配法。

2. 职能部门

一个中心、两个基本点、三种创新方法。职能人员考核更应抓学习与成长类指标。

五、部门副职考核

1. 内容层面

（1）难点：定性指标多，难量化；工作差异大，不好比较；工作内容杂，难以聚焦；临时工作多，无法列入计划。

（2）优化意见：对工作进行分类，抓住关键，尽量选择量化指标，不好量化的指标尽量行为化，并设正面和负面行为清单。

2. 考核关系层面

（1）难点：职能部门协作多，上级考核评价不全；正副职分工有差异，正职无法准确评价副职；分管领导打分不一，可比性差。

（2）建议：把工作分为服务、管控和协作类，分别考核。服务类让服务对象评，管控类让上级领导评，协作类让协作对象评。

3. 结果层面

（1）难点：部门内排名易挤占下属优秀名额；全企业排名，副职人数少不好比；副职绩效与部门挂钩，竞争不单是个人。

（2）建议：采用直接得分法、部门联动法、强制分布法。

六、绩效相关表单

1. 指标库、目标责任书和考核表

指标库提供各类绩效指标；目标责任书和考核表从中选取指标；目标责任书用于年度考核，考核表用于日常考核。

2. 评价考核表的"5+2"模型

（1）"5"：绩效指标与战略目标相关性、指标名称规范性、指标定义清晰合理性、指标评分标准清晰合理与实操性、指标数据来源清晰合理性。

（2）"2"：指标权重是否得当和目标值是否清晰合理。

七、目标值制定

（1）难点：鞭打快牛、缺乏数据、保护慢牛。

（2）方法：战略目标分解法、历史数据法、外部标杆法、业绩曲线法。

八、"肥田瘦地"的解决方法

（1）绩效指标或权重差异化。

（2）设定不同的目标和目标值。

（3）加设指标难度系数。

九、指标难度系数设定方法

（1）直接归类法。

（2）目标折算法。

（3）多维度评分法。

十、做好360评估的关键方法

（1）周期平时做。

（2）内容差异化。

（3）评委设权重。

（4）打分五分制。

（5）结果控比例。

◎ **举一反三** ◎

请选择你所在企业的一个部门,根据 BSC 和"手掌"模型分别设计一张部门级别的组织绩效考核表。(注意:考核表的各项要素要齐全)

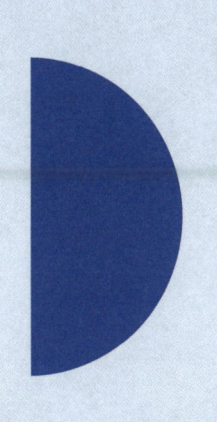

评价篇

用好绩效的标尺

掌握了如何设计考核内容之后，紧接着就需要学习怎样进行绩效评价，怎样得出绩效得分、划分绩效等级和确定绩效系数，从而能够科学、客观、公正地获得合理的考核结果。本章聚焦绩效评价中存在的各类痛点，展开深入细致的剖析，全方位解读企业面临的棘手痛点问题，对其中所涉及的各关键要素进行逐一拆解，全面清晰地呈现企业在绩效评价方面遭遇的困境与挑战，并针对每个痛点问题给出切实可行的解决思路。

◎ 痛点支招 ◎

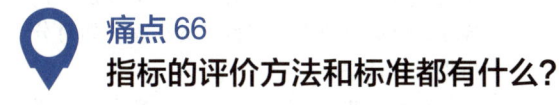

痛点 66
指标的评价方法和标准都有什么？

人力资源部刘部长：张老师，我们现在已经设计好了各部门和各岗位的绩效指标，但对指标的评价方法和标准有一些疑问，您能帮我们分析分析吗？

张老师：没问题，我准备了一张指标评价方法及标准的汇总表（见表23），咱们一看便知。

表 23　　　　　　　　指标评价方法及标准汇总

分类	定义	常用方法	定义及举例
定量指标	指以数字信息作为评价依据的评价指标	比率法	按照比率计算得分，如：得分＝比率×100，或得分＝实际完成值÷目标值×100
		加减分法	目标值对应基础分，按数值或比例进行加减分，如：完成目标值得 100 分，高于目标值，每高 1 个百分点加×分，每低 1 个百分点减×分
		区间法	根据计分原则按区间划分分数，在对应区间设计大致的计算方法，如：实际完成率低于底线值，不得分；完成率在底线值以上并低于目标值，分数＝完成率×100；完成率高于目标值，分数为 120 分
		非零即一法	结果只有两种可能性，不存在中间状态，完成或达标得满分，未完成或不达标得 0 分。如：产品合格率目标值为 95%，实际合格率≥95%得满分，<95%不得分
定性指标	指以非数字信息作为评价依据的评价指标	等级法	根据考核要求，将考核指标的完成标准分成不同等级，并对各等级的考核标准分别进行描述，以尽量减少主观打分的误差，如对分析报告进行评价。 (1) 5 级。报告提交及时，内容完整、清晰，问题分析透彻，管理改进建议有建设性，得 100 分。 (2) 4 级。报告提交及时，内容完整、清晰，问题分析透彻，管理改进建议有参考性，得 90 分。 (3) 3 级。报告提交及时，内容基本完整，问题分析部分准确，管理改进建议可参考性一般，得 75 分。 (4) 2 级。报告提交及时，内容缺失，问题分析大部分不准确，管理改进建议无参考性，得 60 分。 (5) 1 级。报告未及时提交，内容缺失，问题分析不准确，管理改进建议无参考性，得 0 分

续　表

分类	定义	常用方法	定义及举例
定性指标	指以非数字信息作为评价依据的评价指标	行为法	设定正面行为和负面行为，出现相应行为则进行加减分，如客户服务的行为评价。 (1) 正面行为。 积极响应：在 5 分钟内首次响应客户询问，每次加 1 分。 问题解决效率：首次接触并能解决客户问题，每次加 3 分。 客户表扬：收到客户表扬信/邮件，每次加 10 分。 (2) 负面行为。 响应延迟：超过 15 分钟未对客户询问做出响应，每次减 1 分。 重复错误：同一问题在一个月内被同一客户反馈超过两次，每次减 3 分。 客户流失：因服务问题直接导致客户终止合作，每流失一位客户减 10 分
		细节法	将定性结果分成几个关键流程或节点，针对每个节点设定具体、详细的评价标准，从多维度的细节把控来评价，如对关键工作的评价。 (1) 目标设定与战略一致性：目标是否清晰，与企业战略是否紧密相连，完全一致加 10 分，基本一致加 5 分，不一致不得分。 (2) 计划制订的完整性：工作计划是否包含所有关键要素，如时间线、资源分配、风险评估等，完整包含加 10 分，较完整包含加 5 分，不完整不得分。 (3) 执行效率与质量：根据工作进度与交付成果的质量进行评价，高效且高质量加 10 分，中等效率且中等质量加 5 分，低效且低质量不得分

续　表

分类	定义	常用方法	定义及举例
定性指标	指以非数字信息作为评价依据的评价指标	满意度法	以满意度调查得分为依据，对定性指标进行量化计算得分，如对产品功能的满意度评价：得分=满意客户数÷调查样本数×100%
		修改次数法	以工作成果在被正式认可前的修改次数为依据计算得分，如对市场方案的修改，1次修改后定稿得满分，2次及以内修改后定稿减3分，3次及以上修改后定稿减5分
		上级审核法	成果及时提交上级并经上级审核通过，则视为成果达标，可得满分；未通过审核，则视为未达标，不得分或给予基础分数

张老师：针对定量指标，我给出了4种评价方法及评价标准；针对定性指标，我给出了6种评价方法及标准。刘部长，您可以根据不同绩效指标的情况来选取适合的评价方法及标准。不过，对定性指标的评价其实是难点，虽然我给出了很细致的评价标准，但还是需要记住"三化"原则，这样才能客观合理地做好定性指标的评价。

人力资源部刘部长：太好了，这个表格直接就可以用，非常感谢张老师！

痛点 67
企业绩效考核得分为 80 分，各部门却高于 100 分，怎么回事？

王总：张老师，我们企业在绩效考核中出现了一个怪现象，企业整体考核得分才80分，可各部门的得分都在100分以上。这到底是谁的问题？到底谁应该为企业绩效买单？

张老师：王总，许多企业在绩效考核的结果呈现上都面临类似的问题。面对这种情况，我们需要从多个角度来理解和分析背后的原因。

第一，需要检查各部门与企业的整体目标是否一致。如果存在目标不一致的情况，即使部门表现优异，也可能无法真实反映企业的实际经营状况。第二，需要评估企业和各部门的目标设定是否合理。如果企业目标设定得不切实际，而各部门的目标又相对宽松，那么即使各部门表现良好，企业的整体目标完成情况也可能不理想。第三，在企业目标未能完成时，有的部门可能会存在以次充好、一些次要指标的加分掩盖主要经营指标的扣分等情况，这会导致部门评分虚高，企业整体经营并未得到真实的反映。第四，需要考虑责任分配和豁免机制。如果在责任分配上不够合理，未能充分考虑各部门对企业整体目标的贡献程度，可能会导致一些部门在企业目标未达成时却承担较少的责任，从而其绩效得分不受太大影响。同时，若企业对部门的未完成目标给予豁免，但对企业整体目标没有相应的豁免政策，这必将导致部门评分高于企业评分，使得部门在实际表现与企业整体目标达成情况不匹配的情况下仍能获得较高绩效得分。

王总：谢谢张老师，我明白了。看来我们得好好审视对部门考核的评价体系，找出问题所在，尽快解决这个棘手的情况。

痛点 68
主要指标扣分，却用次要指标加分，怎么办？

战略发展部李部长：张老师，在组织对部门的绩效考核中，我们碰到了这样一种情况，有些部门的主要指标完成得不好，却通过次要指标的加分来弥补，导致绩效最终得分很不客观。比如市场销售部门最重要的销售利润指标没完成，但是销售量这类次要指标完成得还不错，最后部门总得分竟然超过了 100 分。这种情况该怎么办？到底什么样的指标才能允许加分呢？

市场部肖经理：虽然销售利润指标更重要，但销售量对我们来说也是很重要的指标呀！这个指标完成得好难道不能加分吗？

张老师：这是一个很有讨论价值的问题。要解决这个问题，关键在于清晰地识别出哪些是主要指标，不能被次要指标干扰了判断。

第一，部门考核的重点应当随企业考核的重点进行动态调整。像销售部门的主要职责就是为企业创造利润，这必然是重点考核的指标。

第二，对未来有利但不能为当下直接产生收益的指标，我们可称之为"增肥力"指标，必须严格控制加分的量。建议单一指标的加分值控制在 2 分以内。考核销售量是辅助指标，不能因为它而颠倒了主次，比如销售利润指标才是"打粮食"指标。有些指标的意义不在当下，而在未来，所以当下不能加太多分，需要在未来看到实际创造出更多收益时再加分。如果未来没有产生实际收益，那就说明这个"增肥力"指标是无效的，不应该加分。企业的销售部门就是要创造利润的，所以加分应当围绕这个结果性指标，而不能围绕过程性指标。过程是为结果服务的，如果结果性指标表现不佳，过多为过程性指标加分就不合适了，必须严格控制过程性指标的加分数值。李部长、肖经理，两位觉得这样的处理方式可行吗？

战略发展部李部长：张老师，您分析得很有道理，我会按照您说的去调整我们的考核策略。

市场部肖经理： 虽然这样做，我们部门的得分会降低，但听张老师这样解释，我也被说服了。

痛点 69
定性指标对职能部门更有利吗？

战略发展部李部长： 张老师，最近一些职能部门给自己所在的部门设置了很多的定性指标，我感觉他们这么做是认为领导在给定性指标打分时能给他们更高的分数。定性指标到底是不是真的对职能部门更有利呢？

张老师： 这个问题不能一概而论。职能部门的工作特点决定了其确实不像业务部门那样能够轻易地将指标完全量化，可能会较多地采用定性指标。但这不一定就意味着定性指标对职能部门更有利。

从心理层面分析，有些领导可能出于对下属的偏爱，在对定性指标进行评价时，会倾向于给下属打高分。然而，遇到要求严格、注重客观事实的领导，定性指标反而可能成为容易被扣分的指标，因为这类领导更看重实际表现和结果，对于主观的描述和判断可能会持有更为审慎和严格的态度。这类领导可能更倾向于选择定量指标而非定性指标，因为定量指标是相对严格地根据数据打分，无须人为主观评价，而职能部门的工作更重要的是考核工作质量，而不是数量，假如仅考核定量指标数量，就很容易出现凑数应付的现象，只要数量达标了，领导就不能扣分，最终就会出现职能部门高分扎堆却不被领导认可的现象。这就是为什么职能部门要有定性指标的原因。但这并不是说定性指标就不利于职能部门，关键还是要看指标的目标值和评价标准，还有领导的打分风格是"手松"还是"手紧"。遇到"手紧"的领导，定量指标相对来说更有利；遇到"手松"的领导，定性指标相对来说更有利。

战略发展部李部长： 看来定性指标是一把"双刃剑"啊！要小聪明未必能得到想要的结果。

痛点 70
打分"手松手紧"怎么办？

人力资源部刘部长： 张老师，就像刚才咱们谈到的，在绩效打分的过程中，经常会出现有些部门负责人打分"手松"，有些则"手紧"的情况，这导致不同部门之间的绩效分数缺乏可比性，影响了整个绩效考核结果的公正性和有效性。您说该怎么解决这个问题呢？

张老师： 这种情况在很多企业中都很常见。要解决这个问题，可以从以下几方面入手（见图31）。

图31 "手松手紧"怎么办

第一，量化考核标准。我们需要尽可能明确地定义和量化各项绩效指标，尽量采用更多的定量指标。对于实在不能定量的定性指标，也要使用我之前讲过的"三化"方法，在打分时，只给这些定性指标打分即可，定量指标则直接由评分标准计算得出。这样一来，评分依据就会变得更清晰，而不是模糊的主观感受，从而大大减少主观判断的空间。

第二，提供评分指导。向考核者具体、完整地说明如何根据员工的实际表现进行准确评分，比如，制定详细的评分示例，清晰地展示在不同表现水平下应给予的分数区间，以及对应的具体行为和成果描述。确保考核者清楚什么样的表现对应什么样的分数，以此减少因理解偏差而导致的评分不公。

第三，采用匿名评分的方式。对于有些指标，可以采用匿名评分的方式，这样可以在一定程度上减少考核者担心得罪人的顾虑，能够更加客观、真实地根据员工的工作表现进行评分。

第四，采用多人参与评分的方式。安排多个考核者对同一员工进行评价，综合考虑他们的意见和分数。比如，可以由员工的直接上级、隔级上级甚至跨部门的合作伙伴共同参与评分。这样可以从多个角度较为全面地评估员工绩效，降低单一考核者由于个人偏见或信息不全面导致的评分偏差。

第五，评委不同不采用强制分布法。原因在于不同的评委对不同部门、不同岗位的评判标准可能存在差异，打出来的分数可比性较低。而且不同部门以及不同岗位在工作性质和难度上也各不相同，若强行按照统一比例实行强制分布法，极有可能导致不公平的评估结果出现。所以，应当根据每个部门和岗位的具体实际情况，灵活地开展评估并进行绩效分布。

第六，设立复核机制。对初步的评分结果进行复查和审核，可以成立专门的复核小组，或者由更高层级的管理者进行抽查。如果发现评分存在明显的偏差或不合理之处，应及时与考核者和被考核者沟通，对确有问题的进行调整，确保评分结果的公平合理。

第七，定期回顾调整。根据绩效考核实际执行过程中发现的问题和提出的反馈，定期对考核标准和评分方式进行优化和改进。比如，根据企业战略的调整、业务的变化以及员工的反馈，每季度或每半年对绩效考核体系进行全面回顾，及时更新和完善考核指标与评分标准，确保它们始终与企业的发展需求和员工的实际工作情况相匹配。刘部长，这些措施能否有效解决您提出的绩效打分"手松手紧"的问题？

人力资源部刘部长：这些措施很有针对性和可操作性，非常感谢您！

痛点 71
同一部门不同岗位怎么进行考核比较？

安全质量部余部长：张老师，我们部门存在这样一种情况，同一部门里不同岗位的工作内容完全不同，这就导致很难通过考核结果直接比较绩效的好坏。这种情况该怎么解决？

张老师：绩效考核的核心并不在于比较不同岗位之间的工作差异，而是侧重评估员工相对其岗位目标的表现。以一个部门为例，假设我们有甲、乙、丙三个工作性质迥异的岗位，甲的工作目标是产出 100 千克，乙的工作目标是产出 100 千米，而丙的工作目标是工作 100 小时。由于产出的单位和性质各不相同，直接比较是不可行的。但是，如果将不同岗位的要求单位与产出单位保持一致，再用产出量除以岗位要求量，得到的结果就可以进行比较了。

因此，对于职责差异较大的岗位之间的比较，我们应采取的方法是：先将员工的表现与其自身的岗位目标进行比较，再与其他人的表现进行横向比较。这一方法同样适用部门层面的考核，即先与部门目标进行比较，然后在部门之间进行横向比较。尽管每个部门或岗位的工作内容、责任和价值可能各不相同，但目标完成度是可比的。

安全质量部余部长：张老师，您的想法让我茅塞顿开，我会尝试改进部门的考核评价方式。

痛点 72
一张考核表，领导只打总分，怎么办？

战略发展部李部长：张老师，我负责牵头组织绩效考核，每次拿着考核表找领导打分，领导都直接给考核表打总分，而不是对各项指标逐一打分。这让我很苦恼，您说该怎么办？

张老师：这种情况有可能是领导对打分方式有误解，您要向领导说明，一个部门的绩效考核指标为 5~7 个，其中大部分是定量指标，领导不需要给定量指标打分，只给其余的定性指标打分即可。为方便领导打分，您可以在考核表中为每个定性指标提供更明确、具体的描述和示例，让领导能理解指标含义和评估标准。或者您可以根据实际情况和评分标准先做初评分，领导看到后再根据他的理解去调整。另外，鉴于领导可能因为不了解各部门定性指标的具体完成情况而不愿逐个打分，不妨组织一场绩效分析会，让各部门负责人逐一汇报定性指标的完成情况，领导听取汇报后再进行逐一打分。

战略发展部李部长： 张老师，我明白了，我回去就试试！

痛点 73
领导打分时能否在 KPI 总分上直接加减分？

战略发展部李部长： 张老师，领导对各部门工作完成情况有自己的理解，能不能直接在 KPI 总分上直接加减分呢？

张老师： 的确会有这种情况，有的部门虽然 KPI 总分不低，但领导可能认为交办给该部门的任务完成情况并未达到预期水平，这时领导可能会考虑给该部门减分以示鞭策；反之，如果部门的表现超出预期，则领导可能会考虑给该部门加分以示鼓励。这种情况下是可以给领导一定的加减分权利的。我前面讲考核内容"手掌"模型时，有一个维度是加减分考核，包括三方面的作用，其中之一就是用于对考核指标及未纳入考核的员工综合表现进行加减分调节，毕竟领导有自己对部门工作完成情况的理解，有时和下级的视角不一样。但这个加减分是有限制的，一般情况下，每张考核表里的加减分范围为 ±10 分，这样就能够在一定程度上保证绩效考核结果的相对稳定性和公平性。如果领导的加减分幅度过大，则可能会导致考核结果出现较大的波动，影响员工的工作积极性和对考核制度的信任，认为领导是"一言堂"。

另外，领导加减分要写明缘由，不能随意打分。这不仅能够让员工清楚地了解自己得分变化的原因，减少不必要的误解和争议，也能够促使领导更加谨慎地行使这一权利，确保加减分的合理性和公正性。另外，清晰的加减分缘由也能为我们后续进行绩效数据的统计和分析提供有价值的参考，帮助我们不断完善绩效考核体系。

战略发展部李部长：我明白了。

痛点 74
考核结果拉不开差距怎么办？

人力资源部刘部长：张老师，我们在绩效考核中遇到了一个难题——考核结果拉不开差距，大多数员工的得分都比较接近，很难区分出优秀员工和一般员工。这该怎么解决呢？

张老师：刘部长，首先咱们应明确考核结果拉不开差距不一定是绩效考核存在问题。如果大家的工作表现确实都很出色，给高分是合理的。但如果不是这种情况，咱们就得按照以下五个要点来解决。

要点一：调整定量指标和定性指标的比例。增加定量指标的比例，减少过多的定性指标，避免上级因不愿意打低分得罪人而导致一堆高分出现。

要点二：合理设定目标。定量指标的目标值要设置为"跳一跳，够得着"的程度，这样才能发挥绩效"指挥棒"的作用，指导员工完成目标，支撑企业目标达成。要是大家都能轻松完成工作目标，得高分，那就说明目标值设置得不合理，需要进行调整。

要点三：加强过程监督。在绩效考核过程中，人力资源部需要起到辅导监督的作用，要求各部门严格按照标准对定性指标进行评价，并对评分进行复核，不能随意打分，确保分数能真实反映员工的工作表现。如果发现异常情况要及时沟通，如有必要可要求部门重新进行打分。

要点四：建立投诉机制。结果拉不开差距，有时候是对表现优异员工的不公平，所以要建立投诉反馈机制，让员工有渠道表达自己的想法和建议，对于合理的诉求要及时处理和调整，确保绩效考核的公平公正。

要点五：定期复盘、优化。定期对绩效考核结果进行复盘，分析差距无法拉开的原因，不断优化考核体系。

刘部长，您觉得按照这五个要点去做，能否改善目前的状况呢？

人力资源部刘部长：我准备回去就试试。

痛点 75
任期考核与年度考核有什么关系？

战略发展部李部长：张老师，我最近听到一个新词叫任期考核，这个任期考核主要指什么考核？是年度考核吗？

张老师：任期考核的范围一般是由国务院国资委或地方国资委任命的中央企业、国有企业、事业单位等企事业单位的领导干部，民营企业里推行干部任期考核的较少。推行经理层成员任期制和契约化管理是国有企业改革的重要组成部分，是向职业经理人制度过渡的一种手段。

（1）任期考核方式。任期考核通常有两种方式：第一种方式，三年任期中，每年考核一次，三年考核三次；第二种方式，每年考核一次，第三年任期结束时对照任职初签订的目标，再考核一次，一共考核四次。分数如何确定？取每次考核成绩的加权平均值。权重则通常由企业根据上级单位要求，确定一个差异化的权重。

（2）考核结果应用。考核结果主要用于任期激励奖金的发放。

一般情况下，任期激励的金额基数一年最多不超过年薪的 30%。以年薪 100 万元为例，三年最多不超过 90 万元（100 万元×30%×3），也就是说任期激励的奖金基数最多只能是 90 万元。任期激励奖金金额等于 90 万元的基数乘以任期考核系数，考核系数需要根据企业主管单位的政策确定。

战略发展部李部长：这个任期考核分数的计算有点类似我们企业季度绩效系数与年度绩效系数的关系，今天又学到了新知识，受益匪浅！

痛点 76
怎么选择考核周期？

人力资源部刘部长：张老师，我一直对绩效考核周期的选择有些困惑，不知道该如何确定，您能详细讲讲吗？

张老师：在设计绩效考核周期时，通常需要综合考量员工层级、考核内容、管理基础、成本接受度四个方面，为此我们构建了一个考核周期设计因素模型（见图 32）。

（1）员工层级。由于员工所处层级（岗位职级）不同，工作性质和承担责任存在差异，所以可以分别采用不同的考核周期。层级越高，工作越宏观、整体和长远，企业高层适合以年为单位进行，也可结合半年考核做阶段性检验，开展任期考核，做任期总结评价；企业中层适合季度考核，工作量适中；基层员工更适合月度考核，及时反馈工作完成情况，在此基础上再进行年度考核评价。

（2）考核内容。不同的考核内容适配不同的考核周期。若考核内容有明显的周期性或明确的时间节点，考核周期应与工作周期和

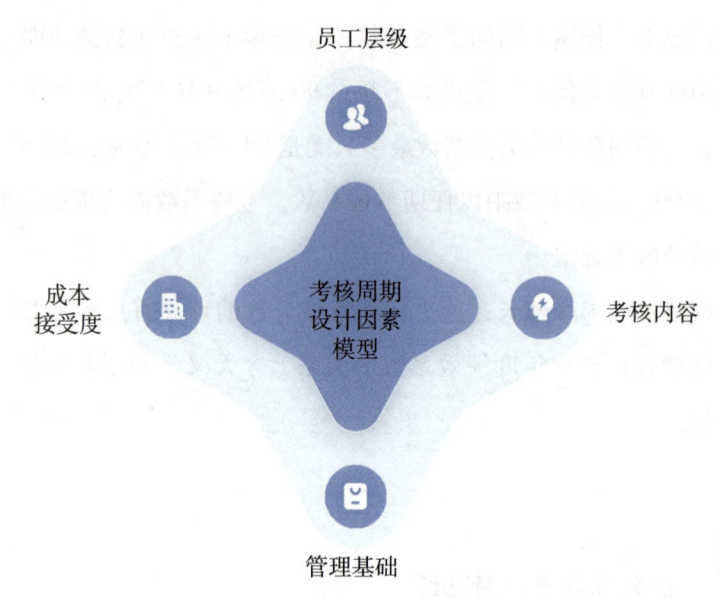

图 32　考核周期设计因素模型

时间节点一致。例如，研发工作项目周期通常为 3~6 个月，考核周期可设为季度或半年度。而生产、销售等工作的周期性较弱，部分考核内容和定量指标较客观，如销售额、出租率、产量等，能方便获取考核数据，因此考核周期可设置得较短，以月度考核为主。但有些考核内容以定性指标为主，需主观评价，如会议管理与服务质量，评价过程复杂，考核周期的设置宜长，以年度考核为主。而且，很多考核内容依赖企业财务系统、客户管理系统、办公系统等提供的基础统计数据。财务数据、销售数据、日常办公数据的获取及时性会直接影响考核周期的设置。因此，考核周期应尽量与这些数据统计的时间和周期保持一致。

（3）管理基础。绩效考核需要管理基础作支撑。管理基础薄弱的企业在绩效计划、指标设定、考核实施、数据统计、考核评价及结果应用等方面的能力较弱，可能存在长期不考核或以年度综合评议等方式象征性开展考核的情况。为提升工作计划的实施效果和绩效管理能力，考核周期宜短，以月度考核为主。虽考核工作量大、成本高，但制订科学合理的月度工作计划及月度考核评价的难度，比制订季度或年度工作计划及考核评价的难度小一些。管理基础强的企业具备制订科学合理的工作计划和进行有效绩效管理的能力，绩效考核周期设置主要看企业的运营管理导向，若企业想推行精细化管理，可采用月度考核；若想节约管理成本，则可采用季度考核。

（4）成本接受度。绩效管理势必投入人力、物力，有一定的管理成本（包括时间、金钱和精力等）。考核周期越短，管理越精细，成本越高。企业设计绩效考核周期时，要合理权衡管理成本与投入产出比。管理成本（预算不足、时间精力匮乏）受限的企业，考核周期以季度为主较为合理；管理成本（预算充足、时间精力充裕）充足的企业，考核周期以月度为主较为合理。

人力资源部刘部长：张老师，您这番讲解真是让我豁然开朗啊，原来考核周期的设计也需要认真思考，不能随意确定。

痛点 77
考核关系设计的关键点是什么？

市场部肖经理：张老师，关于谁给被考核者打分这个问题一直让我有些困惑，您能讲讲这方面的关键点吗？

张老师：首先明确一下，定量指标不需要考核者打分，根据考核表的评分标准计算出得分即可，只有定性指标需要考核者来打分。定性指标的考核者一般有以下几类（见图33）。

（1）直接上级。由直接上级对被考核者进行考核评分的方式简

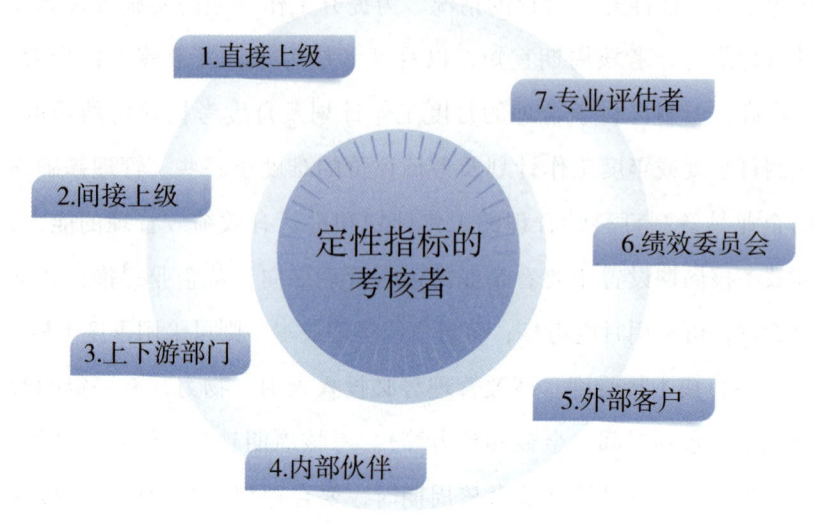

图33　定性指标的考核者

单直接。这种考核关系需要考核者非常了解被考核者的工作，适用对下属工作任务完成率等指标的考核，以此保障考核者对被考核者有考核评分权。

（2）间接上级。间接上级通常是指隔级上级，或者虽非直接上级但对本岗位具有间接管理权力的上级。在进行绩效评分时，可由直接上级与间接上级分别对被考核者进行考核评分，且各自占据一定的权重，形成多对一的考核关系。比较常见的是部门分管领导、部门正职、部门副职共同对部门员工进行考核，这种考核关系适用主观性较强、争议较大的考核内容和指标，如工作能力、工作态度，通过多对一的考核保障公平性。

（3）上下游部门。上下游部门评价的核心在于评估上下游部门之间的协作效率和效果，通过评价来发现问题，优化工作流程，提升整体效果。

（4）内部伙伴。由上级和同级人员共同对被考核者进行考核评价,即180评估;如果下级和外部客户也加入考核,就是360评估。这两种考核关系比较复杂,适合需要综合考虑各方面意见的考核指标和考核对象,如管理人员年度综合评价。

(5)外部客户。通过外部客户对被考核者进行考核评价,这种考核关系能够尽可能保障考核者持独立客观的立场,保障公平性,适合受内部影响较大,需通过外部客户考评来保障公平性的考核指标或考核对象,如客户满意度等。

(6)绩效委员会。成立绩效委员会,由评委共同对被考核者进行评分。先由每个评委单独考核评分,再计算平均分或加权平均分(根据评委职级和管理权限高低分配比重)。这种考核关系适用少数评委评分会有失公允、需要集体考核评价的考核指标和考核对象,如对各部门工作服务满意度的考核评价。

(7)专业评估者。由内外部的专业机构进行评价。一些专业性很强的领域,如技术研发的创新性评估、市场调研的专业性分析等,内外部的专业机构凭借其专业知识和丰富经验,能够给出更准确和客观的评价。

市场部肖经理:我这下完全明白了!

痛点 78
不同考核者打出来的分数能一起比较吗?

人力资源部刘部长:张老师,不同考核者给员工打出的分数能放在一起比较然后进行强制分布吗?这里面好像存在一些问题。

张老师:不同考核者打分可能存在"手松手紧"的情况,这是因为每个人对考核标准的理解和把握程度不同。在这种情况下,分数本身的可比性较弱。如果直接对这些分数进行排序并实施强制分布，可能会导致不公平的现象。被严格评分的员工可能会遭受不公正的对待，而评分较为宽松的情况则无法真实反映员工的实际工作表现。因此，出于公平性和准确性的考量，我们不建议直接对这类分数进行排序后实行强制分布。

人力资源部刘部长：张老师，您这么一解释我清楚多了！

痛点 79
打分的人数越多，结果越公平吗？

纪检监察部严部长：张老师，我们在对员工的工作表现进行评价时，是不是打分的人数越多，最终的结果就越公平呢？

张老师：考核者的多少与结果是否更公平并不是简单的正相关关系。考核者的数量增加在一定程度上可以综合更多的观点和视角，但并非人数越多就一定越公平。

首先，如果考核者对被考核者的工作情况缺乏了解，即便增加考核者的数量也无法提供有价值的意见，反而可能增加偏差和误差。其次，假如考核者中有利益相关者或对被考核者抱有偏见的个体，则增加考核者数量并不一定能消除这些影响，甚至可能加剧偏差，导致考核结果失真。最后，如果打分的标准和流程缺乏明确性和统一性，增加考核者数量只会加剧评价标准的混乱，引发更多问题。

例如，在项目团队的考核中，如果让不熟悉该项目的其他部门人员参与打分，他们可能因不了解具体情况而给出不准确的分数。然而，在确保所有考核者对被考核者、考核指标有充分了解，并且遵循一套明确、统一的评分标准和流程的前提下，适度增加考核者的数量确实能够提升考核结果的公平性和准确性。

纪检监察部严部长：张老师，我明白了，打分人数多也不一定公平，还得综合考虑很多因素。

痛点 80
员工自评，"聪明人"占便宜，怎么办？

纪检监察部严部长：张老师，最近我们在做绩效考核，发现有些员工在自评时，明明实际工作表现一般，但给自己打高分，这种"聪明人"占便宜的情况让其他员工很不满。这该怎么解决？

张老师：面对员工自评时可能出现的"聪明人"占便宜现象，我们可以采取以下措施。

第一，明确自评的定位。自评是员工自我认知的体现，不能影响绩效结果和奖金的分配。比如，我们可以在绩效考核制度中明确，自评不计入最终成绩，只作参考，这样就不存在占便宜的情况了。

第二，明晰自评的真正价值，发挥应有的作用。尽管自评不直接决定绩效结果，但也有不可忽视的独特价值。自评不仅能促使员工进行自我反思，帮助他们构建更客观、真实的自我认知，还能使管理者了解员工的自我定位与期望，从而促进和员工的有效沟通，在必要时也可以进行纠偏，达成共识。

纪检监察部严部长：您说得有道理，自评虽然不能影响绩效结果，但也是有用的。

痛点 81
360 评估需要注意什么？哪类人和事不适合 360 评估？

纪检监察部严部长：张老师，我们正在考虑引入 360 评估，但作为部门的负责人，我从心理上有点抵触这个 360 评估，总感觉对于我们这种容易得罪人的部门来说不太友好。

张老师：有这种顾虑是正常的。360 评估是通过收集来自多个角度（如上级、同事、下级、客户等）的评价，全面评估员工工作表现的考核方法，本意是要减少评价的片面性和主观性，但也不是所有情况都适用 360 评估。

一般情况下，职能部门在企业中会扮演两种角色，一种是"警察"角色，承担专业职责对应的管理职责；另一种是"服务员"角色，承担对其他部门，尤其是业务部门的服务职责。而 360 评估重点应聚焦服务职责，而非管理职责。像纪检、审计、财务、人力资源等职能部门，其管理职责在于严格监督企业各项规章制度的执行情况，若考核这些部门的管理职责，则工作越认真负责反而可能得分越低，将影响其职责的正常履行，因此不宜采用此类考核方法。那如何有效完成对服务职责的考核呢？为了确保职能部门服务职责评价的有效性，应明确列出每个职能部门的具体服务职责，确保一线业务部门仅就这些服务职责进行评价。这种评价方式有助于我们精准识别职能部门在服务履行过程中的问题所在，从而推动其持续改进，提升服务水平。

纪检监察部严部长：这下我就放心了。

痛点 82
部门考核得分可以等同部门负责人的考核得分吗?

王总：张老师，最近我们在讨论部门和部门负责人的绩效关联问题，各部门业绩有好有坏，部门的考核得分能直接等同部门负责人的考核得分吗？

张老师：一般来说，部门的考核得分可以视同于部门负责人的考核得分。但也有特殊情况，比如部门正职只负责部分工作，或其已不胜任该职位但暂未免职，这时可以采用个人绩效与部门绩效相结合的方法进行考核，如：部门负责人绩效得分＝部门绩效得分×30%＋个人绩效得分×70%，区分个人与部门指标。

绩效管理不能解决所有管理问题，对不胜任的干部，企业可给予考察期和提升期，若绩效考核不达标则应尽快调整岗位。不合适的人在管理岗位会增加很多管理成本，也不利于提高其他员工的工作积极性。

王总：张老师讲得确实很有道理！

痛点 83
得分除以 100 就是绩效系数吗?

战略发展部李部长：张老师，我们在制定绩效考核方案时采用了"得分除以 100"作为计算员工绩效系数的方式。但是如此计算的话，员工的绩效系数似乎很难达到 1。即使领导认为员工的工作表现非常出色，但由于绩效系数低于 1，员工的绩效工资总会被扣除一部分。我们该如何调整，以确保绩效考核既能够激励员工，又能够公正地反映他们的工作表现呢？

张老师：很多企业进行绩效考核时，确实会采用"得分除以100"这种计算员工绩效系数的方式。什么时候可以用这种方法来计算绩效系数呢？

第一，如果企业的薪酬体系设计合理，与市场水平相契合或更高，员工的薪酬待遇本身就具备较强的竞争力，那么在绩效考核体系合理的情况下，将"得分除以100"用作绩效系数是可行的。因为在这种情形下，绩效的调整幅度较为适中，不会因为绩效系数的计算方式导致薪酬与市场水平产生显著的偏差。这也能给员工一个明确的导向，即只有达到100分，才能与企业所提供的高薪酬水平相匹配。

第二，如果绩效考核加分的可得性较强，也就是说员工通过努力能够获取一定的加分。那么当员工表现得极为优异时，绩效考核总得分是能够高于100分的，此时采用"得分除以100"的方法能够使其绩效系数大于1，从而对员工起到良好的激励作用。

但在其他一些情况下，比如企业提供的薪酬水平在市场中没有显著优势，难以吸引和留住优秀人才，或者绩效考核加分难度大，限制和障碍多，员工获得高分的希望渺茫，计算绩效系数时更适宜采用"得分除以95"这种计算方式。这种计算方式代表企业给员工提供了一定的容错空间，让员工感觉企业不是一味追求严苛考核，而是在追求高标准时也兼顾员工实际情况和可能面临的困境，充分彰显企业绩效考核人性化的一面，既坚守必要的刚性原则，确保考核严肃性和公正性，又体现适度弹性考量，灵活应对复杂情况。通过这种方式，能在很大程度上有效避免因绩效系数过低，员工积极性受挫的问题，从而营造出既充满挑战又充满关怀的工作氛围，激发员工潜能，促进企业与员工共同发展。

战略发展部李部长： 我明白了。

痛点 84
前台、中台、后台的部门绩效如何与企业绩效挂钩？

战略发展部李部长： 张老师，企业前台、中台、后台的部门在工作性质和对企业的贡献度等方面的差异很大，就拿最近来说，公司业务调整，市场竞争也激烈，这前中后台部门的绩效怎样和企业整体绩效挂钩，才能既保障公平，又能起到激励的作用呢？

张老师： 在企业中，前台、中台和后台部门对企业业绩的贡献各有侧重，所以绩效奖金分配要考虑这种差异，确保绩效管理体系公平且有激励性。在绩效奖金的计算中，会涉及部门绩效系数与企业绩效系数。为各部门设定不同的绩效系数权重，能反映各部门对企业绩效的贡献。

前台部门位于企业价值链前端，直接面向市场和客户，是企业经营效益的直接推动力；中台部门处于前台与后台部门之间，扮演承上启下的角色，通过强化内部支持和资源整合，间接增强企业的经营效益；后台部门则处于企业价值链后端，负责基础设施建设和日常运营管理，确保企业运营的稳定性，并提供必要的支撑服务，为前台和中台部门的业务开展奠定基础，从而间接保障经营效益的实现。

所以在进行绩效考核时，前台、中台、后台部门与企业绩效考核结果的关联比例应综合考量各自对经营成果的直接贡献和间接影响。一般而言，前台部门由于对经营成果有最直接的影响，其绩效考核结果挂钩企业绩效结果的比例应为最高，随后是中台部门和后台部门。具体比例需依据企业实际情况和各部门的具体职责设定。

示例见表 24。

表 24　前台、中台、后台部门绩效系数设置示例

绩效系数权重占比	部门绩效系数占比	企业绩效系数占比
前台部门	50%	50%
中台部门	60%	40%
后台部门	70%	30%

当企业的经营效益较好时，对前台部门的激励力度较大，相比之下，对中后台部门的激励力度较小；反之，当企业效益较差时，对前台部门的负激励力度也相对较大，促使其快速响应市场变化，而中后台部门因与企业绩效挂钩比例低，企业对其负激励力度也相应较小。

当然，绩效系数的权重设置不是固定的，企业应建立动态调整机制，根据发展战略变革、市场环境变化和各部门实际表现定期评估和调整。例如，在企业转型或市场变动时，中台部门的作用非常关键，其与企业绩效的关联度可能临时提升。同时，沟通很关键，企业领导层要向组织和员工解释调整的逻辑和依据，确保调整过程公开透明，得到大家的理解和认可，激发员工的主人翁意识，促进全员参与管理，共同提升企业整体绩效。

战略发展部李部长：张老师，您把这个问题彻底分析透彻了，我现在思路清晰多了，已经迫不及待去根据各部门情况尽快设计一下了！

痛点 85
员工绩效如何与部门/企业绩效挂钩？

人力资源部刘部长：张老师，刚刚您讲了前中后台部门绩效与

企业绩效的挂钩方式，那员工绩效又该怎样与部门和企业绩效挂钩呢？

张老师： 首先，员工绩效与部门绩效和企业绩效挂钩是非常必要的。这能够加强员工对部门和企业整体目标的关注，促进团队协作，让员工明白个人的工作成果不仅影响自身，还对所在部门和整个企业产生影响，从而增强员工的责任感和归属感。

那么员工绩效应该如何与部门和企业绩效挂钩呢？很多企业会采用直接相乘的做法，即

员工绩效奖金＝绩效奖金基数×员工绩效系数×

部门绩效系数×企业绩效系数

另外，还可以进一步用几个绩效系数加权确定最终系数，比如员工绩效系数占60%，部门绩效系数占30%，企业绩效系数占10%。这种做法的好处是避免了仅通过系数相乘带来的对绩效考核结果影响过大的情况。因为单一员工，尤其是基层员工，对组织绩效的影响相对有限。如果用系数相乘的方式，可能会过于强调个人绩效在整体结果中的作用，显得比较激进。但在某些情况下，比如企业规模较小、业务相对单一，或者企业希望在短期内通过加强激励个人表现来实现业务上的重大突破时，采用系数相乘的方式可能更为适宜。

然而，可能会有人担心，这种绩效奖金的核算方式虽用加权方法关联组织绩效，但可能出现一种情况——组织绩效成绩不好，可员工绩效成绩都很高。这种情况下，是不是员工奖金总量会很大，导致企业人力成本过高，对员工奖金失去控制？其实不用担心，出现这种情况很可能是因为企业的绩效考核指标体系不完善。比如，定性指标占比过高，打分"手松手紧"导致高分过多；员工定量指标目标值并未根据企业总目标进行分解，目标值过低导致完成难度

小，最终分数较高；评分标准不合理，不重要加分项过多，即使主要指标完成不好，也能通过其他次要指标加分项把分数加回来。总之，出现这些问题，就要从绩效考核指标体系的优化入手。

人力资源部刘部长：张老师，您讲得太透彻了，我完全明白了！

痛点 86
强制分布法适合什么样的企业？

王总：张老师，我们最近在绩效考核中推行强制分布法，可结果不太理想，各部门抱怨不断，强制分布法到底适合什么样的企业？

张老师：强制分布法是绩效管理中常用的结果处理手段，但它并非普遍意义上的最优选。只要企业的考核指标和目标值设置得恰当，使用直接得分法就能准确反映目标的完成程度，不是必须采用强制分布法。然而，许多企业在绩效考核过程中容易受到人际关系等主观因素的影响，导致得分缺乏公正性，尤其是在人员规模较大的企业，绩效考核的工作量大，更难避免出现"高分扎堆"的现象，考核过程的公平性下降，绩效激励的效果也因此大打折扣。

强制分布法是根据正态分布原理，预先确定绩效等级以及各等级所占比例，然后对被考核者的绩效得分进行排序，将其列入某一等级中。比如，将绩效得分划分为 A、B、C、D 四个等级，规定每个等级的比例为 A 等级占 20%，B 等级占 60%，C 等级占 20%，而 D 等级不设强制分布比例，员工绩效得分低于 60 分则直接确定为 D 等级。这种方法能够解决因打分不公正导致的普遍得高分问题，用等级来拉开员工绩效差距。

关于强制分布法的适用性，我们可以从企业层面（见表 25）和部门层面进行分析。

表25　　　　　　　强制分布法适用的企业及说明

企业类型	适用说明
处于快速发展、高竞争行业的企业	在快速发展且竞争激烈的行业中，企业需要不断激励员工提升绩效水平以保持竞争力。强制分布法可以促使员工在高强度的竞争环境下更加努力地工作，通过强制划分绩效等级，为高绩效员工提供更多晋升、奖励的机会，激励他们持续创新和突破；同时，能让低绩效员工感受到压力，促使他们努力提升自己，企业也需要通过强制分布对末等员工进行培训和调整，让组织保持较高的活力，从而提升整个企业的绩效水平
市场化程度低的企业	这样的企业在绩效考核时常常呈现出"高分扎堆"或者分数极为相近的情况，若直接用分数来决定绩效等级或系数，便会缺乏区分度，难以准确反映员工的真实工作表现。在此种情况下，可以采用强制分布法，依据分数的排序来确定员工的绩效等级，可以有力地打破人情因素的干扰，对员工绩效结果进行有效区分
定性工作较多的企业	这样的企业由于缺少对工作成果的定量考核指标，导致考核分数的主观性相对较强，也更容易导致员工"高分扎堆"或者分数极为相近的情况出现。在这种情况下，若直接依据分数来确定绩效等级或系数，难以真实地反映员工的实际工作表现。采用强制分布法，会更多依据分数的排序而非绝对值，能够在一定程度上克服主观性带来的问题，增强绩效评价的区分度和可操作性

从部门角度看，即使企业决定采用强制分布法，也并不意味着所有部门都适用。业务部门与职能部门有明显的区别。业务部门通

常有明确的业绩目标和量化指标，更适用直接打分法；而职能部门，如人力资源部、行政部等，其工作琐碎且难以量化，定性指标较多，更适用强制分布法。此外，还需考虑到一些特殊情况。比如，如果某个部门或整个企业的人员能力普遍高于岗位胜任力标准，那么就不适用强制分布法，因为可能会将一些表现良好的员工错误地归入较低的等级。同时，企业绩效管理的导向也至关重要，若是以正向激励为导向，那么采用强制分布法时可以增加 A 等级员工的比例；若是以成本控制为导向，则需降低 A 等级员工的比例。

在实施强制分布法前，企业应与员工进行充分的沟通，使其理解方法、目的、意义，减少抵触情绪。在确定各等级比例时，应结合企业实际情况灵活调整，不能生搬硬套。对于被评为低等级的员工，企业应提供适当的辅导和支持，给予他们改进的机会，帮助他们提升绩效。

王总：张老师，我明白了！

痛点 87
强制分布的最大难点是什么？如何让员工接受 C 等级？

王总：张老师，为什么这么多人反对强制分布法？这个方法在实操中最大的难点是什么？

张老师：实施强制分布法的难点是管理层要有准确的判断力和高度的公正性，能克服个人偏见来准确地评估员工表现。部分管理者为避免冲突，不愿给低评价，使考核的执行效果大打折扣。此外，强制分布法可能影响团队凝聚力与合作精神，员工因担心排名靠后，从而不愿与同事互帮互助，引发内部竞争与不信任。

强制分布法按比例划分员工绩效等级，可能在所有员工都表现得很好时，有人被评为低等级。管理层必须对员工进行解释、引导，强调 C 等级是分数强制分布的相对结果，不代表其绝对表现，让员工明白即使大家都很出色，因机制总会有人被评为较低的等级。

随着企业管理水平与考核指标合理性的提升，企业可减少对强制分布法的依赖，转而依据员工的实际表现进行评价。通过合理、客观的评分，用员工的得分除以基准分数（如 95 分）计算出绩效系数，这种方法能更准确地反映员工的真实表现和贡献。

然而，在定性指标居多、考核指标不合理或管理者打分不客观的情况下，强制分布法依然能够发挥重要作用，可在一定程度上保证员工评价的公正性与一致性，避免因个别管理者的主观判断造成的偏差，逐步构建更客观、公正的绩效评价体系。

王总：张老师讲得太好了，感谢您的解惑！

痛点 88
人数少的部门怎么做强制分布？

行政部王部长：张老师，我们行政部只有 5 个人，按绩效等级强制分布法计算，C 等级员工的比例为 10%，算出来是 0.5 个名额，只能按 1 个人算，这对我们这种人数少的部门很不公平，该怎么办呢？

张老师：这确实是实施强制分布法的一个难点。仅有几人的小部门实行强制分布法，确实面临难以按比例计算各等级人数的问题，不过还是有办法可以解决这个问题的。

第一种方法是拉长时间周期。例如，对于仅有 4 人的小部门，如果按照每月至少10%的员工需评C等级的强制分布比例要求，则计算下来10%的名额仅为0.4，四舍五入后实际等于0，这意味着部门月度考核中没有C等级的评定，显然对那些人数较多的部门是不公平的。为了解决这一问题，我们可以将一年内12次考核进行统算处理。对4人小型部门而言，按照10%的比例计算，一年内共有4.8个C等级名额，四舍五入后约等于5个名额，这意味着该部门在一年12次考核中只需挑选出5名表现较差的员工评为C等级即可，这样的方法能够在一定程度上解决小部门不能使用强制分布法的情况。

第二种方法是将小部门并入大组织进行考核。具体来说，可依据分管领导分工，在绩效考核时将小部门合并成一个较大的组织，然后再实施强制分布法。然而，由于不同部门的负责人可能存在"手松手紧"的打分倾向，这会导致绩效分数在部门间不具备可比性，从而影响强制分布结果的公正性。为了解决这一问题，可以由分管领导与各部门负责人共同参与考核评分过程，确保评分标准的一致性和公正性。下面，我们通过一个实际案例来进一步说明具体的实施建议。

第一步，如表26所示，将小部门合并为大部门，并计算出大部门绩效等级对应的人数。

表26　　　　　　　　合并为大部门考核示例

部门名称	人数	绩效C等级的占比	计算得出C等级的人数
行政部	3		0.3
人力资源部	4	10%	0.4
党群工作部	3		0.3
上述三个部门合并后	10	10%	1

第二步，为避免不同部门负责人因照顾下属导致绩效分数排名

不客观，建议采用"先小部门排名，再大部门推选"的方式，即每个部门负责人为所有成员打分，排名末位的成员进入待定区，由上级领导和部门负责人组成考评代表委员会共同讨论决定最后人选。当然，也可将绩效最差的部门中绩效最差的员工直接评为 C 等级。

行政部王部长：张老师，您提出的这两种方法科学合理多了，会后我们要和人力资源部商量下一步的计划！

痛点 89
我们部门 C 等级员工比别的部门 A 等级员工好怎么办？

安全质量部余部长：张老师，我们部门的小王，工作一直兢兢业业，任务完成得都不错，结果被评为 C 等级；而隔壁部门的小李，平时工作不认真，居然被评为 A 等级，这到底是怎么回事？

张老师：这种情形通常是由于各部门员工绩效等级分布比例"一刀切"造成的。为了解决这个问题，可以将部门考核结果与该部门的员工强制分布比例进行合理挂钩。部门绩效等级被评为 A 的部门，其 A 等级员工的比例要增加，C 等级员工的比例要减少，甚至为 0；反之亦然。示例如表 27 所示。

表 27　　　　关联部门绩效的强制分布比例示例

员工绩效等级占比	部门绩效为 A 等级	部门绩效为 B 等级	部门绩效为 C 等级
绩效为 A 等级员工	≤30%，且分数≥90 分	≤20%，且分数≥90 分	≤10%，且分数≥90 分
绩效为 B 等级员工	其余员工	其余员工	其余员工

续 表

员工绩效等级占比	部门绩效为 A 等级	部门绩效为 B 等级	部门绩效为 C 等级
绩效为 C 等级员工	≥0%	≥10%	≥20%
绩效为 D 等级员工	不受比例限制，一旦绩效分数<60 分，则直接确定为 D 等级		

针对表现优异的部门，当部门绩效为 A 等级，且经审核部门确认该部门每名员工的工作全部按时保质地完成或超额完成时（尤其是承担定量指标为主的业务部门），绩效为 C 等级的人员可以不受比例限制。

安全质量部余部长：确实有道理，但愿能解决这个不合理的问题。

痛点 90
"轮流坐庄"怎么办？

纪检监察部严部长：张老师，如果做绩效结果的强制分布，每个部门都要有 A 等级和 C 等级的名额，这样会不会产生"轮流坐庄"的现象？比如本月甲被评为 A 等级，下月轮到乙被评为 A 等级，C 等级也同样是轮着来，这怎么解决？

张老师："轮流坐庄"确实是实施绩效结果强制分布法的企业中常见的问题，可能导致考核结果失去公正性和激励效果。因此，我们设计了一个模型来解决这个棘手的问题（见图 34）。

（1）强制分布人性化。实施强制分布法时，必须在确保合理性的前提下，保障其人性化。就像我刚才回答余部长的问题，要根据不同部门的绩效等级，设定不同优秀员工的比例上限，同时确保这

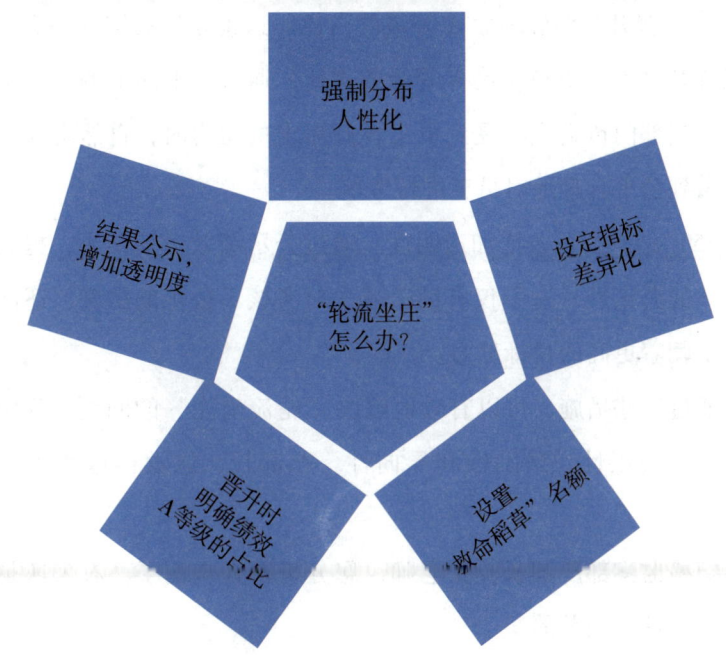

图34 "轮流坐庄"怎么办?

些比例能够真实反映员工的实际表现。

（2）设定指标差异化。当常规指标无法区分员工评级时，可通过"加时赛"或"附加题"解决，如结合员工实际布置附加任务，看谁完成得更好，以此体现绩效考核差异化，作为强制分布等级的判断方法。

（3）设置"救命稻草"名额。当部门绩效评级为 A 等级时，可以得到有限的"救命稻草"名额，用于将常规评级为 C 等级但工作努力的员工提至 B 等级。要向员工传达机会珍贵，鼓励其积极表现的理念。然后通过团队努力保持部门绩效 A 等级，使"救命稻草"名额持续可用。该机制不仅能为绩效差的员工提供帮助，而且能激发团队的合作拼搏精神，提升团队凝聚力，创造良好的工作氛围，提高大家的工作积极性。

（4）晋升时明确绩效 A 等级的占比。这也是最关键的一点。在员工晋升过程中明确绩效 A 等级的占比，通过自下而上的方式推动改进，当部门负责人感受到员工晋升需求的压力时，自然会采取措施，做到公平合理地对员工进行考核。

（5）结果公示，增加透明度。通过公示绩效考核结果，提高绩效考核的公正性。这不仅有助于减少对考核不公正的猜疑，还能鼓励员工朝着更高的目标努力。

通过这些措施，可以有效地解决"轮流坐庄"的问题，确保绩效考核的公正性、激励性和导向性。严部长，您觉得这些措施可行吗？

纪检监察部严部长：张老师，您分析得太全面了，看来还是有办法解决这个问题的。

痛点 91
绩效 D 等级必须要有吗？

行政部王部长：张老师，实施强制分布时 C 等级的选择就已经让人为难了，D 等级的员工必须选出来吗？我们部门的员工虽然工作效率没有很高，但也都能基本完成工作任务，这种情况下必须有 D 等级吗？

张老师：绩效 D 等级（通常表示表现不佳）的设定并非强制性要求，我们的目标是确保考核结果真实反映员工的实际工作表现，而非单纯追求形式上的等级分布。当员工的表现明显低于预期，且未能达到基本的工作标准时，才考虑将其评为 D 等级。以客服部门为例，员工小王的服务态度不错，解决问题的效率中等，与那些工作高效且态度极好的同事相比，可被评为 C 等级。另一名员工小赵经常被客户投诉，且工作中频繁出错，严重影响了客户满意度，最后绩效得分低于 60 分，在这种情况下，小赵可以被评为 D 等级。

在实施强制分布的绩效管理体系中，A、B、C 三个等级是按照分数排名，结合部门绩效等级，根据比例计算出来的，绩效考核 C 等级代表的是较 A、B 两个等级而言表现相对较差，但这并不意味着他们的工作表现绝对差。D 等级通常被用来标识那些在绩效上明显低于标准或期望的员工。为了避免这种情况带来的潜在负面影响，如产生不必要的压力及团队内部的不和谐，我们不将 D 等级纳入强制分布的范畴，而是以分数作为判断标准。当员工的绩效分数低于某个阈值（如 60 分）时，他们的绩效等级会被直接评定为 D 等级。这样，我们可以更精准地识别出那些真正需要改进的员工，同时避免对那些只是表现相对不佳的员工进行不公平的标签化。

行政部王部长：张老师，我懂了。

痛点 92
非员工原因导致工作不饱和，该扣分吗？

市场部肖经理：张老师，最近我们部门遇到了这样的情况，我们安排员工小李负责一项产品推广活动的策划工作，一切都已准备就绪，结果合作方突然取消合作，导致小李现在暂时没有其他工作可做。像这种非员工自身原因导致的工作不饱和，应该给他扣分吗？

张老师：肖经理，这种情况要分两种来看。

第一种是不扣分不扣钱。像小李这样由于合作方取消合作，原定工作无法开展导致的工作不饱和，企业可以灵活处理，比如临时给小李安排其他合适的工作，并针对新工作设立相应的加减分考核机制。同时，绩效得分和奖金是相互关联的，倘若小李的绩效扣分小于5分，总分能保持在95分以上，从激励员工的角度考虑，即便有少许扣分，也不建议扣他的奖金。

第二种是不扣分但扣钱。我之前做过一个咨询项目是总包制的，工作量对应固定的奖金包。但因为客户企业的内部战略调整，一部分咨询服务暂时被推迟，客户也未支付这部分款项。在这种情况下，虽然不能扣员工的绩效分数，毕竟这不是员工的责任，但由于员工的奖金和项目的回款直接挂钩，所以在奖金发放上可以根据实际情况做出调整，比如少发、不发或晚发这部分被推迟的工作所对应的奖金。

在这里要明确一项原则，扣分和扣钱不是完全相同的概念。扣分主要是看员工是否履行了应尽的工作职责，如果员工在工作中由于客观原因未达到既定的工作要求，就不应随意扣分。而扣钱更多是基于整体的价值创造和效益状况，从组织角度看，部分工作未完成导致企业效益受损，在奖金方面就可以做出相应的调整。

市场部肖经理：张老师，我明白了！不扣分不扣钱、不扣分但扣钱，扣分跟扣钱不是一回事。我一下子就记住了。

痛点93
过去的绩效结果可信度不足，怎么判断员工之前的工作表现？

战略发展部李部长：张老师，近期我们正在开展干部选聘工作，对于候选人之前的绩效表现状况，我们极为关注，毕竟这能够反映出候选人过往的工作能力。但由于公司之前绩效管理推行得不好，我们所获取的候选人绩效结果的可信度不高，在这种情形下，我们又能够通过哪些途径来判别候选人此前的工作表现呢？

张老师：李部长提出的这个问题很好！我们可以从多个维度去判断这些候选人之前的工作表现，先来看一个模型（见图35）。

能力及潜力测评
通过测评工具对潜力、管理行为、任职风险等进行科学的测评，考察候选人管理能力、潜力、职业性格、职业风险等

360评估
从候选人自身、上司、部属、同事的反馈对候选人的沟通技巧、人际关系、领导能力、职业素养、过往工作表现等做出基于现状的评价

个人履历分析
根据候选人个人履历来评估其所具有的能力、背景及工作经验

历史绩效表现
从过往年度绩效结果入手，对候选人的过往工作结果进行回顾，评估其历史履职能力和工作表现

年终奖金分配回顾
从年终奖金的分配来考察候选人工作表现及企业领导的评价

过往年度总结分析
从候选人过往年度总结入手，以定性视角了解候选人的履职情况，评估其工作能力

图35　如何判断候选人之前的工作表现

除了历史绩效表现，我们可以通过以下5个方面来判断。

（1）能力及潜力测评。运用专业测评工具，对候选人管理能力、潜力、职业性格、职业风险等进行全面科学的测评，得出测评结论。

（2）360评估。收集来自多维度（包括候选人自身、同级、上级、下级等相关人员）的反馈，涵盖候选人的全方位表现，包括但不限于沟通技巧、人际关系、领导能力、职业素养及工作表现，从而避免单一视角可能带来的偏颇与误判。

（3）个人履历分析。个人履历是评估候选人能力经验的重要依据，分析候选人以往岗位、职责、成绩、技能、晋升情况等，了解其能力、背景与工作经验，辅助评估其过往工作表现。

（4）年终奖金分配回顾。年终奖金是候选人工作表现的具体奖励兑现方式，反映候选人创造的价值和领导对其业绩表现的评价。

通过回顾年终奖金分配，可以了解候选人历年来的工作表现与领导对其的评价，作为候选人过往工作表现的依据。

（5）过往年度总结分析。从候选人过往年度的总结中了解其履职情况，以年度总结会的形式回顾成绩、问题与计划，企业可以借此深入了解其工作表现与能力水平。

战略发展部李部长：张老师，这些方法太好了，我明白应该如何做了。

◎ 基础夯实 ◎

一、绩效得分、等级和系数

绩效得分、等级和系数作为绩效评价环节的核心要素，其相互关系的准确理解和科学应用对于提升员工绩效水平、促进组织发展具有不可忽视的重要性。

1. 绩效得分

绩效得分是依据预先设定的指标、标准，运用科学的评估方法和计算公式，对组织和员工在特定时期（考核周期）的工作表现，进行多维度、全方位评估得出的量化结果。员工绩效考核的得分能综合反映其在工作质量、效率、成果、创新、团队协作等方面的表现。表 28 为绩效得分计算示例。

表28　　　　　　　　绩效得分计算示例

指标类型	指标	评分标准	权重	得分	加权后得分
定量指标	销售计划完成率	实际销售量÷计划销售量	30%	80分	80×30%＝24分
	客户拜访完成率	实际拜访量÷计划拜访量	20%	90分	90×20%＝18分
	培训计划完成率	实际参加人数÷计划参加人数	15%	100分	100×15%＝15分
	报告提交及时性	须于×月×日前提交，晚1天扣5分	15%	100分	100×15%＝15分
定性指标	报告质量	考核者根据报告的完整度、细致度、前瞻性、创新性等方面的情况评分	20%	直接上级评分（60%权重）为80分 隔级上级评分（40%权重）为85分 总得分＝80×60%＋85×40%＝82分	82×20%＝16.4分
		绩效总得分			88.4分

2. 绩效等级

绩效等级是将绩效得分分布状况划分成有区分度和代表性的不同级别，以更直观清晰的方式呈现员工绩效水平间的差异。绩效等级划分能帮组织快速区分并比较员工的工作表现，为管理决策提供直接依据，用于岗位调整、职级升降、薪酬调整、评优等工作。

绩效等级的确定方法一般有以下几种。

（1）分数段对应法。

这是一种直接且常用的方法。组织预先设定分数区间，为每个区间赋予相应绩效等级的标签。如90分及以上为A等级（优秀），80~89分为B等级（良好），60~79分为C等级（合格），60分以下为D等级（不合格）。此方法简单明了，极易理解和操作，但可能存在忽略区间边界附近细微差异的情况。

（2）强制分布法。

该方法先将员工绩效得分按从高到低排序，再按预先确定的各绩效等级人数比例确定员工最终绩效等级，如A等级占20%，B等级占60%，C等级占20%，D等级（<60分）不按比例控制。该方法有助于规避绩效评估结果过度集中和绩效管理失效的情况，能促进员工间竞争，但可能引发过度竞争和内部矛盾产生。强制分布法的难点解析及处理技巧详见本章"痛点支招"。

（3）标准参照法。

该方法以预先制定的明确、具体、可衡量的绩效标准为参照，这就要求企业预先制定的绩效标准必须能够详细描述每个绩效等级应具备的关键行为和成果特征。在进行绩效考核时，考核者将员工的实际表现与这些标准进行逐一对比，以确定员工绩效等级。该方法的准确性和公正性较高，但制定详细有效的绩效标准需投入大量时间和精力。

（4）综合评估法。

该方法是根据员工的综合绩效得分、工作难度、工作环境、团队协作等多种因素确定其绩效等级，并非仅依据绩效得分。企业通过为这些因素赋予不同权重，加权计算得出综合得分，依此确定员工的绩效等级。该方法能更全面地反映员工的工作表现，但权重设定需科学合理，否则会影响评估结果的准确性与公正性。而且，企业采用此方法需要考虑的因素较多，管理成本较高，因此十分考验管理者的管理能力。

3. 绩效系数

绩效系数是与绩效等级或分数相对应的一个数值,体现员工绩效表现的差异,从而实现对员工工作成果的精准激励和公平回报。绩效系数一般由绩效分数或绩效等级通过一定的方法和标准计算而来,有以下几种方法:

(1) 基于绩效等级的系数设定。

为每个绩效等级设定特定系数值,形成阶梯式对应关系。如A等级对应系数1.2,B等级对应系数1.0,C等级对应系数0.8,D等级对应系数0.6。此方法简单直观,能清晰体现绩效等级间的差异。但这种方法一是可能导致绩效等级激励差距过大或过小的问题,二是对相同绩效等级但绩效分数不同的员工没有体现差异化。

(2) 基于绩效分数的系数设定。

根据绩效分数,用连续函数关系确定绩效系数,如线性或非线性函数。以线性函数为例,若绩效得分范围为0~100分,则

$$绩效系数 = 绩效得分 \div 100 \text{ 或 } 95$$

该方法能更精细地反映绩效得分间微小的变化对系数的影响,但对绩效指标评分的要求较高,若出现评分不客观、"高分扎堆"等情况,则此方法很难在绩效系数上拉开差距。

(3) 混合型的系数设定。

结合前两种方法的优点,某些绩效得分区间用基于绩效等级的阶梯型系数设定,其他区间用连续型系数设定。若绩效得分为60分以下和90分以上,则采用固定系数值(60分以下为0,90分以上为1.5);若绩效得分为60~90分,则用线性函数计算系数,即

$$绩效系数 = (绩效得分 - 60) \div 30$$

这种方法能在保持一定简单直观特性的同时,提高系数设定的灵活性和准确性。

4. 具体应用

（1）薪酬管理。

$$绩效工资 = 绩效工资基数 \times 绩效系数$$

绩效系数的高低通常直接决定员工绩效工资的数额，从而实现薪酬与绩效考核结果的紧密关联，激励员工提升其工作表现。绩效等级连续多次达到 A 等级或 B 等级的员工，可能获得更高幅度的薪酬调整；而绩效等级长期处于 C 等级或 D 等级的员工，薪酬调整幅度可能较小，或无调整，甚至可能会降薪。

（2）奖金分配。

企业可根据绩效等级和系数确定员工个人应得的奖金数额。高绩效等级和高系数的员工将获得更多的奖金，体现企业对优秀绩效员工的奖励。在团队奖金分配中，团队成员的平均绩效等级和系数可以作为奖金分配的重要依据之一，同时结合团队整体目标的完成情况进行综合考量。

（3）晋升与职业发展。

绩效等级和得分是员工晋升的重要参考因素之一。多次获得 A 等级的员工在晋升选拔中具有更大的竞争优势，能获得更多职位晋升机会和职业发展空间。企业可根据绩效考核结果，为员工提供有针对性的培训和发展计划。

（4）激励与反馈。

明确的绩效等级和系数为员工提供了清晰的工作目标和努力方向，能激励员工积极进取，追求更高的绩效水平。绩效得分和相应的等级、系数能够为员工提供及时、准确的工作反馈，帮助员工了解自己的优点和不足，明确改进的方向和重点，促进个人绩效的持续提升。

绩效得分、等级和系数相互依存、影响，构成绩效评价的核心框架。科学设计与应用三者的关系，能激发员工的积极性与创造力，提升企业绩效与竞争力。在实际操作中，企业应依据自身战略目标、文化特点、行业属性和员工需求，灵活选择、优化绩效得分与等级的制定方法及绩效系数设定方式，确保绩效评价的科学性、公正性和有效性。同时，在实施过程中企业应加强沟通反馈，及时调整、完善管理措施，实现企业与员工的共同成长和可持续发展。要指出的是，绩效管理是动态、持续的改进过程，需企业管理层、人力资源部门和员工共同参与，才能发挥应有的价值。随着管理理论实践发展及新技术新方法的应用，绩效管理体系将不断完善，为企业发展提供有力的支持和保障。

二、强制分布法

绩效管理是企业战略实施的核心环节，它直接关系到员工的激励、发展和留存。绩效结果强制分布法是一种颇具争议的绩效管理工具，自 20 世纪末以来一直是热点话题。我们将从多个维度深入剖析强制分布法，包括其理论基础、实施过程、实际影响、所引发的争议，以及其在现代企业中的实践。

1. 理论基础

（1）帕累托法则。

强制分布法的理论基础可追溯至意大利经济学家维尔弗雷多·帕累托的观察。帕累托在研究财富分配时发现，大约 80% 的财富集中在 20% 的人手中，这一现象后来被广泛称为"80/20 法则"。这一法则在多个领域已得到验证，包括企业管理中的绩效分布。

（2）杰克·韦尔奇的创新应用。

杰克·韦尔奇在美国通用电气公司（以下简称 GE）的任期内，将帕累托法则应用于员工绩效管理中。他认为，通过明确区分员工的绩效等级，可以激发员工的潜力，推动企业向更高的目标发展。

2. 实施过程

（1）等级划分与比例设定。

在 GE，员工根据业绩表现被划分为三个等级：A 级（最好的 20%）、B 级（中间的 70%）、C 级（表现最差的 10%）。这一比例设定基于对员工的绩效评估，涉及多个维度，包括工作成果、团队合作、创新能力等。

（2）评估方法与挑战。

GE 采用了多种评估方法，包括自我评估、同事评价、上级评价等，以期获得全面的绩效反馈。然而，这一过程也受评估标准的一致性、评估者的主观性等因素影响。

（3）激励与淘汰的"双刃剑"。

A 级员工会获得丰厚的奖励，包括奖金、晋升机会等，而 C 级员工则面临绩效改进或被淘汰的压力。这种激励与淘汰机制在激发员工潜力的同时，也可能带来负面影响。

3. 影响与争议

（1）正面影响：激发潜力与提升效率。

强制分布法通过明确的奖惩机制，能激发员工的工作热情，提高企业的运营效率。在 GE 等企业的实践中，这种方法被认为是提升企业竞争力的有效手段。

（2）负面影响与争议：团队合作的挑战。

这种方法也引发了争议。有人指出，强制分布法可能导致企业内部竞争过于激烈，破坏团队合作精神。此外，对于那些工作性质难以量化评估的岗位，强制分布法可能导致不公平的评估结果。

强制分布法作为一种绩效结果的处理方法，其起源、实践和影响都值得我们深入研究。在企业管理实践中，没有一种方法能够适用所有情况，关键在于如何根据企业的具体情况选择合适的绩效管理策略，以实现组织和员工的共同发展。只有不断地实践、反思和改进，企业才能找到匹配自身的绩效管理之道。

三、考核周期

绩效考核周期的确定看似简单，实则关乎考核效果与成本。若考核周期过长，则企业对考核过程的管控可能不足，难以达到预期效果，正如"过程不考核，年底无结果"所表述的；同样，若考核周期过短，则考核者与被考核者都会疲于应付，管理成本过高且易形式化。绩效考核周期的设定，需结合工作性质、考核内容、管理基础等因素综合考量确定。

绩效考核周期包括月度考核、季度考核、半年度考核、年度考核和任期考核等。每种考核周期的工作量、工作管控力度和适用范围均不同，如表29所示。

表29　　　　　　不同绩效考核周期对比分析

考核周期	工作量	工作管控力度	适用范围
月度考核	大	强	（1）适用对象主要为基层员工以及指标和评分标准明确的岗位。 （2）企业可及时掌握员工工作进度和完成效果，管控力度强。 （3）适用工作内容相对固定、重复性较高且成果能在短时间内显现的岗位，如生产线上的工人、客服人员等

续　表

考核周期	工作量	工作管控力度	适用范围
季度考核	较大	较强	（1）适用人员规模大、管理基础相对薄弱（工作计划性差、无法统计月度基础数据）的企业。 （2）适用工作产出周期跨度大的工作岗位。 （3）若辅以月度工作目标分解和总结评价，可增强企业对员工工作的管控力度
半年度考核	一般	一般	（1）适用时间跨度在半年以上的工作内容。 （2）适用考核实施难度较大的企业
年度考核	小	较弱	（1）主要适用高层管理人员年度经营业绩考核或普通员工年度综合评议。 （2）对于中基层员工，宜与月度或季度考核结合，以平衡考核周期长导致的管控力度弱问题。 （3）考核结果常与员工升职加薪、岗位调整、评奖评优等相关
任期考核	小	较强	适用国有企业高层管理人员任期经营业绩考核

1. 月度考核

以月度为单位考核，如上月末或当月初制订工作计划，月末进行考核评分与结果应用。月度考核的考核周期短，利于企业及时掌握员工的工作进度与完成效果，对员工的管控力度强，但工作量较大。主要适用对基层员工的考核，或对指标及评分标准明确的岗位进行考核。

2. 季度考核

以季度为单位考核，如上季度末或本季度初制订季度工作计划，本季度末或下季度初组织绩效考核与结果应用。季度考核的考核周期短，考核工作量较大。若辅以月度工作目标分解和总结评价（不评分）作为过程管控手段，则企业对员工工作的管控力度将较强，主要适用人员规模大、管理基础相对薄弱（如工作计划性差、无法统计出月度基础数据）的企业，或工作产出周期跨度大的工作岗位。

3. 半年度考核

以半年为单位考核，分为上半年与下半年考核。上半年考核一般在每年6—7月举行，下半年考核一般在12月底或次年1—2月举行，考核周期较长，考核工作量一般，企业对员工工作的管控力度一般，主要适用时间跨度在半年以上的工作内容，或考核实施难度较大的企业。

4. 年度考核

以年度为单位考核，年初制订年度工作计划，年末或次年年初进行年度总结与考核评价。年度考核结果常常与员工升职加薪、岗位调整、评奖评优等相关，是企业和员工重视之事。若企业只有年度考核，无月度和季度考核，企业考核工作量虽然能够减少，但年度考核的考核周期很长，导致企业对员工工作的管控力度较弱。因此，年度考核主要适用高层管理人员年度经营业绩考核或普通员工年度综合评议；对于中基层员工，较好的考核方法是将年度考核与月度或季度考核相结合。

5. 任期考核

根据被考核者的任期，在任期满时进行任期经营业绩考核评价，考核工作量小，主要适用国有企业高层管理人员的考核。

四、考核关系

1. 认知误区

部分管理者认为：考核者越多，考核角度越全，则考核结果的公平性、可信度和说服力越强，考核效果就越好。这其实是认知误区。

如果绩效考核不能仅依靠直接上级考核评分，而是需要小组集体考核或采取360评估才能使考核更具说服力，这表明企业设定的考核指标与评分标准不够清晰明确、客观公正。试想，若考核指标清晰明确、评分标准客观公正，考核者无论有多少都不会对考核结果产生较大影响。

考核结果是否准确、是否反映真实业绩，与考核者多少没有必然关系。依靠复杂的考核关系来提高考核结果的公允性和说服力是舍本逐末。

考核者越多，考核关系越复杂，噪声和干扰因素就越多，会掩盖本来的考核目的，使绩效考核关注点从发现问题、提升绩效水平等方面转移到操作流程、指标设计、数据统计、人情关系处理等方面，耗费大量精力，绩效水平提升效果不明显，这反而使考核成本居高不下。

2. 设计难点

理论上说，较为简单有效、成本也较低的考核方式是由直接上级对下级进行考核评分，而不是多级考核。但很多企业的实际情况是考核关系越来越复杂，甚至部分企业变成了全员都参与考核的360评估。

明明有更好的考核关系为什么不用？原因包括两方面。

（1）企业文化不良，绩效管理动机不纯。

绩效管理与考核有效实施需要良好的企业文化氛围作支撑，但部分企业的企业文化不良，绩效管理动机不纯。常见表现有：过分强调绝对的公平，希望通过多人考核保障形式上的公平；派系文化浓，为平衡利益矛盾使考核关系复杂化；部分领导过于重视权力，希望通过考核管控每个员工；部分领导不担当不作为，怕得罪人，推卸考核职责。

（2）企业管理基础薄弱。

绩效管理的有效施行，要求企业具备一定的管理基础，各级管理者也需拥有相应的管理能力，如此方能确保绩效管理切中要害、切实落实。然而，不少企业管理基础薄弱，管理者特别是中层管理人员，在科学制订计划、合理分配任务、有效进行考核评价以及辨别员工工作业绩等方面能力欠缺。于是，他们选择"化简就繁，滥竽充数"，以复杂的考核关系和形式来掩盖自身管理能力的不足，降低或分散管理责任与风险。具体表现为人员分工不合理、越级管理现象严重；企业绩效管理水平低下，缺乏量化指标与清晰的评分标准，主要以主观评价为主；部分考核者的考核评判能力较弱或者存在私心，导致考核结果常常出现偏差和错误；企业内部控制较弱，期望通过多级考核来减少违规风险。

3. 设计原则

（1）定量指标考核关系可简单些，定性指标考核关系可适当复杂些。

考核指标的定量程度越高，考核评价标准越客观、明确，不易引起争议，考核关系可越简单，因考核指标目标值、考核依据及评分标准清晰可量化，多名考核者的评分结果基本一致。相反，考核指标的定性程度越高，考核评价标准越主观、模糊，易产生分歧，考核关系可适当复杂，通过多种方式让更多考核者参与，避免以偏概全，增强考核结果的公平性与说服力。

（2）企业快速变革期的考核关系更简单，稳步发展期的考核关系更复杂。

企业发展有不同阶段，快速变革时需选择简单的考核关系，强调上级权威和市场反应速度，做到令行禁止，提高员工执行力；企业稳步发展时可选择复杂的考核关系，让更多考核者参与评价，使问题分析、判断更周全。选择复杂考核关系不意味着要用 360 评估或 180 评估，而是要结合实际，在满足考核目的的前提下越简单越好。

4. 设计视角

绩效考核关系需按照以下四个视角进行分析和设计。

（1）站在全局考核局部。

企业的经营计划是指引企业发展的灯塔，业务或项目的总体进度、成本控制以及经营效益是衡量成功与否的关键指标。我们应当以此为基准，全面、细致地考核各个部门、分支机构以及每名员工的工作表现。这意味着我们不仅要关注个体的任务完成情况，更要审视其工作对企业整体战略目标的贡献程度。通过这种全局视角的考核，能够确保个体的努力与企业的宏观蓝图紧密契合，形成强大的合力，推动企业朝着既定的方向稳步迈进。

（2）站在客户的角度考核企业。

如今，客户对产品服务品质的诉求在不断升级。因此，我们的绩效管理必须以市场的动态趋势和客户的真切需求为导向，将客户对交付成果的满意度作为核心标尺进行精准考评。坚决摒弃单纯的内部导向思维，真正做到以客户为中心，以市场为驱动的绩效管理方式。只有这样，我们才能敏锐捕捉客户的期望与不满，及时调整策略，优化产品和服务，从而在激烈的市场竞争中脱颖而出，赢得客户的长久信赖和支持。

（3）站在下游考核上游。

在业务链中，各环节紧密相连，相互依存，形成了一个环环相扣的价值创造网络。业务链下游人员的满意度，实际上是上游人员工作成效的直接反馈，它反映了上游环节对下游环节支持与配合的到位程度。基于这一点，我们应当将下游人员的满意度作为考核上游人员工作表现的重要依据之一，以此来实施全面而客观的绩效评价。通过将下游满意度纳入考核体系，我们不仅能促使上游人员更加重视与下游人员的沟通与协作，还能有效提升整个业务流程的运行效率和输出质量。这种做法有助于打通业务链中的信息壁垒，促进信息的顺畅流动，确保各个环节能够快速响应市场需求的变化，最终实现业务链的整体优化与价值增值。

（4）站在一线考核二线。

一线业务部门是企业冲锋陷阵的先锋，直接面对市场的挑战和机遇。二线职能部门则是一线业务部门坚强的后盾，为一线部门提供关键的支持和服务。我们应当站在一线业务部门的立场，对二线职能部门的主动支持和服务贡献进行考核。这将激励二线职能部门更加贴近一线业务部门的实际需求，提供更具针对性和实效性的支持，形成前后方协同作战的强大模式，为共同实现企业的经营目标而奋力拼搏。

5. 适用范围

每种考核关系都有其适用范围，若超越了适用范围，则考核会失效，甚至出现偏差。不同考核关系的适用范围如表30所示。

表 30　　　　　　　不同考核关系的适用范围

考核关系	适用范围	事项举例
直接数据考核	非常客观、能量化的指标，可以直接根据数据计算考核得分	销售额、产量、成本费用等业绩指标
上级一对一考核	考核者需要对被考核者的工作非常了解，或需要对被考核者有很大的支配考核权	工作任务完全率、工作态度
上级多对一考核	考核内容的争议性比较大，需要通过多对一考核保障公平性	工作能力
小组集体考核	需要集体评价的事项，其中绩效考核委员会适合对部门负责人及以上级别人员进行考核	部门绩效考核评价
自我评价	适合需要充分发挥自我主观能动性、创造性的岗位，通过自我评价发现不足	员工年终总结评价
同级评价	适合需要团队相互支持协助的工作事项和岗位，考核团队协作精神等	团队协作
下级评价	考核评价领导力、领导工作作风	干部领导力评价
360 评估	需要综合考虑各方面意见的工作事项和人员	管理层年度综合评价
第三方考评	受内部影响比较大，需通过第三方保障公平性	客户满意度

6. 设计示例

（1）月度或季度绩效。月度和季度绩效考核的周期短、工作量大，侧重工作内容与结果的考核，核心考核指标要抓要害，对员工工作能力、态度与作风等维度的考核程度较轻或不考核，考核关系相对简单。建议定量指标采用数据评分，定性指标由上级一对一评价，争议大或多部门比较的指标采用多对一考核，尽量不用 360 评估等复杂的考核方式，避免造成企业管理成本过高的情况。定性指标考核关系设计示例如表 31 所示。

表 31　　　　　定性指标考核关系设计示例

被考核者	考核者	权重
部门负责人	分管领导	40%
	总经理	30%
	董事长	30%
部门员工	部门正职	50%
	部门副职	30%
	分管领导	20%

设计不同考核者的评分权重时，需要考虑企业实际的权责分工和管理风格。在领导充分授权的企业，直接上级的考核权重可以是最高的；而在高层领导集权的企业，直接上级的考核权重可以相对较低。

（2）年度绩效。年度绩效考核除了需要关注工作内容和结果，还需要关注员工的工作能力、工作态度、工作作风、团队协作等更加长远、复杂的内容。这些内容以定性指标为主，且评分标准相对模糊，设计考核关系时可以适当复杂，必要时可通过 360 评估进行年度综合评议，360 评估考核关系设计示例如表 32 所示。

表 32　　　　　360 评估考核关系设计示例

被考核者	考核者及权重					
	考核者 A	权重	考核者 B	权重	其他考核者	权重
部门正副职	分管领导	20%	董事长	30%	其他部长、副部长	10%
			总经理	20%	所在部门员工	10%
					其他部门员工	10%

续 表

被考核者	考核者及权重					
	考核者A	权重	考核者B	权重	其他考核者	权重
部门员工	分管领导	20%	总经理	20%	所在部门员工（无自评）	15%
			所在部门部长	30%	其他部门员工	15%

在考核权重分配上，上级领导的权重建议设置得较高；同级或下级员工的权重建议设置得较低。

◎ 总结提炼 ◎

一、绩效指标评价方法

（1）定量指标：比率法、加减分法、区间法、非零即一法。

（2）定性指标：等级法、行为法、细节法、满意度法、修改次数法、上级审核法。

二、绩效评分难点处理

（1）避免打分虚高的方法：一是严格审核部门指标，合理分解员工指标并备案；二是以部门考核得分决定总奖金包大小，使部门负责人打分更谨慎客观。

（2）部门考核重点应随企业考核重点动态调整，要严格控制不能直接带来收益的次要指标加分，且加分应围绕结果性指标。

（3）定性指标未必对职能部门更有利。关键要看指标的目标值和评价标准，还有领导的打分风格是"手松"还是"手紧"。遇到

"手紧"的领导，定量指标相对来说更有利。遇到"手松"的领导，定性指标相对来说更有利。

（4）打分"手松手紧"的解决思路：一是量化考核标准；二是提供评分指导；三是采用匿名评分方式；四是采用多人参与评分方式；五是评委不同不采用强制分布法；六是设立复核机制；七是定期回顾调整。

（5）分数比较问题：一是岗位层面，先与自身目标比较，再与他人比较；二是部门层面，先与部门目标比较，再在部门间横向比较；三是不同的人打出的分可能因尺度差异导致可比性不强。

（6）考核结果差距小的解决思路：一是调整定量指标和定性指标比例；二是合理设定目标；三是加强过程监督；四是建立投诉机制；五是定期复盘、优化。

（7）非员工原因导致工作不饱和是否应该扣分：两种情况，不扣分不扣钱、不扣分但扣钱；关键点是扣分与扣钱不是一回事。

三、强制分布法的使用

（1）企业是否适合采用绩效结果强制分布的考虑维度：管理基础、发展阶段、人员规模、企业文化。

（2）人数少的部门实行强制分布法的方法：一是拉长时间周期；二是将小部门并入大组织考核。

（3）"轮流坐庄"现象的解决方法：一是强制分布人性化；二是设定指标差异化；三是设置"救命稻草"名额；四是晋升时明确绩效 A 等级的占比；五是结果公示，增加透明度。

（4）是否必须有绩效 D 等级：当有员工绩效得分低于 60 分这种明显低于标准或期望的情况时，才直接将该员工评为 D 等级，不将其纳入强制分布法范畴。

四、考核周期

考核周期设计因素模型：员工层级、考核内容、管理基础、成本接受度。

五、考核关系

（1）定性指标的考核者：直接上级、间接上级、上下游部门、内部伙伴、外部客户、绩效委员会、专业评估者。

（2）自评分：一是自评分不直接影响绩效考核结果，仅作参考，主要评分依据来自上级领导；二是发挥自评价值，帮助员工自我反思，让管理者了解员工自我认知和期望以进行沟通纠偏，促进个人成长和团队协作。

（3）360评估：应聚焦服务职责，而非管理职责。

六、绩效系数

（1）薪酬设计合理、绩效加分可得性强时，采用"得分除以100"的方式计算员工绩效系数。

（2）薪酬无显著优势、加分难度大时，采用"得分除以95"的方式计算员工绩效系数，给予员工容错空间，避免员工的积极性受挫，营造良好的工作氛围。

（3）部门与企业绩效系数关联：前台部门与企业的绩效结果关联度最高，与企业绩效挂钩的比例最高，其次是中台部门和后台部门。

◎ **举一反三** ◎

请根据你所在企业的情况,设计不同岗位人员的绩效等级和绩效系数的设置规则及计算方法(以表格形式展现)。

应用篇

让绩效考核结果发挥关键作用

在成功获取科学、客观、公正的绩效考核结果之后，接下来关键的一步便是如何应用绩效考核结果，以充分发挥其价值。本章聚焦绩效考核结果的应用，深入挖掘其中的关键点，剖析企业在绩效考核结果应用时所面临的实际问题，对其中涵盖的重要元素都进行详尽拆解，帮助读者掌握绩效考核结果应用的实操方法。

◎ 痛点支招 ◎

痛点 94
绩效考核结果有哪些方面的应用？

市场部肖经理：张老师，绩效考核结果除了与绩效工资挂钩，还有其他应用方式吗？

张老师：当然有，我们总结了一个绩效考核结果应用九宫格（见图36）。

（1）绩效工资。绩效工资是绩效考核结果最常见的应用方式，一般方式是将绩效工资的基数与绩效系数挂钩，计算出应发的绩效工资。一些实行季度考核的企业会采取月度预发绩效工资的方式，比如每个月预发80%绩效工资。

（2）中长期激励。年终奖属于中期激励，一般依据年度绩效考核结果进行发放。年度绩效考核结果决定员工的年度绩效等级和系

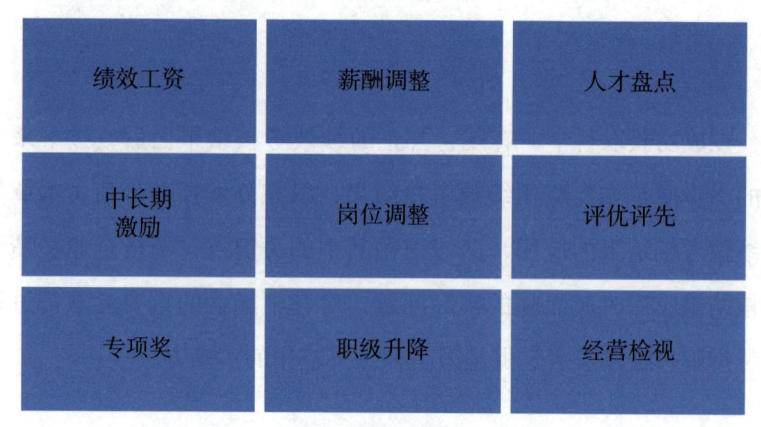

绩效工资	薪酬调整	人才盘点
中长期激励	岗位调整	评优评先
专项奖	职级升降	经营检视

图36　绩效考核结果应用九宫格

数，从而影响年终奖的发放与否及发放金额。股权激励以及国企的任期激励属于长期激励。长期激励的额度是根据被考核者是否达成期初制定的绩效目标而定，绩效考核结果是重要的参考依据。

（3）专项奖。专项奖是企业为激励有突出贡献的组织和员工，鼓励各级组织和员工为企业发展作出贡献而设置的专项奖励。由于绩效得分有封顶值，当组织或员工的某项重要工作完成得极佳，超出绩效得分封顶值时，可采用专项奖激励手段。例如，某企业生产类绩效考核指标中生产计划达成率封顶绩效得分为120分，实际生产量为计划生产量的120%时，绩效系数为1.2；若达成率高于120%，可用专项奖激励，如设置"超产奖"，以表彰相关部门在产品生产方面的突出贡献。

企业可根据实际情况设置不同的专项奖励，如"超产奖""项目开拓奖""增收创效奖""成本节约奖""品牌荣誉奖""工艺技术进步奖""改革创新奖""合理化建议奖""技术突破奖""人才伯乐奖"等。专项奖可分为团队奖与个人奖，如"工艺技术进步奖"是团队奖，"人才伯乐奖"是个人奖，大家可依据项目完成情况，按专项奖规定申请相应的奖励。若是团队奖，团队负责人可根据项目人员的工作表现、贡献度及绩效考核结果，在团队内进行专项奖的二次分配。

(4) 薪酬调整。企业可参考员工年度绩效考核结果对员工薪酬进行调整。例如，将年度绩效等级分为 A（优）、B（良）、C（一般）、D（不合格）四个等级，对于年度绩效等级为 A 的员工，可以优先获得薪酬调整的机会。对于年度绩效等级为 C 或 D 的员工，则薪酬标准可以下调。

(5) 岗位调整。企业应以年度绩效考核结果为依据，对于绩效等级为 A 的员工，企业可择优对其进行岗位调整，为其匹配更具挑战性和更高价值的工作岗位。

(6) 职级升降。年度绩效考核结果是员工职级升降的重要依据。绩效等级为 A 且满足岗位职级任职资格标准的员工可享有优先晋升资格；相反，对于绩效等级为 D 的员工，企业也有权降低其职级。

(7) 人才盘点。绩效考核结果是衡量员工工作表现的重要依据，通过分析员工的绩效考核结果，企业可以识别出关键人才、高潜力人才，在完善人才梯队建设、制订人才培养计划、优化人力资源配置等方面发挥重要作用。

(8) 评优评先。年度绩效考核结果为优秀的员工可优先享有评优评先的资格。当然，具体评选办法依据企业相关规章制度执行。

(9) 经营检视。经营检视是企业对自身经营状况进行全面、深入评估的过程，绩效考核结果除了用于企业评估业务目标的完成情况，还可用于对管理过程的评估，以便及时发现管理过程中的问题，提出相应的改进措施。

绩效考核结果只有充分与薪酬、岗位、职级、培训等方面结合起来，才能有效引导企业全体人员重视绩效，从而提升个人与组织绩效。

市场部肖经理：原来绩效结果的应用这么广泛，看来我们在这方面还有很大的进步空间。

痛点 95
绩效考核结果与员工薪酬如何合理挂钩？

王总：张老师，绩效考核结果应该如何实现与员工薪酬的合理挂钩，从而保障对员工的激励和约束效果呢？

张老师：关于这个问题，我们有一个很形象的"钱袋子"模型，请大家看图37。

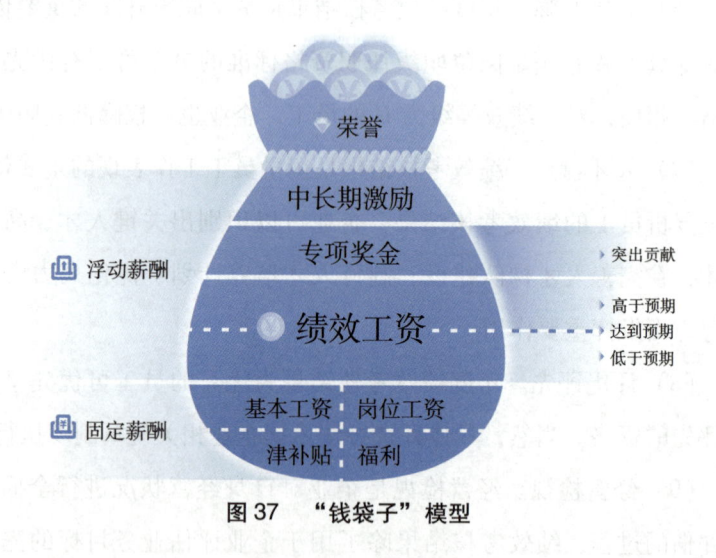

图37 "钱袋子"模型

在这个模型中，员工的薪酬被清晰地分为固定薪酬和浮动薪酬两部分。

固定薪酬包括员工的基本工资、岗位工资、津补贴和福利。这些薪酬构成主要与员工的岗位、职级、人岗匹配度等因素挂钩。一般来说，这部分薪酬是固定发放的，其目的是保障员工的基本生活水平，让员工能够安心工作。

浮动薪酬包括员工的绩效工资、专项奖金和中长期激励。绩效工资与员工平时的绩效考核结果直接相关。通常根据员工的岗位、职级设定绩效工资基数。若员工的绩效表现达到预期时，可拿到绩效工资基数，即绩效系数为1。若绩效表现低于预期，需在绩效工资基数上"打折"，折扣程度依实际表现确定，如员工只能拿0.8倍的绩效工资基数。若员工绩效表现远低于预期且有重大违规，绩效工资可能会被清零。相反，若员工绩效表现超出预期时，员工可拿到超绩效工资基数的奖金，不过奖金通常有封顶，如绩效工资基数的1.2倍。若员工有突出贡献，则可获得浮动薪酬中的专项奖金。此外，浮动薪酬还包括中长期激励，如年终奖、任期激励和股权激励等。这些激励措施可使员工更关注企业中长期发展，与企业形成更紧密的利益共同体。

在"钱袋子"模型的扎口处，我们可以看到荣誉。荣誉的获得虽然也可能伴随一些奖金，但更多的是对员工精神层面的激励，能够让员工感受到自己的工作得到了认可和尊重，从而激发其更大的工作热情和创造力。

总之，整个"钱袋子"模型基本涵盖了员工薪酬的各个组成部分，企业通过合理的设计和调整，可以实现绩效考核结果与员工薪酬的有效挂钩，从而达到激励员工和保障企业利益的双重目标。

王总：张老师，您这一番讲解真是让我豁然开朗，这下我对绩效考核结果和薪酬挂钩的问题有了更清晰的认识，对企业的薪酬管理也有了新的思路。

痛点 96
绩效奖金如何分配？

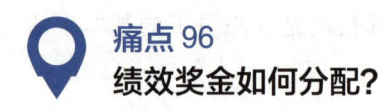

人力资源部刘部长：张老师，绩效奖金具体应该怎么分配呢？我们之前是用员工的绩效工资基数乘以员工的绩效系数，但由于考核者"手松"，员工的考核分数普遍偏高，导致企业的用人成本很高，这该怎么办？

张老师：根据绩效考核结果分配绩效奖金非常常见，但绩效奖金的分配是一个复杂且敏感的问题，需要综合考虑员工的个人表现、团队协作、部门贡献以及企业整体业绩。以下是两种常见的绩效奖金分配方法。

第一种方法是 MXYZ 模型，也叫基数分配法，请看图 38。

M：员工绩效奖金基数
X：个人绩效系数
Y：部门绩效系数
Z：企业经营系数

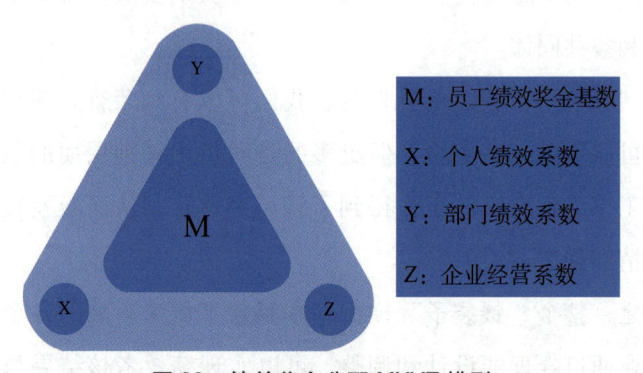

图 38　绩效奖金分配 MXYZ 模型

该方法是以员工的绩效工资基数为基础，结合考核周期结束后的考核分数，将考核分数换算成绩效系数，然后按照以下公式兑现绩效奖金：

员工绩效奖金＝员工绩效奖金基数×个人绩效系数×部门绩效系数×企业经营系数

这里需要注意的是，公式中的连乘可能会放大或缩小各层级考核结果对员工绩效奖金的影响。为避免系数之间产生过强的关联，出现过度波动，企业在具体使用该公式时也可根据实际情况将连乘改为加权求和的方式，具体如下：

员工绩效奖金＝员工绩效奖金基数×（个人绩效系数×权重1+部门绩效系数×权重2+企业经营系数×权重3）

通过这种方式，部门和企业的考核结果对员工的个人绩效奖金仍然有影响，但这种影响将更为温和。此外，为了适应不同企业的特定需求，我们可以采取一种更为灵活的方案，即连乘与加权结合的计算方法。当企业整体绩效表现突出时，通过绩效系数的连乘可以显著增强对员工的激励效果，而在企业整体绩效不佳时，通过绩效系数的加权则可以适度减轻对员工的惩罚，确保员工的绩效奖金不会降至过低的水平。虽然企业会承担更大的风险，但在一定程度上展现了企业的人文关怀和包容性。这不仅能够激发员工的积极性和创造力，还能在困难时期为员工提供必要的支持和安全感。

MXYZ模型的优点在于计算简单方便，员工的绩效奖金兑现比较直观，可以让员工清晰地看到自己的表现如何转化为实际的绩效奖金。然而，这一模型也存在一些局限性，当部门或员工的考核分数普遍偏高时，可能会导致企业绩效奖金总额急剧上升，对企业的财务状况造成压力。另外，在国有企业中，工资总额是受限的，奖金也不可能无限制发放。

第二种方法是"分蛋糕"模型。这个模型的名称形象地描绘了其核心思想：将企业的绩效奖金总额视为一个整体，然后像切分蛋糕一样，逐层分配至各部门，形成各自的奖金池。随后，各部门根据既定的标准，对奖金进行二次分配，直至落实到每名员工身上。

这种方法有时也被称作奖金池分配法。具体分配方式如下：

企业绩效奖金池＝∑企业员工绩效奖金基数×企业绩效系数

部门绩效奖金池＝企业绩效奖金池×［（部门所属员工绩效奖金基数之和×部门季度绩效系数/∑部门所属员工绩效奖金基数之和×部门绩效系数）］

个人绩效奖金＝部门绩效奖金池×［（个人绩效奖金基数×个人季度绩效系数/∑部门员工季度绩效奖金基数×个人季度绩效系数）］

在分蛋糕模型中，由于奖金池总额是预先设定的，因此不会产生"爆盘"现象，即奖金总额不会失控。然而，这种方法也意味着员工不清楚自己最终能获得的绩效奖金的具体数额，因为个人绩效奖金的多少还取决于部门绩效奖金池总额和其他员工的考核得分。尽管这种不确定性可能会减少员工对奖金的预期，但这种方法在那些对工资总额进行严格控制的企业中颇受欢迎。

人力资源部刘部长：这两种方法我已经听明白了，我会尽快做出方案来尝试落地。

痛点 97
员工的绩效考核分数高就一定有年终奖吗？

战略发展部李部长：张老师，我们部门有个员工小王，这一年来，月度和季度绩效考核一直都是高分，可最近到了年底，大家都在讨论年终奖的事儿，小王就觉得自己平时绩效这么好，年终奖肯定少不了。但我心里没底不敢给他承诺，您说像小王这种情况，平时绩效高分就一定能拿到年终奖吗？

张老师：员工平时绩效得高分是其个人工作业绩出色的体现，

但这并不意味着一定能够获得年终奖。年终奖的发放是综合考量的结果，涉及多方面因素。

第一，企业的年度经营效益。如果企业当年盈利未达预期或面临财务困境，即使员工个人绩效表现再出色，其年终奖也可能受到影响，甚至可能不发放。

第二，部门的整体绩效表现。如果部门整体业绩不佳，即使员工个人绩效表现再出色，其年终奖也可能受到影响，甚至可能不发放。

第三，企业的薪酬策略、企业文化。有些企业可能更倾向于将奖金与员工的长期贡献和发展潜力挂钩，而不是仅参考短期绩效表现。

在个人贡献与企业战略的契合度方面，员工的绩效表现不仅要好，还要与企业的战略目标和长远发展紧密相关。如果员工的工作成果能够显著推动企业战略的实现，那么其获得年终奖的可能性会更大，且金额会更高。

为确保员工对年终奖的期望与企业实际情况相匹配，企业应建立透明、公正的年终奖评定机制，并与员工充分沟通。总之，员工平时绩效考核得分高是获得年终奖的重要条件，但非唯一决定因素。李部长，您看我这样说能解答您的疑惑吗？

战略发展部李部长：您这么一解释，我清楚多了，年终奖发放是综合考量的结果，需要平衡个人贡献、部门绩效、企业效益、政策薪酬策略、企业文化等多方面因素。

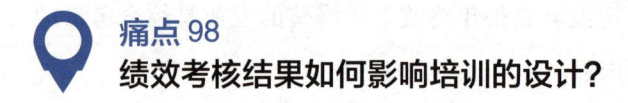

痛点 98
绩效考核结果如何影响培训的设计？

人力资源部刘部长：张老师，您前面讲了绩效考核结果的九大应用，具体应用到培训时要怎么实施呢？

张老师：根据 PDCA 循环模型，我们总结了四个步骤。

第一步，识别短板。借助绩效考核数据，企业能够发现员工在技能、知识或能力方面存在的短板，以及与企业战略目标不符之处。比如，企业生产效率低可能是员工技能不足或企业管理流程不完善的问题；客户满意度下降可能与员工服务态度或对新产品性能的了解程度有关。

第二步，制订计划。企业需要制订年度培训计划，涵盖培训内容、方式、时间、地点、预算与预期效果等。培训内容依据短板分析确定，方式可采用线上学习、线下讲座、实践操作等；培训时间和地点要考虑员工实际与工作安排，确保计划的可行性；在培训中要运用现代化教学与技术手段，增强培训效果，提高员工的参与度。

第三步，评估反馈。企业需通过评估发现培训过程中的问题并及时改进，对培训计划持续优化调整。评估通过课前测试、课后作业、实践考核等方式进行；反馈通过员工反馈、讲师评价、管理层审核等方式进行。

第四步，跟进调整。企业在执行培训计划时，需要结合企业实际与员工反馈跟进调整。如某些培训内容复杂、难掌握，则可简化调整；如某些培训方式效果差或员工参与度低，则可引入新教学方式与技术手段。企业需不断补齐员工短板，确保培训计划与企业需求和发展方向一致，帮助员工提升素质能力，适应工作需求。

人力资源部刘部长：我记住了。

痛点 99
绩效考核结果如何影响员工的岗位？

市场部肖经理：张老师，您能具体讲讲绩效考核结果对于岗位的影响吗？是不是可以根据绩效考核结果调岗呀？

张老师：优秀的绩效表现是员工晋升和岗位调整的重要依据。以宏图为例，假设绩效等级分为 A（优秀）、B（良好）、C（合格）、D（不合格）四个等级。对于绩效等级为 A 的员工，企业应优先考虑对其进行岗位的调整，将他们安排到更具挑战性和更高价值的工作岗位上，这样能更好地发挥他们的潜力，为企业创造更大的价值。

对于绩效等级较低的员工，是不是就要将其调整到价值较低的岗位上呢？并不是这样。企业要多为这些员工提供机会。对于月度或季度绩效等级连续两次及以上为 D 等级，或年度绩效等级连续两年为 C 等级的员工，企业要通过面谈的方式帮其找到绩效不佳的原因，并提供培训，或进行岗位调整，将员工放在合适的位置以提高工作表现。对绩效等级为 C 或 D 的员工进行岗位调整时，要依据企业实际情况确定。岗位调整既对企业有益，也为员工提供了职业发展机会，让员工接触不同领域、提升能力技能，且岗变薪变，还能激发员工工作积极性。

市场部肖经理：明白了，根据绩效的情况进行岗位的调整，不论是企业还是员工都会受益！

痛点 100
绩效考核结果如何影响员工职级？

战略发展部李部长：张老师，请您详细讲讲绩效考核结果对职级的影响，员工们非常关心这个问题。

张老师：绩效考核结果对职级的影响体现在晋升与降级两方面。这里要注意一点，绩效考核结果只是影响员工晋升的参考条件之一，除此以外，学历、相关岗位工作经验、资质、能力等可能也会作为职级晋升的参考条件（见表33）。

表 33　　　　　　　　　职级晋升标准示例

基本条件			绩效成绩及评价	专业技能	参考项
学历	相关岗位工作经验	工龄 岗位所需职业资格、职称等 ……	最近一年的绩效考核成绩	用人部门进行专业技能测试或评价	一票否决项

此外，员工还要经过职级评定答辩，由评委测评是否满足岗位的任职资格标准，才能晋升。企业可以成立职级评定委员会，由企业主要领导（如总经理等）作为委员会的主任，由职级管理相关管理部门的负责人（如人力资源部部长、组织管理岗）作为组员，考核晋升候选人的能力，如创新能力、责任心、成就导向、分析能力、沟通能力、学习能力及团队合作等。当然，对于管理序列的员工还要增加以下三个维度的内容：人才培养、变革心态及组织协调能力。表 34 为其中创新能力维度的行为描述及赋分规则示例。

表 34　创新能力维度的行为描述及赋分规则示例

评价类别	行为描述	分数	
		分值	评分
创新能力（5分）	只是加深本职工作的深度，只对本职工作有影响	1	
	对本职工作的纵深开发和横向联系进行优化	2	
	提出新的观点和独特的想法，发现相关性不强的概念间的关联，在头脑风暴中让人看到原创的、能增值的观点和想法	3	
	敏锐洞察商机，发掘可利用资源，为企业业务提供增长的新选择	4	
	使用全新的方法整合市场资源，创造出全新的市场机会，引导企业发展	5	

绩效考核结果不佳的员工，比如员工连续两年的年度绩效考核为 C 等级或 D 等级，企业有权降低员工的职级，而且应在绩效管理制度中明确规定。职级晋升是一种激励员工改进工作表现的机制，也是确保企业整体绩效和竞争力的重要措施。假如员工已经处于最低岗位职级，企业有权对其进行岗位调整或培训，当然，这一决策应基于公正和透明的评估过程。

战略发展部李部长：张老师，我听明白了！

痛点 101
绩效考核结果如何影响薪酬调整？

财务部钱部长：张老师，绩效考核结果是如何与薪酬调整挂钩的？

张老师：绩效考核结果是员工调薪的重要依据。如果企业采用宽带薪酬体系，则绩效考核结果主要体现在对薪档的影响上。在企业薪酬制度或绩效制度中，关于绩效与薪档的调整都应该有明确的规定。以表35为例，我们可以看到，对于年度绩效等级为A的员工，其薪档可以晋升1档。

表35　　　　　　　　绩效调薪规则示例一

人员类别	薪档调整
年度绩效等级为A	晋升1档
年度绩效等级为B、C	薪档不变
年度绩效等级为D	降低1档

当然，不同企业给予员工薪酬调整的预算各异，当满足调薪条件的人员较多时，也会择优选取一定比例的员工进行调薪，具体规则可由企业领导层确定。在我们众多的咨询案例中，经常出现这样一种情况：绩效等级为A（优秀）的员工数量有限，大部分员工的绩效等级为B（良好），那么这部分B等级的员工会不会一直没有调薪的机会？因此，我们对上述规则做了一定的优化调整，具体可参考表36。

表36　　　　　　　　绩效调薪规则示例二

人员类别	薪档调整
年度绩效等级为A 或连续两年年度绩效等级为B	优先获得次年晋升1档的资格
年度绩效等级为B、C	薪档不变
年度绩效等级为D	降低1档

表37是企业的薪档调节示例（月度）。假如员工的职级为2级，所处薪档为4档，则薪酬标准为3290元/月。倘若员工年度绩效等级为A，且企业预算充足，则企业可为所有A等级员工的薪档晋升1档，员工的月度薪酬标准就会从当前4档的3290元/月提高到5档

的 3410 元/月。假如员工年度绩效等级为 D，那么薪档就会从当前 4 档的 3290 元/月降至 3 档的 3190 元/月。

表 37　　　　　　　薪档调节示例（月度）　　　　（单位：元/月）

职级	1 档	2 档	3 档	4 档	5 档	6 档	7 档
6 级	5490	5650	5820	5990	6200	6420	6640
5 级	5370	5530	5700	5870	6080	6290	6510
4 级	4840	4990	5140	5290	5480	5670	5870
3 级	4750	4890	5040	5190	5370	5560	5750
2 级	3010	3100	3190	3290	3410	3530	3650
1 级	2560	2640	2720	2800	2900	3000	3110

财务部钱部长：张老师，这张图真的是清晰明了，我现在懂了！

痛点 102
绩效考核结果如何影响员工的中长期激励？

财务部钱部长：张老师，关于绩效考核结果如何影响年终奖金及长期激励，这里能再展开讲一下吗？

张老师：关于年终奖，之前我已讲过，即便一名员工的绩效表现非常出色，也不一定会拿到年终奖，因为年终奖与企业年度经营业绩目标的完成情况相关。所以，企业可依据实际状况决定年终奖发放与否及发放标准。倘若企业决定给员工发放年终奖，年终奖发放的基数是多少呢？可通过以下几种不同的方式确定。

第一种，员工年终奖基数为月薪标准的倍数，如常说的 13 薪、14 薪等。年终奖发放与员工岗位、职级及企业经营效益挂钩。如

表38所示，若企业今年的经营绩效得分为80分，则部门正副职及以上管理人员的年终奖基数发放倍数为0.5倍月薪标准，普通员工年终奖基数发放倍数为0.8倍月薪标准。大家可能有疑惑，为何企业效益好时管理人员的年终奖比普通员工高，效益不好时却比普通员工低？主要是因为管理人员通常承担了更大的责任和风险。企业效益好时，管理人员的决策和管理对业绩提升作用显著，应获得更高的奖励；效益不佳时，管理人员的管理决策可能有问题或不足，需承担更多责任，所以年终奖相对较低。这促使管理人员在日常工作中更加谨慎积极地做出有利于企业发展的决策。

表38　　　　　　　　年终奖基数发放倍数示例

企业经营绩效	年终奖基数发放倍数	
	管理人员（部门正副职及以上）	普通员工
得分≥90分	3	2
85分≤得分<90分	2	1
75分≤得分<85分	0.5	0.8
得分<75分	0	0.5

第二种，员工的年终奖基数是从员工的薪酬标准中按照一定比例预留出来的。例如，员工的年度薪酬标准为10万元，按照固定浮动比例，固定工资占比70%，月度绩效工资占比20%，年终奖占比10%，那么员工年终奖的基数为1万元。

计算年终奖时，员工的年度绩效系数极为重要，有时还与所在组织的绩效系数挂钩。以部门副职为例：

部门副职年终奖＝个人年终奖基数×（个人年度绩效系数×70%＋部门年度绩效系数×30%）

年终奖与绩效系数的挂钩比例依企业实际情况进行调整。除绩效系数，企业经营系数也很常用，用于依据企业实际经营效益调控年终奖"总盘子"。企业效益好时，可用经营系数扩大年终奖"总盘子"，加强员工激励；企业效益差时，可用经营系数控制年终奖总支出成本。

财务部钱部长：张老师，绩效考核结果与年终奖的关系我明白了，您能再讲讲股权激励吗？

张老师：股权激励是很有效的员工激励手段，许多知名企业都在用。除员工职级、薪酬水平、工作年限等因素能影响股权分配比例，个人绩效结果也是影响因素之一。只有激励对象达到企业要求后，企业才会授予其股权。当然，行权条件也一样，除激励对象资格要符合要求，企业主体资格也须符合要求。

财务部钱部长：我明白了，这里学问真多！

痛点 103
绩效考核结果对企业的经营改善有哪些帮助？

战略发展部李部长：张老师，绩效考核结果对于企业的经营改善主要体现在哪些方面？

张老师：绩效考核结果可以用于经营检视，发现企业经营管理中的不足和问题，总结成功经验，帮助企业评估和改进整体业务表现。示例如下。

（1）分析考核结果。分析企业与各部门、员工的绩效考核结果，了解绩效表现，包括整体目标达成情况、各单项指标达成情况等，注意绩效差异与问题挑战，进行根本原因分析。

（2）确立关键绩效指标。依据考核结果确定 KPI，与企业战略目标和核心业务相连，提供全面、准确的绩效数据。

（3）确定优秀因素。从考核结果中识别优秀表现因素和成功实践，总结经验并推广。

（4）发现问题与机会。考核结果揭示了问题与机会，如识别业务瓶颈、低效率环节与影响客户满意度问题，可将其视为改进机会并制订行动计划，促进企业发展。

（5）制定改进措施。基于考核结果，分析、制定改进措施，包括流程改进、设备投资、员工培训等，从而提升绩效与效率。

（6）经营检视评估。定期进行经营检视，评估改进措施实施情况与效果，比对考核结果，确定措施有效性并调整优化。

（7）持续改进迭代。经营检视是持续循环过程，根据业务环境和绩效数据更新指标与措施，持续改进迭代是保持竞争力与可持续发展的关键。

通过将绩效考核结果应用于经营检视，企业可以更全面地了解和管理业务表现，发现问题和机会，并制定相应的改进措施。这将有助于提升企业整体业务绩效并实现可持续发展，达成企业战略发展目标。

战略发展部李部长：看来绩效管理对企业经营的作用太重要了！

痛点 104
绩效考核结果如何影响招聘？

人力资源部刘部长：张老师，绩效考核结果对于招聘的影响是什么呢？

张老师：我们通过招聘的关键步骤一起来分析一下。

第一步，岗位需求分析。绩效考核结果可帮助企业识别表现不佳的部门或岗位员工，提醒用人部门与人力资源部门提前通过内部岗位调整或招聘新员工做好人员配置工作。

第二步，招聘标准制定。分析绩效考核结果能更好地理解岗位要求与履职所需能力，利于撰写准确的岗位职责描述，且绩效考核结果展示了高绩效员工应具备的特征，招聘团队可据此确定更精准的招聘标准，助力选拔合适的候选人。

第三步，面试与评估。面试评估候选人时，可将高绩效员工的绩效指标作为依据，减少看走眼的情况，提高招聘效率。这也是确定新员工薪酬水平的依据，对比候选人与现有人员可确定薪酬水平。

第四步，招聘渠道拓展。高绩效员工对企业认可度高，愿意推荐优秀人才，内部推荐是有效的招聘渠道，能节省成本、提高质量，招聘的员工稳定性也较高。

第五步，新员工入职培训。绩效考核结果可为人力资源部准备新员工入职培训内容提供参考，基于绩效考核结果的培训规划将提高培训的针对性与有效性，帮助新员工快速适应岗位、融入企业。

人力资源部刘部长： 我要回去好好研究一下，争取把绩效考核结果用于员工招聘工作中。

痛点 105
绩效考核结果如何影响员工的任职资格？

行政部王部长： 张老师，绩效考核结果对任职资格有什么样的影响呢？

张老师：王部长，今天我们用两个形象的比喻"搭梯子、做尺子"来看一下什么是任职资格，以及绩效结果对员工任职资格的影响。

（1）"搭梯子"——职业发展通道设计。

在明确岗位核心职责、技能要求、工作性质等条件的基础上，设计职级体系，如专员、高级专员、主管、高级主管、经理、高级经理、专家。确定职级后，可对绩效表现优秀的员工进行提拔晋升。比如一名专员的年度绩效等级为 A，同时还满足其他晋升条件，可晋升至高级专员级别。当然，表现特别优秀的员工还有跨级晋升的机会。

（2）"做尺子"——任职资格标准设计。

任职资格标准明确了岗位所需人员的基本条件、绩效要求、行为准则、核心能力与品质素养等。绩效考核结果在这方面作用很大，企业可对照岗位绩效表现优秀的员工的行为标准来确定任职资格标准，这能够直接反映胜任该岗位的员工所应该具备的能力、工作方法与态度等。以风险管理岗收集风险信息职责为例，该岗位主管级的绩效考核结果为优，工作时能对信息进行收集和分类，还能将信息整合为案例库。据此，可确定二级行为准则，并以此为基准，提高标准形成三级、四级行为准则，也可降低标准形成一级行为准则（见表39）。

表 39　　　　　　　　行为准则分级描述示例

工作职责	行为准则			
	一级	二级	三级	四级
收集风险管理初始信息，汇编国内外上市企业风控管理正反面案例库	根据企业的风险管理需求，对相关信息进行收集、整理、初筛和分类	对收集到的信息进行整合，并形成案例库	对案例进行深入分析和评估，提出对企业风险管理工作的启示和建议	以案例库为基础，开展风险管理培训和宣传工作，增强企业风险意识和水平

行政部王部长：我记住了。

痛点 106
绩效考核结果如何影响评优评先？

纪检监察部严部长：张老师，我们部门正在根据企业的要求进行优秀员工的推荐与评选工作，之前您讲过评优评先可以参考绩效考核结果，请问具体怎么应用呢？

张老师：绩效考核结果是评优评先的重要参考依据，它决定员工是否有评优评先的资格。

首先，对于那些年度绩效等级为 S 或 A 的员工，他们应该优先享有评优评先的资格，这不仅是对他们一年来优秀工作表现的认可，也是激励他们继续努力的方式。

其次，我们不能仅看年度绩效得分或等级，还需关注平时的绩效考核结果。若平时考核采取强制分布法，为避免"轮流坐庄"，需明确平时绩效等级为 S 或 A 的人员占比。依据企业的实际情况，可规定若员工全年有 1 次及以上平时绩效考核分数低于底线值（如 80

分），则不能参与年度评优评先。特殊情况下，如整个部门或团队考核分数不佳，可适当放宽条件。另外，在评优评先时，企业可根据实际决定是否采用360评估的方式，以确保评优评先的公平性和严肃性，只有持续表现优秀的员工才能获此荣誉。刚刚提及的80分底线值需根据企业实际进行调整，若评优评先名额有限、企业要求严格，可调整为85分或90分。

最后，需确保评选过程公正透明。企业要制定明确的评选标准与流程，并向员工公开，使员工能知悉评选依据及结果。此外，企业应设立评优评先小组，确保评选活动的正规性、公平性。如此，员工才会更信任企业及评优评先活动，认为其公平且值得争取。

纪检监察部严部长： 我明白了。

痛点 107
绩效考核结果可以应用在福利上吗？

市场部肖经理： 张老师，我知道绩效考核结果会影响员工的薪酬，而福利是薪酬的补充形式，是为了吸引人才或稳定员工而采取的措施，比如说我们的福利、带薪休假，基本上对于所有员工来说都是一样的，这个也会因为绩效考核结果的差异而有所不同吗？

张老师： 企业的基础福利具有普惠性质，有固定的标准，但企业可以为绩优员工提供一些补充福利作为额外激励。

第一，实行弹性福利计划。如今，很多企业都制订了弹性福利计划，将员工绩效考核结果与福利挂钩，员工以绩效分数或等级兑换积分，再凭积分选择福利项目，如120分可兑换年度健身卡，100分可兑换半年瑜伽课等。绩效等级A对应100积分，绩效等级B对应 80 积分，绩效等级越低，积分越少。如此将绩效与福利挂钩，则绩效等级为 A 的员工的积分更多，选择权也更多，这样可使福利差异化，向绩优者倾斜。

第二，提供额外假期和福利津贴。根据员工的绩效考核结果，企业可以为其增加额外的假期和福利津贴。例如，企业可给予优秀员工更多的年假天数、病假天数或健康保险等。这些额外的福利措施可以让员工感受到企业的关怀和认可，增强员工的归属感和忠诚度。

第三，获得员工认可。将绩效考核结果与员工荣誉挂钩，如评优评先等，这种精神上的鼓励不仅能鞭策员工保持高绩效，还能激发其他员工比学赶超的动力。

第四，提供培训和发展机会。对于表现优秀的员工，企业可为其提供更多的培训和发展机会，帮助其提升能力和职业素养。这些培训和发展机会不仅有助于员工的个人成长，还可以为企业储备更多的人才。

第五，提供个性化福利。企业可以根据员工的绩效考核结果提供额外的福利，如为绩效表现优异的员工提供旅游的机会。

市场部肖经理：这样来看，绩优员工可以获得更多的福利呀！太好了，这样大家的干劲儿就更足了！

痛点 108
如何结合绩效考核结果开展人才盘点？

人力资源部刘部长：领导交代我一年要做一次人才盘点，我正在研究具体该怎么做。张老师，您能给我讲讲人才盘点怎样关联绩效考核结果吗?

张老师：人才盘点是人力资源管理中一项非常重要的工作，企业可以通过人才盘点对人才队伍现状进行有效的判断。常规的整体盘点一般会盘点人才队伍的规模、人工成本、人员结构（包括年龄、学历、专业等方面）、人才质量（如专业技能水平、综合素质等），那么进一步的细致盘点则可以采用人才盘点九宫格模型（见图39）。在九宫格模型的坐标系中，横轴代表员工的潜力，纵轴代表员工的绩效表现。潜力的测评一般需要通过行为事件访谈法（BEI）等构建人才胜任力模型，再用360评估等方法进行测评；对绩效表现的评价则依据绩效考核的成绩。我们可根据这两个人才评价维度，将坐标系分为9个格子，不同格子对应的人才特点以及处理方法都不尽相同。

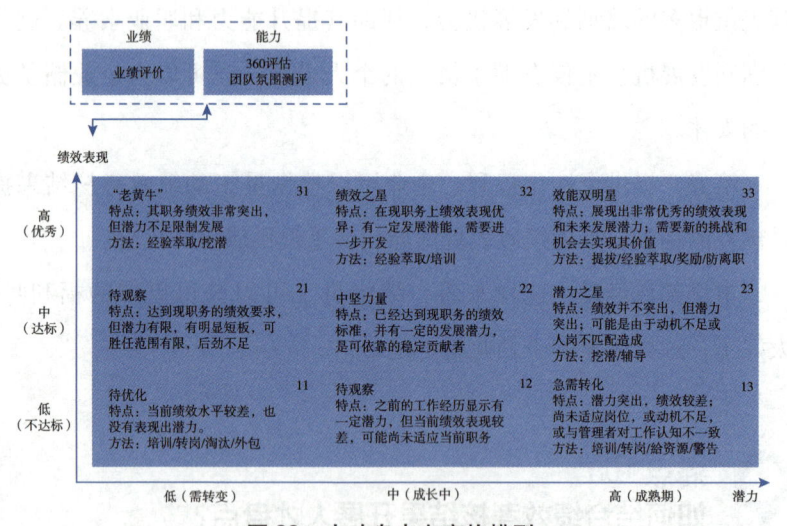

	低（需转变）	中（成长中）	高（成熟期）潜力
高（优秀）	"老黄牛" 31 特点：其职务绩效非常突出，但潜力不足限制发展 方法：经验萃取/挖潜	绩效之星 特点：在现职务上绩效表现优异；有一定发展潜能，需要进一步开发 方法：经验萃取/培训	效能双明星 33 特点：展现出非常优秀的绩效表现和未来发展潜力；需要新的挑战和机会去实现其价值 方法：提拔/经验萃取/奖励/防离职
中（达标）	待观察 特点：达到现职务的绩效要求，但潜力有限，有明显短板，可胜任范围有限，后劲不足	中坚力量 21 特点：已经达到现职务的绩效标准，并有一定的发展潜力，是可依靠的稳定贡献者	潜力之星 23 特点：绩效并不突出，但潜力突出；可能是由于动机不足或人岗不匹配造成 方法：挖潜/辅导
低（不达标）	待优化 特点：当前绩效水平较差，也没有表现出潜力 方法：培训/转岗/淘汰/外包	待观察 11 特点：之前的工作经历显示有一定潜力，但当前绩效表现较差，可能尚未适应当前职务	急需转化 13 特点：潜力突出，绩效较差；尚未适应岗位，或动机不足，或与管理者对工作认知不一致 方法：培训/转岗/给资源/警告

绩效表现

业绩 — 业绩评价
能力 — 360评估 团队氛围测评

图39 人才盘点九宫格模型

人力资源部刘部长：张老师，您讲得太清楚了，对我们人才盘点工作帮助很大！

痛点 109
如何对待绩效考核不合格的员工？

行政部王部长：张老师，绩效考核结果有好就有差，我特别关心对于绩效考核不合格的员工到底该怎么处理。我个人建议对待他们的政策还是宽松一些，您怎么看？

张老师：企业对于绩效考核不合格员工的管理不能过于宽松。首先，应该严格按制度执行，表现极差的员工拿不到绩效奖金，而且这不仅影响绩效奖金，还波及年终奖、专项奖、评优评先等。此外，绩效考核不合格对他们的岗位、职级、调薪也有重大影响，如可能调岗到低价值岗位、降低职级、调低薪档等。另外，企业要通过绩效面谈的方式深挖其绩效差的根源。若是能力问题，可通过培训帮助其提升；若培训后仍无改善，可采取降级、降薪、调岗等措施，必要时放弃，企业资源有限，不能在无法提升绩效的员工身上过度投入。当然，如果导致绩效考核不合格的问题是原则性的，企业应果断放弃继续聘用该员工，否则会破坏企业的工作氛围和团队凝聚力，影响其他员工的积极性，阻碍企业正常运转和长远发展。

行政部王部长：看来绩效不好是不能心慈手软的，否则对整个企业都不利。

痛点 110
如何通过绩效管理解决"薪酬倒挂"现象？

人力资源部刘部长：张老师，最近我们企业出现了一些"薪酬倒挂"的情况，比如新入职的小李比在同岗位工作多年的老张的薪酬高不少，老张的工作积极性受到了影响，您看怎么通过绩效管理来解决这种问题呀？

张老师：咱们先来了解一下什么是"薪酬倒挂"。"薪酬倒挂"是指新入职员工的薪酬水平高于同岗位和职级老员工薪酬水平的现象，这里的关键是岗位和职级相同的情况下，才能谈"薪酬倒挂"。

产生这种现象的原因主要有以下几点：一是市场薪酬水平快速上涨，新招聘员工时不得不按照当前市场价格定薪，否则招不到人；二是未及时给老员工调薪，这是调薪机制存在问题；三是新员工确实能力过人或具备某些企业紧缺的技能、素质或学历等。

那么如何用绩效管理来解决这样的问题呢？第一，建立完善、客观、公正的绩效管理体系，用以评估员工的真实贡献，使员工的绩效表现与当期收入、调薪调级紧密关联，如依据员工绩效表现确定薪酬调整幅度；第二，及时为能力强、绩效表现突出的老员工调级调薪，同时为新员工设置合理的绩效门槛，避免新员工在无相应业绩支撑下享受过高的薪酬；第三，加大对绩优老员工的激励力度，运用股权激励等中长期激励手段，使他们感受到企业的重视与认可。

以上是通过绩效管理改善"薪酬倒挂"现象的一些方法。除此以外，咱们还要定期进行外部薪酬调研，避免企业的薪酬体系与市场脱节，同时要加强与老员工的沟通，了解他们的诉求。

人力资源部刘部长：张老师，我心里有底了！

◎ 基础夯实 ◎

一、绩效考核结果与职位

1. 绩效考核结果是员工职级评定与晋升的重要依据

企业若无基于绩效评价的晋升机制,则会降低员工积极性、创造力和执行力,进一步影响员工的满意度与离职率。员工晋升通常有以下三个前提条件。

(1)企业发展需要。随着企业的发展,会产生对高职级、高能力人才的新需求,从而产生高职级岗位需求。若企业发展、组织与岗位设置中不需要高级职位,员工则无晋升相应职位的机会。

(2)员工具备任职资格条件。达到拟晋升岗位职级的任职资格条件和要求是员工晋升的必要条件,员工只有具备相应的专业知识、技能与综合能力,才能在该职级岗位发挥价值。

(3)员工绩效考核达标。过往的绩效考核结果是企业提拔员工的重要参考,若企业提拔绩效考核不合格员工,即使其能力再出色,也会让其他员工对企业有一定的误解,降低对企业的信任度。

当员工绩效与能力达标且企业有职位需求时,更可能获得晋升。举例来说,有企业为激励员工制定了员工晋升标准(见表40),满足条件者可优先获得晋升资格,然后依据企业晋升选拔的有关要求参加晋升职级评定,最后企业根据晋升职级评定的成绩排名择优确定晋升人员。

表 40　　　　　　　　员工晋升标准示例

职级	相关工作经验	年度学习课时	当年绩效等级	360 评估
部门经理	6 年及以上	学习 30 课时	优秀	90 分及以上
部门副经理	5 年及以上	学习 30 课时	优秀	90 分及以上
高级主管	3 年及以上	学习 40 课时	优秀	90 分及以上
主管	2 年及以上	学习 40 课时	优秀	90 分及以上
专员	—	—	—	—

注：(1) 岗位经验指从事本岗位的相关经验，新招聘人员之前的岗位经验可作累计计算。

(2) 已任职级的保级条件为年度绩效等级为 B（良好）及以上。

2. 绩效与人才盘点

员工晋升与否需要看员工绩效表现和能力是否双达标，这就是人才盘点的两个维度。人才盘点九宫格模型将绩效表现和潜力分别分成三个等级，形成九宫格。可根据绩效表现和潜力确定人才在九宫格中的位置，并阅读人员任用建议。

二、绩效结果与薪酬

1. 绩效与薪酬的关系

华为倡导的价值管理体系包含价值创造、价值评价和价值分配三部分。价值创造是指"做大蛋糕"，保障价值分配的物质基础；价值评价是指通过考核评价"论功"，为价值分配提供依据；价值分配是指"分蛋糕"，通过奖金发放、薪酬调整和职级晋升等形式"行赏"，以激励员工，促使"蛋糕"进一步做大。由此可见，华为的绩效评价作为"论功"手段，在薪酬管理体系中具有重要作用。

"切蛋糕"需公平合理，公平源于比较。亚当斯的公平理论指出，员工对薪酬的认可，既关心所得报酬绝对量，也关心相对量，相对量来自横向（与他人劳动付出与所得比率比较）和纵向（与自己过去劳动付出与所得比率比较）比较，输入与输出比率与过去的自己和现在的别人相当时，员工才有公平感。

薪酬公平表现为对内公平、对外有竞争力、对员工合理。实现内部公平，企业薪酬体系要"比价值、比能力、比绩效"，即按岗位、能力、业绩付酬；实现外部公平，企业薪酬体系要保证其薪酬水平相对其他企业有优势。

绩效考核不公平会导致价值分配不合理，使组织中偷懒者增多、贡献者减少，陷入恶性循环。公平的绩效考核与合理的价值分配，会使组织价值分配向创造价值人员倾斜，激发其积极性，让贡献者增多、偷懒者和打工者减少，走向良性循环。

2. 薪酬构成及其与绩效的关联关系

在人力资源管理中，绩效管理与薪酬管理相互作用、相辅相成，均是调动员工积极性的重要方法。

绩效管理是人力资源管理的难点，能够影响薪酬管理效能，而薪酬管理是人力资源管理活动成败的关键，也是员工的敏感环节。一方面，绩效管理是薪酬管理的基础，科学的绩效管理体系是薪酬管理的依据，绩效考核结果可用于定薪调薪、绩效工资核算、奖金分配与调岗等，有利于建立科学的薪酬结构，而将绩效考核结果与薪酬挂钩，能确保薪酬管理的公平性、科学性和有效性，简化薪酬方案设计，降低成本，提高运行效率。另一方面，企业要及时给予员工基于绩效考核结果的薪酬奖励，能引导员工的工作行为，确保企业与员工的目标一致，提高员工积极性，从而提升绩效。

企业只有将薪酬与绩效考核结果相关联，才能发挥绩效管理的作用。鉴于两者密切相关，企业进行薪酬与绩效管理时，应考虑联系、避免冲突，确保二者相辅相成，发挥协同作用。

在设计薪酬机制时，企业需明确激励导向，薪酬应向为企业创造绩效价值高的部门及岗位倾斜。对企业业绩贡献大、创造价值高的部门，其员工薪酬原则上高于职能保障部门员工的薪酬，如技术部门、市场部门等。而在其部门内部，薪酬应体现不同岗位对组织绩效贡献的价值差异，核心岗的薪酬水平应高于保障岗。在同类岗位的不同员工中，业绩优秀的员工的薪酬水平应高于业绩差的员工，绩效导致的薪酬差异可以体现在日常绩效工资、年终奖金分配等方面。企业应优先提拔业绩优秀的员工，使其获得更高的职级，对应获得更高的薪酬水平。

企业的薪酬构成不外乎基本工资、岗位工资、月度（或季度）绩效工资、年度绩效工资（或年终奖）、销售提成、专项奖、中长期激励、加班费、津补贴与福利等，具体如表41所示。

表41　　　　　　　　　　薪酬构成示例

薪酬构成部分	说明或计算公式	发放对象
基本工资	每月固定标准，与员工的出勤率挂钩	全员
岗位工资	岗位工资=月度薪酬标准×固定部分比例-基本工资 每月固定标准，与员工的岗位价值、职级及出勤率挂钩	全员
月度（或季度）绩效工资	月度（或季度）绩效工资=员工月度（或季度）绩效工资基数×员工月度（或季度）考核系数	非销售人员
年度绩效工资（或年终奖）	年度绩效工资=员工年度绩效工资基数×员工年度考核系数×企业年度经营系数	
销售提成	销售提成=销售额（或回款额）×提成比例	销售人员

续　表

薪酬构成部分	说明或计算公式	发放对象
专项奖	为激励优秀人才、表彰先进、树立典型、鼓励员工持续为企业发展作出努力和贡献而设置的专项奖励	特殊贡献人员
中长期激励	包括股权激励、任期激励、项目跟投、超额利润分享等，激励对象和标准同员工与企业业绩挂钩	中高层和核心骨干人员
加班费	加班费＝加班费标准×加班时长，加班费标准按照国家标准和企业规章制度确定	加班人员
津补贴及福利	根据国家相关法律法规和企业有关规定执行	全员或部分特殊人员

从表 41 可以看出，基本工资、岗位工资、加班费、津补贴及福利，同员工业绩和绩效考核结果的关联度较小。月度（或季度）绩效工资、年度绩效工资（或年终奖）、销售提成、专项奖和中长期激励，与员工和企业业绩密切相关，绩效考核结果直接或间接应用于这些薪酬构成项目的核算中，因此，绩效考核结果是薪酬分配的重要依据。

3. 绩效与薪酬调整

（1）绩效调薪。

企业可根据员工的年度绩效考核结果对员工薪酬标准进行调整。当满足调薪条件的员工较多，有可能导致工资总额超支时，企业可设定调薪比例，按一事一议的原则，具体调整办法可以由薪酬管理机构（如薪酬与考核委员会、人力资源部）提出，由企业的决策机构（如总经理办公会）研究决定。

（2）岗位变动调薪。

若员工的岗位发生改变时，应按照"岗变薪变"的原则，薪酬需要进行相应的调整，在"就近"套档、平稳过渡的基础上，参考绩效考核结果，可以很快确定员工岗位变动后的薪酬水平。如上一季度的绩效考核无等级 C 或 D，则可按"岗变薪变""职级确定薪级""就近就高"的原则确定薪档；如上一季度的绩效考核等级有 2 个 C 或 1 个 D，则可按"岗变薪变""职级确定薪级""就近就低"的原则确定薪档。

三、绩效考核结果与股权激励

1. 绩效在股权激励中的作用

股权激励是对员工进行长期激励的主要方法之一，旨在将员工利益与企业利益进行捆绑，形成利益共同体。员工以股东身份参与企业决策、利润分享、风险承担，使其产生企业"主人翁"的意识与态度，这有利于吸引和保留核心员工，并充分调动员工的工作积极性。

在使用股权激励时，企业需要掌握股权激励方案的设计原则、实施方法等，股权激励中需要用到绩效考核结果，如何将股权激励方案与绩效考核结果对接，是股权激励方案设计的重点之一。绩效考核结果在股权激励中发挥的作用主要体现在确定股权激励的对象和确定行权条件两个方面。

《上市公司股权激励管理办法》明确规定，上市公司应当设立激励对象获授权益、行使权益的条件。拟分次授出权益的，应当就每次激励对象获授权益分别设立条件；分期行权的，应当就每次激励对象行使权益分别设立条件。激励对象为董事、高级管理人员的，上市公司应当设立绩效考核指标作为激励对象行使权益的条件。绩效考核指标应当包括公司业绩指标和激励对象个人绩效指标。

（1）确定股权激励对象。绩效是员工成为激励对象的重要条件，通常企业会要求激励对象近一年或几年的年度绩效水平至少在 B 等级以上。通过绩效考核，企业管理层或决策者可以选定合适的激励对象，并及时掌握激励对象在不同阶段的工作状态。

（2）确定行权条件。绩效考核在股权激励中的价值还在于判断激励对象是否符合行权条件或者获得（出售）股票的条件，股票期权或限制性股票都会将企业业绩和个人绩效考核结果作为行权条件。

2. 股权激励业绩考核指标

股权激励方案中，业绩考核指标及其权重设置的科学合理性直接关系着股权激励能否真正发挥激励约束的作用。股权激励方案中的业绩考核指标需与企业的战略指标一致，需具有客观性和公正性。业绩考核指标的种类很多，按照不同的分类标准可以分成不同的类别，具体如下。

（1）盈利能力指标。反映企业盈利能力的指标，主要包括营业利润率、净资产收益率、经济增值（EVA）和每股收益等。

（2）营运能力指标。反映企业资产运用、循环效率高低的指标，主要包括销售额、营业收入、市场占有率、总资产周转率、存货周转率和应收账款周转率等。

（3）偿债能力指标。反映企业偿债能力的指标，主要包括流动比率、速动比率和现金流动负债比率等。

四、绩效考核结果的其他应用

1. 绩效考核结果用于评优评先

为表扬先进，发挥榜样作用，企业每年可以组织开展评优评先活动，评选优秀部门和员工，给予其物质和荣誉激励。部门和员工的季度与年度绩效考核结果可以作为评优评先的重要参考依据。例如，企业可在评优评先方案中规定：年度绩效等级为 A 的部门，拥有优先评选优秀部门的资格；年度绩效等级为 A 的员工，拥有优先评选先进员工的资格。全年月度（季度）绩效考核有两次及以上等级为 D 或年度绩效等级为 D 的部门和员工，不能参加年度评优评先活动。

2. 绩效考核结果用于员工培训

绩效考核结果可为开展培训的需求分析提供信息，能反映员工的工作表现，管理者可依此确定培训重点与内容，制订针对性的培训计划，提高员工的能力素质和绩效表现。

各部门可依据员工考核结果，分析员工业绩与能力，了解他们的优点和改进方向，制订部门年度培训计划并报给人力资源部。人力资源部根据总体考核结果制订企业年度培训计划，然后开发培训资源，组织安排员工参加形式多样的培训。接着，人力资源部会定期跟踪评估培训进展与员工绩效改善情况，判断培训有效性并进行调整，提高培训质量效果。

将绩效考核结果与员工培训结合，有助于员工解决问题、提升能力表现，提高团队和组织的绩效水平。

3. 绩效考核结果用于积分兑换年假和礼物等

绩效考核结果可以通过积分的方式，用于假期、礼品等企业福利的兑换，以提升绩效优秀员工的获得感，提升绩效的激励作用。

例如，月度绩效等级可以兑换福利积分，月度绩效等级 A 可兑换 10 分，等级 B 可兑换 8 分，等级 C 可兑换 6 分。得分为 80 分及以上方有资格兑换福利项目。年度福利积分（总分 120 分，最低分 72 分）可兑换以下奖励，示例如表 42 所示。

表 42　　　　　　　绩效积分兑换福利规则示例

兑换积分	兑换福利
110 分	带薪假期 5 天
90 分	带薪假期 3 天
80 分	专项培训 1 次（外派）

次年 3 月统一兑换上年度积分，积分可组合使用，但不可跨财年累计，也不能赠送和转让。如员工工作中出现否决项，则不可享受积分兑换。企业可根据实际需要，变更可兑换的福利项目。

◎ 总结提炼 ◎

一、绩效结果的主要应用

1. 薪酬方面

（1）绩效工资。绩效结果直接影响绩效工资的高低。

（2）中长期激励。年终奖与企业经营业绩挂钩，计算方式与员工年度绩效系数等相关；授予股权激励时，个人绩效考核结果影响股权分配比例，行权须有条件；任期激励根据任期绩效达成情况进行发放。

（3）专项奖。绩效达成、超过预期，或有突出贡献，可采用专项奖进行激励。

（4）薪酬调整。绩效结果是重要依据，在宽带式薪酬结构中主要体现在对薪档的影响上。

（5）额外激励。对绩优员工设置补充福利，包括实行弹性福利计划、提供额外假期和福利津贴、获得员工认可、提供培训和发展机会、提供个性化福利等。

2. 岗位职级

（1）绩优员工向高价值岗位调整。

（2）绩效不佳员工先面谈找原因，再调整岗位或参加培训。

（3）绩效结果是职级晋升的条件之一，还需满足学历、工作经验等其他任职资格条件。

3. 人才管理

（1）任职资格。用于确定岗位任职资格标准，特别是行为准则方面，以岗位绩优人员标准为基准确定不同级别的行为准则。

（2）人才盘点。采用九宫格模型，横轴代表员工潜力，纵轴代表员工绩效表现，通过潜力测评和绩效评价将员工对应到9个区域，不同区域的人才特点和对待方法不同。

（3）评优评先。年度考核等级为 S 或 A 的员工应优先享有资格。考虑平时绩效成绩，避免"轮流坐庄"，应明确平时绩效等级 S 或 A 的员工占比。

4. 其他方面

（1）经营检视。企业可更全面了解和管理业务表现，具体操作如：分析考核结果、建立关键绩效指标、确定优秀因素、发现问题与机会、制定改进措施、经营检视评估、持续改进迭代。

（2）招聘。在岗位需求分析、招聘标准制定、面试与评估、招聘渠道拓展、新员工入职培训等方面均有应用。

（3）培训。依据员工绩效考核结果，分析业绩与能力，了解优点和改进领域。同时跟踪评估员工培训进展与绩效改善情况，判断培训有效性并调整，提高培训质量效果。

二、绩效奖金分配模型

1. "钱袋子"模型

（1）员工薪酬分为固定薪酬（基本工资、岗位工资、津补贴、福利）和浮动薪酬（绩效工资、专项奖金、中长期激励）。

（2）用固定薪酬保障员工的基本生活，浮动薪酬中的绩效工资与绩效考核结果挂钩，表现超预期有封顶奖金，特别突出贡献有专项奖金，还包括中长期激励。

（3）"钱袋子"模型扎口处的荣誉是精神激励，通过合理设计实现绩效考核与薪酬的有效挂钩，达到激励员工和保障企业利益的目标。

2. MXYZ 模型

M 代表绩效奖金基数，X 代表个人绩效系数，Y 代表部门绩效系数，Z 代表企业经营系数。M 作为基数，X、Y、Z 三者可采用连乘或加权求和的方式计算。

3. "分蛋糕"模型

将企业绩效奖金总额视为整体，逐层分配至部门形成奖金池，各部门再按标准二次分配至员工。

三、解决"薪酬倒挂"问题

（1）建立完善、客观、公正的绩效管理体系，让绩效与收入和调薪调级挂钩。

（2）及时为能力强、绩效表现突出的老员工调级调薪，为新员工设置合理的绩效门槛。

（3）加大对绩效优异老员工的激励力度，运用中长期激励手段。

◎ 举一反三 ◎

请根据你所在企业的情况，设计一份绩效考核成绩对应绩效奖金发放及调级调薪的方案（以表格形式呈现）。

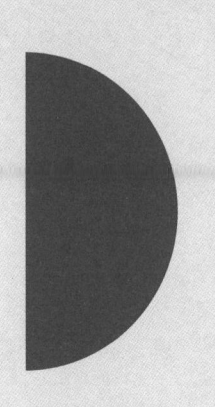

流程篇

绩效管理如何高效运行?

在深入理解并熟练掌握了绩效考核结果的应用之后，有关绩效考核的关键内容已大致论述完毕。然而，我们要知道绩效管理并非仅有"考核"这一模块，它实则是一个涵盖众多要素的系统工程，还存在其他关键模块，需要凭借科学合理的流程紧密串联起来。因此，我们应当深入探究如何优化和完善绩效管理流程，以确保其具备高效性、精准性，并与企业的战略需求高度契合。本章聚焦绩效管理流程的优化与完善，对流程中涉及的每个关键环节进行细致入微的拆解，旨在助力读者洞悉绩效管理流程的核心要义，熟练掌握优化绩效管理流程的实用策略。除了绩效管理流程，本章还讲述了一些有关绩效管理数字化的内容，旨在让读者了解绩效管理数字化的具体应用，进一步提升绩效管理的效果和价值。

◎ **痛点支招** ◎

痛点 111
PDCA 循环流程中，各部门的角色与分工是什么？

人力资源部刘部长：张老师，之前您讲过绩效管理不仅是人力资源部的事，企业高管、部门负责人、基层员工等也都要参与进来，承担相应的职责。具体在绩效管理流程里，他们各自要承担哪些具体职责呢？

张老师：不少企业存有一种误区，认为"绩效就是人力的事，跟自己没关系，只是走个形式"，进而把绩效管理的全部工作都推给人力资源部去做，让绩效管理变成了人力资源部自己的事。这样一来，人力资源部常常是费力不讨好，不管怎么努力、怎么劝说，领导都不重视，其他部门的负责人也不配合，员工还会产生抵触心理，致使绩效管理的推行极为艰难。

既然人力资源部不想孤军奋战，就需要结成绩效管理同盟，联合核心人员，借助其影响力汇聚支持变革的力量，形成支持改革和绩效实施的趋势。同时，绩效管理的成功也离不开中基层员工的理解支持，可联合成立小组，让中层管理人员成为部门内员工绩效管理与考核第一责任人，让基层员工参与绩效管理全流程。绩效管理各阶段角色分工如表43所示。

表43　　　　　　绩效管理各阶段角色分工

阶段	高管	部门负责人	基层员工	人力资源部/HRBP
绩效计划目标制定	根据企业战略确定部门工作重点，及时将工作分解到下级部门；及时制订重点事项工作计划，明确要求	根据企业战略，分解部门目标；根据岗位职责，明确员工绩效目标；与员工就绩效目标达成一致，签署目标责任书	结合部门目标、岗位职责，明确自己的工作重点；与部分负责人就绩效目标、工作计划达成一致，签署目标责任书	协助高管组织战略解码与目标分解研讨；跟踪目标责任书的制定与签订；提供专业方法、工具与赋能支持；选取重点人群参与目标责任书沟通

续 表

阶段	高管	部门负责人	基层员工	人力资源部/HRBP
绩效辅导	对考核周期内的绩效回顾提出明确的要求，并及时启动绩效回顾工作	针对员工绩效表现，及时进行日常辅导、沟通；考核周期末，对员工进行正式的绩效回顾，再次确认或更新目标计划	日常工作中主动积极寻求部门负责人的支持；考核周期末，主动总结工作，与部门负责人确认或更新目标计划	跟踪绩效管理进展；根据员工反馈，对部门负责人的绩效辅导提出建议；提供专业方法、工具和赋能支持
绩效评价	及时启动绩效考核工作；关注处于A等级和D等级及各等级边界的员工，审视等级比例分布，确保考核的公正性、客观性	收集周边意见（含同员工的考评前确认），掌握绩效事实；主动和业务部门、职能部门沟通，达成一致意见；进行绩效评价，给出等级和排序	及时完成并提交自评总结；主动向部门负责人汇报其可能不清楚的绩效事实	解读与传递企业政策，为部门负责人赋能并提供辅导支持；跟踪绩效评价进展与质量；收集初评结果并分析，确保质量；协助高管对部门进行考核评价，记录整理会议决议
绩效反馈	及时启动绩效结果沟通工作，明确质量与进度要求；坚持以绩效导向进行结果应用，激励贡献者；针对申诉调查意见，作出相关处理的决策	准备：整理绩效事实，准备沟通要点，明确成绩与不足；沟通：沟通结果、解释原因、传递期望；总结：记录沟通情况并总结目标：与低绩效员工制定目标并定期回顾	回顾考核周期内重点工作，主动寻找改进点，寻求部门负责人建议；就下阶段工作方向和重点与部门负责人沟通	根据高管要求，跟踪结果沟通进展与质量；帮部门负责人识别重点关注员工，提供专业意见与辅导支持；受理员工绩效咨询、申诉并调查

人力资源部刘部长：张老师，这下我清楚多了！

痛点 112
总有员工认为绩效管理流程很复杂怎么办？

战略发展部李部长：张老师，最近总是听到员工抱怨公司绩效管理流程太复杂，这可怎么办？

张老师：其实要分两种情况来看。第一种情况，员工认为绩效管理流程复杂多是感觉上的，实际熟悉理解各环节步骤后就会发现其实并不复杂，就像学习新知识、新技能，掌握规律方法后就会变得轻松。因此，企业需要加强员工培训和沟通，让大家了解绩效管理各环节步骤的意义与正确的执行方法。第二种情况，若绩效管理流程确实很复杂，企业就需要对其进行优化。一是应全面梳理流程，删减不必要的环节；二是应优化复杂的指标评估和计算方法，使其清晰易操作；三是应借助数字化等手段，开发绩效管理系统，实现绩效管理流程的自动化、标准化、智能化，减少人工操作的工作量、难度和误差。

战略发展部李部长：张老师，我明白了！

痛点 113
考核委员会的领导没空开会，绩效考核进度总拖延怎么办？

人力资源部刘部长：张老师，我们绩效考核委员会的领导最近都非常忙，导致绩效考核会议一拖再拖，考核结果一直出不来，我们该如何解决这个问题呢？

张老师：领导忙导致绩效考核会议拖延，其实是其对会议的重视不够，若领导觉得重要，再忙也会抽出时间参会。针对这种情况，我们需告诉领导，考核委员会成员必须按时参加会议，因为绩效考核结果与员工晋升、薪酬、培训等相关，是领导管理团队、留住人才的重要工具。

人力资源部刘部长：明白了，这确实可能是一个重要原因。那假如领导对会议足够重视，还是没有来参加呢？

张老师：他躲避开会肯定还是有顾虑，可能担心考核对他不利，如员工申诉，他不打分就与此事无关。这是领导对委员会的责任认识不清。对此，要明确公开公平公正的考核原则、成员职责，甚至将参会评分设为领导的考核指标，让领导意识到这是自己的职责。

还有，领导重视也清楚责任，但太忙，发现会议时间比较长就不愿参加。对此要记住"提前"，提前发考核计划让领导预留时间，告知流程让其准备，给资料并告知讨论重点。前期准备好，会议耗时就不长。当然，我们也可以利用一定的数字化工具压缩会议时间，使会议更灵活、高效，提高领导的接受度和认可度。

人力资源部刘部长：张老师，您的分析太透彻了，真是帮我解决了大问题！

痛点 114
绩效分析会是否有必要召开？

行政部王部长：张老师，最近领导要求各部门共同参加绩效分析会，可我觉得这种会议没什么实际作用，更多是形式化，您怎么看呢？

张老师：在企业绩效考核周期内，绩效分析会是非常关键的一环。它是以会议的方式对企业经营情况及绩效达成情况进行整体、有效的分析，既能帮助我们找到企业经营和绩效管理中的问题，提出改进措施，也能帮助我们科学合理地制定下一期绩效考核的经营指标与目标值。可以这样说，召开绩效分析会是打通企业战略落地的"最后一公里"，非常关键。

同时，绩效分析会是一种创新、高效的管理工具。企业经营是整体性、系统性的工程，召开绩效分析会的目的是通过科学、规范的方式对经营活动进行分析，掌握企业经营绩效的关键点和问题，为企业发展制定更科学的目标，保障企业持续稳定地发展。

绩效分析会在企业管理者和员工层面均发挥着重要作用。在管理者层面，召开绩效分析会能使其全面了解企业的经营状况，及时发现潜在问题，为决策提供依据；在员工层面，能使其明确工作方向和重点，增强工作的目标感（见表44）。

表44　　　　　　　　绩效分析会的作用

类别	详细描述	受益者	主要影响
管理工具	绩效分析会作为一种管理工具，能帮助管理者通盘审视关键绩效指标	管理者	（1）提升管理水平； （2）提升组织能力； （3）提升业务的精细化运作
战略落地抓手	绩效分析会助力企业年度经营计划的落地实施，为战略目标的实现提供支持	企业	（1）确保年度经营计划的有效执行； （2）促进企业整体战略目标的实现

续　表

类别	详细描述	受益者	主要影响
提升效率	绩效分析会通过统一的语言、工具、模板和动作，提高员工工作效率	员工	（1）提高工作效率； （2）加深对财务管理知识的理解； （3）提升职业化水平

行政部王部长：明白了，看来绩效分析会确实很有必要。

痛点 115
开好绩效分析会为什么这么难？

战略发展部李部长：张老师，我很能理解王部长的担忧，目前的绩效分析会确实没有发挥出应有的作用，大家对如何开好绩效分析会没什么想法。

张老师：绩效分析会的召开经常会陷入一些误区，导致其只有形式而无内核，主要存在以下三大通病。

第一，不分析差距，使绩效分析会沦为表彰或诉苦大会。有些企业将绩效分析会变为晒成绩、表功劳的会议，只对表现优秀者进行表彰，却对问题选择无视；还有些企业将其办成诉苦大会，只讲苦劳，而不提及差距。无论哪种情形，都忽略了绩效分析会的核心在于分析绩效差距。造成这种状况的原因，一方面是企业管理人员怕承担责任、丢面子；另一方面是企业未提出做好差距分析的要求，也未营造出批评与自我批评的企业文化氛围。

第二，不找原因，直接谈行动。很多企业管理者和员工在会上喜欢直接说做法，却不深入剖析绩效未达成的原因。缺少问题分析能力，一遇到差距就提措施，属于"头痛医头、脚痛医脚"，根本问题不解决，绩效水平难以提升。所以，企业要重视原因剖析环节，明确要求，深入分析，让大家找到根本原因。同时，绩效好的部门和员工也应分享经验，让其他人对照剖析自身不足，找到原因后再提改进措施。

第三，只做分析，不提计划和目标。有些部门或员工在会上分析了不足，却没提出明确的未来工作计划和目标，用模糊定性的目标代替定量目标，导致看不到对未来绩效达成情况的预测。所以，各部门及员工在会上分析原因后，要提出可量化、可衡量的下一考核周期的绩效目标，以及完成目标的战略战术、实施方案、资源配置和组织协同要求，确保可落地实施。

战略发展部李部长：我明白了！

痛点 116
绩效分析会如何开展更高效？

张老师：召开绩效分析会的重点是要做好从会前准备到会后实施的全流程，我们可采用"六个三"模型（见图40）评估绩效分析会的质量。

（1）三个聚焦。一是聚焦目标，关注企业发展目标与会议目标，防止会议跑题；二是聚焦问题，以问题为导向，针对经营管理与绩效考核中发现的问题提出解决方案，杜绝歌功颂德现象；三是聚焦机会，着重探寻市场机会点，制订下一步行动计划，避免因业绩不理想而导致企业内消极悲观情绪蔓延。

（2）三个会议。一是会前会，应提前进行沟通，掌握相关信息，

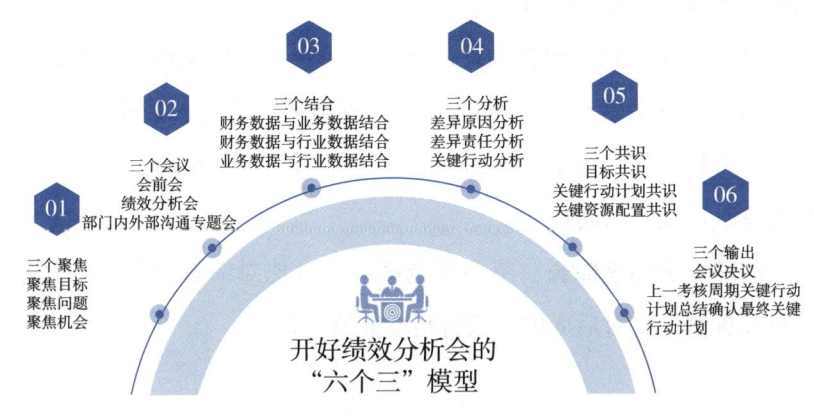

图 40 开好绩效分析会的"六个三"模型

01 三个聚焦
聚焦目标
聚焦问题
聚焦机会

02 三个会议
会前会
绩效分析会
部门内外部沟通专题会

03 三个结合
财务数据与业务数据结合
财务数据与行业数据结合
业务数据与行业数据结合

04 三个分析
差异原因分析
差异责任分析
关键行动分析

05 三个共识
目标共识
关键行动计划共识
关键资源配置共识

06 三个输出
会议决议
上一考核周期关键行动计划总结确认最终关键行动计划

使主要领导初步达成一致意见,防止会上出现过大的意见分歧,避免会议沦为吵架会;二是绩效分析会,正式对经营状况进行分析和考核评价,并制订下一阶段的工作计划;三是部门内外部沟通专题会,在绩效分析会之后由部门组织召开,进一步讨论、深入分析存在的问题,细化工作思路。

(3)三个结合。包括财务数据与业务数据结合、财务数据与行业数据结合、业务数据与行业数据结合。召开绩效分析会,应坚持"用数据说话",充分分析财务数据、业务数据和行业数据。

(4)三个分析。包括差异原因分析、差异责任分析、关键行动分析,指分析既定目标与实际完成结果之间的差距及造成这种状况的原因,判明相关责任,并制订解决方案和关键行动计划。

(5)三个共识。包括目标共识、关键行动计划共识、关键资源配置共识。绩效分析会旨在思想、目标、关键行动计划、关键资源配置上达成共识。在这个过程中,可根据民主集中制,先展开充分的民主讨论,再进行集中决策,依据企业会议决策流程得出最终决策。民主讨论时,应允许存在分歧。而一旦做出最终决策,各级部门和个人都必须坚决执行。

（6）三个输出。包括会议决议、上一考核周期关键行动计划总结，确认最终关键行动计划。绩效分析会后，需要形成会议决策，对上一考核周期的行动计划进行总结，部署后续关键行动计划和工作安排，形成会议闭环。

战略发展部李部长：感谢张老师，通过您对绩效分析会的详细分析和拆解，我对后面的绩效分析会充满了信心！

痛点 117
业务部门的加分机会比职能部门多，该如何与职能部门沟通？

战略发展部李部长：张老师，我们企业的绩效考核中业务部门得到加分的机会比职能部门多，导致职能部门产生不满情绪，我该如何同职能部门沟通呢？

张老师：这是企业普遍存在的问题。由于业务部门承担企业主要经营指标，领导重视经营情况，绩效考核加分常向业务部门倾斜。但职能部门会表示工作辛苦且加班多，如领导随叫随到。仅从加班角度看，业务部门与职能部门有区别，那该为谁加分呢？这里有句话可参考——为过程鼓掌，为结果买单。

业务部门的主要工作目标是业务顺利开展与经营财务指标顺利达成，业务完成得好，定量指标自然得分高，绩效得分也高。职能部门的工作较为琐碎且工作时长不固定，这些工作特点无须体现在绩效考核中，因为做岗位价值评估时已考虑到。例如，由于行政岗比其他职能部门的岗位加班多，在岗评因素"工作时长"项里，行政岗的岗评得分会较高，而岗评得分会影响岗位薪酬标准的设计。

所以，职能部门的工作特点在薪酬水平中体现，不在绩效中体现。建议企业对于职能部门加班采取调休的方式，可在企业规章制度中规定，如职能部门员工一天的工作时长超 8 小时，在情况允许的条件下，可允许其调休 0.5 天或 1 天。

职能部门的主要职能是为业务部门提供支持和服务。假如职能部门绩效考核分数为 90 分，虽未加分，但不意味着其最终只能拿 90 分对应的奖金。企业经营状况良好时，奖金发放与企业经营情况挂钩，这意味着职能部门的加班工作可能虽未在绩效考核中加分，但在奖金发放上能得以体现。若企业在职能部门绩效考核时为其加分，年终奖金又与企业经营挂钩，就会造成重复或过度的奖励。

所以，不存在业务部门加分、职能部门吃亏的情况。因为业务部门主要在考核结果上兑现，职能部门是在年终等奖金发放时，与经营结果挂钩兑现。

战略发展部李部长：张老师，我明白了，后续我会和职能部门进行沟通！

痛点 118
个别高管抵触绩效管理，该如何沟通？

战略发展部李部长：张老师，我们公司有高管特别抵触绩效管理，他们认为每个月对每个部门打分太麻烦，我该怎么和他们沟通呢？

张老师：这涉及考核周期问题。你们现在是月度绩效考核，但应根据不同考核对象的特点，设置不同的考核周期，使管理成本最小化。比如，由于业务部门的项目周期一般为 2~3 个月，可据此将考核周期调整为季度考核。不用担心没有月度考核会导致绩效考核体系失控或大家不重视绩效考核工作，因为虽是季度考核，但会通过月度跟踪了解业务部门绩效的完成情况。调整考核周期后，高管对绩效管理工作的抵触或许会减少。

当然，我们不能仅从考核周期这一个维度分析、找原因。有些高管抵触绩效管理是不愿得罪人，怕因打分影响与其他部门的关系；有些高管可能是对绩效管理的重要性认识不足，认为是形式主义，无实际价值；还有些高管可能是不清楚打分流程和依据，误认为打分麻烦。

对于不愿得罪人的高管，我们需向其说明绩效管理的公正性与客观性，强调打分基于事实和数据而非个人主观判断，且对企业整体的发展和公平竞争环境的营造至关重要。对于未充分认识绩效管理重要性的高管，我们要通过具体案例和数据，展示绩效管理对提升团队效率、促进业务发展方面的积极作用，使其明白绩效管理的目的是实现企业战略目标，并非可有可无之事。对于不清楚打分流程和依据的高管，我们要为其提供相关的培训与指导，使其了解每个考核指标的含义、标准和方法，消除其困惑与误解。综合考虑这些方面后再去和高管沟通，可能会更有效果。

战略发展部李部长：非常感谢张老师，这些建议都非常有价值。

痛点 119
制定绩效考核表时，应该如何进行沟通？

财务部钱部长：张老师，我每次和部门员工沟通确定绩效考核表都会花费很多时间，请问如何沟通才能更高效呢？

张老师：制定绩效考核表要关注三个"找对"。一是找对来源。部门或员工的绩效考核表，80%或更多是重点工作的KPI指标，这些指标从指标库选取。指标库源于部门目标、职责及岗位职责分解等。编写指标库时，指标不是越多越好，而是要保证指标能适用、能落地、能考核。举例来说，虽然准确核算财务数据是财务部的重要职责，但像财务数据准确率这类指标看似可行，实际落地却很困难，因此可将财务报表的差错数量作为考核指标，并据此扣分。在指标库建立后，我们选取5~7个重要指标就很简单了。二是找对人。考核表中难度系数由绩效考核委员会根据项目或工作难易程度确定，此过程员工不参与。考核指标的目标值从部门目标分解而来，但仍需与员工沟通确认。三是找对方式。绩效考核后我们一般会进行绩效面谈，与员工回顾上期考核指标完成情况，分析完成得好与不好的原因，并提出优化建议。此时，我们可与员工讨论各项指标的目标值，可依据上期考核指标完成情况，预测本次制定的目标值其能否完成，考虑是否提高目标值，或先为其提出改进建议，以确保本次目标得以完成。

财务部钱部长：张老师，这对于我今后绩效考核表的制定和沟通很有帮助，现在我的思路更加清晰了。

痛点 120
部门负责人如何做好裁判员与教练员？

纪检监察部严部长：张老师，我在进行绩效考核时常常感到困惑，作为部门负责人，如何既能公正地充当裁判员，给出客观准确的评价，又能像教练员一样，帮助员工提升绩效水平？

张老师：这是个有挑战性的问题。为做好裁判员，部门负责人需要先明确绩效评估的标准和流程。首先，根据部门工作目标和任务制定详细、具体、可衡量的绩效指标，让员工清楚工作的标准和结果。考核时，应收集全面准确的绩效数据，包括工作成果、质量、效率、态度等信息，不能仅凭主观印象或个别事件做出判断。针对定性指标，部门负责人应通过具体行为描述和事例进行评估，保证评价的客观性和公正性。同时，应保持中立的立场，对所有员工一视同仁，按相同标准和流程对其展开评估。在处理绩效争议时，也应有依据、有原则，倾听员工的意见和解释，最终形成基于事实和绩效标准的判断。

再谈如何做好教练员的辅导工作。在绩效辅导方面有两个"16字口诀"（见图41）：在事上，"我做你看、我说你听，你做我看、你说我听"；在人上，"以理服人，以情感人，以利诱人，以规束人"。

绩效辅导16字诀

事	人
我做你看 我说你听	以理服人 以情感人
你做我看 你说我听	以利诱人 以规束人

图41　绩效辅导的两个"16字诀"

"我做你看、我说你听",指负责人先亲自示范正确的工作方法和流程,同时讲解其中要点和原因,让员工有直观的认识和理解。

"你做我看、你说我听",即为员工提供实践的机会,负责人在旁观察,之后让员工阐述自己的思路和体会,以便发现问题并及时指导。

"以理服人",即用道理让员工明白工作要求和绩效标准的合理性。

"以情感人",即关心员工的感受和需求,建立良好的沟通和信任关系。

"以利诱人",即通过合理的激励机制,激发员工提升绩效的积极性。

"以规束人",即明确规章制度,对不符合要求的行为进行约束和纠正。

总之,部门负责人要在公正评判的基础上,通过有效的辅导,帮助员工不断提升绩效,促进部门工作高效开展。

纪检监察部严部长:张老师,您的解答非常详尽透彻,让我对这两个角色有了更清晰的认识和理解!

痛点 121
若领导不想在绩效打分上投入过多精力,怎样开展向上管理?

战略发展部李部长:张老师,我们有些领导不太愿意在绩效打分上投入太多精力,这可能会影响到绩效管理的有效性。您认为我们应该如何进行向上管理,改善这种情况呢?

张老师:向上管理的关键在于建立信任关系和相互尊重,同时确保信息的透明度和沟通的有效性。我们从向上管理的三个原则说起。第一，能见度原则，即让领导知晓员工的工作内容。在绩效打分问题上，需要让领导知道大部分定量指标已通过数据统计分析得出分数，只需对剩余定性指标打分即可，向领导如此讲解，会让领导觉得工作量大幅减少，不会占用其太多精力。第二，沟通原则，即与领导保持一定频次的沟通，帮助领导掌握信息以做好决策。绩效打分亦如此，为领导备好各类考核表，标注出表现好与不好之处，使其能一目了然，向领导说明平时工作，帮助其快速完成打分。第三，适应原则，即适应领导的工作风格。比如如果领导喜欢审阅纸质文件，就把考核表打印出来交给领导；如果领导喜欢无纸化办公，就可直接发送电子文档；如果领导习惯用数字化工具，就引入数字化绩效管理工具，让领导能随时了解员工的绩效完成情况。

战略发展部李部长：张老师，我会尝试将这些策略应用到我们的向上管理中。

痛点 122
绩效考核结果确定后，如何与员工开展绩效面谈？

行政部王部长：张老师，绩效考核结果确定后，绩效面谈应该如何开展呢？

张老师：绩效面谈是绩效管理的重要环节，目的是提升员工绩效，帮助其明确自身的成绩与不足，就绩效考核结果达成共识，明确改进方向与行动计划。因担心员工产生抵触情绪、不想打击其积极性而不愿反馈负面信息，不开展绩效面谈，这种做法是错误的。当然，在开始绩效面谈前，我们要做好前期准备工作，提

流程篇
绩效管理如何高效运行？ 289

前了解员工每项工作目标的完成情况以及工作表现，并为员工考虑下一步的目标和计划。绩效面谈具体可以按照以下步骤进行（见图42）。

备：收集员工工作记录和绩效数据，明确面谈的目标和重点

引：与员工一起回顾过去一段时间的工作表现，包括成功和需要改进的地方

评：基于事实和数据，公正地评价员工的绩效，避免主观偏见

提：根据员工的绩效情况，提供具体、可行的改进建议或发展建议

定：确保员工理解和接受面谈内容和提出的建议，双方就下一步行动达成共识

图42 绩效面谈步骤

（1）备：收集员工工作记录、绩效数据与反馈信息，明确面谈目标和重点，如帮助员工提升能力或解决协作问题，确定面谈重点，如关键项目表现不佳或团队合作沟通障碍。

（2）引：与员工一起回顾其工作表现，先肯定优点，增强其信心，再自然过渡到需改进之处，引导其分析问题原因。

（3）评：依据客观事实与准确数据，公正、全面地评价员工绩效考核表现，避免受个人情感与主观偏见影响。

（4）提：基于绩效评价，为员工提供具体、明确、可操作的改进或发展建议，注意务必贴合实际需求。

（5）定：确保员工理解并接受面谈的内容与建议，通过积极沟通，双方就下一步行动达成共识，包括改进措施、实施时间、预期效果与后续跟进方式。

行政部王部长：我现在明白多了！

痛点 123
如果员工不认同绩效考核结果，该如何沟通？

市场部肖经理：张老师，我们部门有员工对刚刚公布的绩效考核结果表示不认同，这种情况我该如何与他们沟通？

张老师：员工对绩效考核结果不认同，我们一般基于三个层次分析和解决：第一，意识层面，不能正确地认识绩效管理的目的；第二，结果层面，不认可绩效考核结果；第三，行动层面，面对不好的绩效结果，不知道未来该怎么做。员工所处的层面不同，我们沟通的内容也不同。

第一，意识层面。我们需要重申绩效管理的目的，如绩效考核结果不佳，企业不是为了给员工降薪，也不是为了给员工降级，而是通过考核发现问题，促进员工的成长。

第二，结果层面。当员工不认可绩效考核结果时，我们应查看绩效考核指标设置是否合理。例如，对于市场部业务投诉数量指标，需分析投诉原因，遇到非员工原因导致的投诉不应扣分。同时，我们要用数据和员工沟通，像市场部的绩效考核内容多为定量指标，假设本月新增用户目标值为 100 个，员工实际只完成了 50 个，确实没有完成当初定下的任务目标，在没有其他特殊情况下，没有讨价还价的余地。

第三，行动层面。如果有员工因不知未来如何提升而不认可绩效考核结果，绩效面谈可解决这个问题，面谈的内容就是讲成绩、问题、提升及做法。我们要采用积极的倾听技巧，确保员工感到被理解、尊重。沟通是双向过程，我们务必保持开放的心态和真诚的态度。

市场部肖经理：这些技巧很有帮助，我会尝试用这些方法来处理这种情况。

痛点 124
员工对绩效考核结果不满意而进行申诉，该如何处理？

纪检监察部严部长：张老师，员工对绩效考核结果不满意而申诉的情况时有发生，这让我们很头疼。您说该怎么妥善处理呢？

张老师：员工对绩效考核结果不满意而申诉的情况，看似棘手，其实没必要过于担心。我们只需要建立"以事实为依据，分级科学处理"的申诉处理机制，依据制度流程，理性、实事求是地处理就行。

如果是部门对组织绩效考核结果进行申诉，则应由组织绩效管理的牵头部门，如战略发展部展开调查、取证，出具初步处理意见，然后报绩效委员会或工作小组审核，最后将结果反馈给该部门。要是该部门对调查结果仍有异议，还可以向绩效委员会或工作小组提请裁决，做出最终处理决定。

如果有员工对个人绩效考核结果进行申诉，则其可以先向部门负责人反馈，若得不到有效解决，再向人力资源部申诉。人力资源部会牵头开展调查、取证，出具初步处理意见，与部门负责人及分管领导沟通并达成一致意见后，将结果反馈给该员工。

在申诉处理过程中，我们如果发现绩效考核过程中存在徇私舞弊、弄虚作假、包庇袒护、为所欲为等行为，在证据充分的前提下，可以将相关行为向纪检监察部举报，由纪检监察部介入调查，并进行严肃处理。要知道，绩效管理能力是领导管理能力的体现，绩效考核的有效投诉率也是干部考察的重要参考依据之一。只要长期坚持这样公正合理的处理方式，绩效考核的公平性、公信力就会逐步上升。

纪检监察部严部长：张老师，您这么一解释，我清楚多了！

痛点 125
数字化能否助力绩效管理提质增效？

王总：张老师，企业最近正在引进各类数字化系统，绩效管理是否也能通过数字化系统提高效率？您认为数字化能给绩效管理带来怎样的变化呢？

张老师：数字化能为绩效管理提质增效。企业考虑引进数字化系统时，应先思考绩效管理的现有痛点，如指标提取避重就轻、目标值讨价还价、绩效考核结果应用存在问题等。做好绩效管理的确不容易，若企业目标体系不健全、人情因素多、考核数据缺失，考核评价将只能由主观决定，导致绩效管理流于形式。

鉴于以上传统绩效管理方法的痛点，企业可以建立一套人力资源数字化系统，与企业业务打通，实现数据交互利用和一键考核。第一，能通过数字化系统识别工作重心，提取核心考核指标。通过对岗位职责的解读，对业务、财务等数据的分析，自动识别各部门和员工的工作重心，提取核心考核指标。第二，能通过数字化系统进行数据对比，设置合理目标。对标企业所处行业和自身的历史数据进行统计分析，设计科学合理的组织目标。根据企业对不同岗位、不同职级的目标增长率设定，将组织目标自动分解到每个人身上。一旦任务有调整，每个人的考核目标值也能实现动态调整。第三，绩效评价能用颜色说话。做到定量指标实时展现，自动评分。在上级领导对定性指标进行评价时，可以根据是否提交、提交质量的情况用颜色区分，实现不用说话，只看颜色就知道谁的绩效好，谁的绩效差。

王总：张老师，您这一番讲解让我对数字化绩效管理有了新的认识，很有启发！

痛点 126
如何判断绩效管理数字化系统是否有效？

人力资源部刘部长：张老师，我们今年一直在讨论绩效管理数字化系统上线的相关问题，一般来说什么样的系统才算有效呢？

张老师：我总结了四个"可"，可以从四个维度进行判断。

第一，预期可对照。对照数字化转型规划和目标，查看预期的完成情况。首先，看数字化项目是否按计划开展。其次，对照问题查看目标达成情况，如绩效辅导不到位、员工出差导致无法一对一辅导、辅导后无有效改进跟踪方式等。数字化系统可实现线上灵活面谈、自动记录问题，员工随时记录、领导随时知晓等功能，这些能协助我们解决相关问题。

第二，系统可扩展。如今，大部分企业已实现信息化管理，在数字化转型中，系统是否支持与企业其他系统（如 ERP、CRM 等）集成兼容很重要。此外，系统未来的可扩展性也极为重要，需要随企业规模和业务需求的变化而扩展，因此必须提供开发接口，满足企业未来发展的需求。

第三，成本可控制。企业可以从两个角度考虑成本控制维度。

一是系统应满足企业的需求——降低人工成本；二是如果系统维护费用高，企业需查看是否有专业的客户支持和技术服务，能否通过收集用户的反馈和需求来优化改进系统，从而减少额外的人力物力投入。

第四，效果可实现。提升管理效率是判断数字化系统好坏的直接的、有效的标准。

人力资源部刘部长：通过这四个维度，我就能更好地进行判断了。

痛点 127
绩效管理数字化转型需要做好哪些准备？

战略发展部李部长：张老师，我们战略发展部负责数字化转型工作，而绩效管理的数字化转型准备工作太多、太杂，我一时间理不清头绪，您能帮我系统地梳理一下吗？

张老师：绩效管理的数字化转型确实是很复杂的事，咱们可以从以下五个阶段开展准备工作。

阶段一，理念转变。第一，使企业高层充分认识绩效管理数字化转型的重要性与必要性，给予关注、支持；第二，让所有利益相关者参与进来，获得更广泛的支持与认可。

阶段二，提出目标与规划。第一，明确数字化转型的核心是服务业务发展、提升效率，明确业务需求和目标；第二，制订变革管理计划，考虑沟通策略、风险评估与应对措施，保障转型阶段平稳过渡；第三，做好预算规划，涵盖采购、实施、培训、维护等成本；第四，学习其他企业案例与教训；第五，整理数据清单，整合数据信息，建立统一管理口径、标准和编码规则，如明确岗位绩效考核表的数据内容、来源、收集时间等。

阶段三，技术选型与流程优化。第一，分析现有绩效管理体系优缺点，了解转型起点与改进点；第二，基于目标和现状开展评估，制定转型策略与实施路线；第三，研究、选择合适的绩效管理软件或系统，再造管理流程，确保其与数字化系统能完全匹配。

阶段四，实施与培训。第一，对员工进行系统操作培训，培育转型文化，鼓励员工适应新系统；第二，确保系统符合国家法律法规，提前制定风险防控措施；第三，准备数据迁移；第四，在数字化系统上线初期，应先选取小范围员工在一定时间内试用，然后收集反馈意见并进行优化后再扩大应用范围。

阶段五，持续改进与支持。第一，应定期评估系统性能，随业务和技术发展迭代更新；第二，确保有专业技术支持为团队提供帮助；第三，考虑引入第三方机构推进。

战略发展部李部长：张老师，通过这五个阶段，我能够清楚地知道需要做好哪些准备工作了。

痛点 128
绩效管理数字化转型的最大难点是什么？

王总：张老师，我想请教一下，绩效管理数字化转型最大的难点是什么？

张老师：绩效管理数字化转型的难点在于顶层设计。一是绩效管理制度的科学性、合理性不足，指标、权重、标准等问题可能使员工的努力与企业目标脱节，难以激发员工的积极性与创造力，评价缺乏客观性。二是流程节点不清，导致工作衔接、效率、信息传递出现问题，而各环节和流程不明晰会导致员工的目标任务不明确，评估标准与时间管理混乱。三是数据来源模糊，将影响数字化转型效果。数据是基础，如数据来源不明确、数据不准确，将无法为决策提供依据，数字化系统也无法发挥作用。

这些顶层设计缺陷既会使数字化系统达不到预期效果，也很难实现绩效管理精准、高效、科学的目标。其实，绩效管理的顶层设计可请第三方咨询公司来做，一是因为咨询公司更专业、经验更丰富；二是因为其能客观全面地审视现状，借鉴成功案例，为企业量身定制方案；三是因为咨询公司作为第三方，不受企业内部关系影响，能够提供独立的评估建议，确保顶层设计的科学性、合理性和有效性。

此外，绩效管理数字化转型的难点还包括：战略层面重视不足，企业未提升绩效管理数字化转型的战略高度，领导的推动落实力度不足，战略地位不突出；组织协同低效，部门协作不畅，信息流通受阻，难以形成合力推动数字化转型；员工的数字化素养欠缺，思维和技能不足，难以适应数字化转型；激励与考核机制不匹配，无法激发员工的积极性和创造力；受传统观念束缚，员工抵触数字化转型，不愿尝试新方法等，导致数字化转型难度增加。但以上几点都不及顶层设计缺陷产生的影响大。

王总：张老师，这下我对绩效管理数字化转型的难点有了更清晰的认识，顶层设计确实是重中之重。

痛点 129
为什么大部分企业的绩效管理数字化转型效果不佳？

战略发展部李部长：张老师，目前大部分企业的绩效管理数字化转型的推行效果差，原因是什么？

张老师：绩效管理做不好数字化有以下几种原因。

第一，战略摇摆不坚定。企业绩效管理数字化转型初期虽然可能有目标规划，但推进中逐渐偏离，因投入大、周期长且短期效果不明显，企业投入意愿动摇，高层未达成共识，战略摇摆，多数企业只是盲目效仿信息化系统部署，转型落地效果差。

第二，数据作用没发挥。数据采集不全面，多为手动录入；数字化意识未深入人心，部门开放、协作意识不足；数据的开发和利用不充分，仅用于简单报表，未用于决策和创新支持。

第三，业数分离难结合。数字化转型未实现真正与业务深度融合，未在核心经营管理流程与方式上实现实质性的变革。

第四，员工能力未跟上。数字化转型快，现有员工能力不足，招聘难以满足需求，且未建立岗位序列和激励制度，难以释放数字化价值，更难以调动员工积极性。

战略发展部李部长：我明白了！

痛点 130
如何判断企业推行绩效管理的收益是否大于投入呢？

王总：张老师，这段时间真心特别感谢您对我们的绩效管理的细致且精准的辅导。我们公司的绩效管理水平可谓是突飞猛进，有了显著的提升！

人力资源部刘部长： 这就是专家的厉害之处啊！您给我们找出这么多痛点，个个都直击要害，让我们获益良多！

张老师： 能帮助贵公司提升绩效管理，我也很荣幸！希望未来你们能够再接再厉，在绩效实施的过程中持续迭代，只有这样，绩效管理才能真正成为推动公司发展的有力工具，不断激发员工的潜能，促进团队的协作，实现公司战略目标的高效达成。同时，也要注重与员工的沟通和反馈，让他们充分理解绩效的意义和价值，积极参与到绩效管理的各个环节中来，形成良好的绩效文化氛围。相信在大家的共同努力下，公司的发展一定会更上一层楼！

行政部王部长： 作为公司的老员工，我之前很惭愧，对绩效管理没有正确的认识，还认为绩效管理作用不大，但经历了这段时间您的辅导，我就像换了个头脑，对绩效管理有了全新且深刻的认知。今后我一定会全力支持并积极推动公司的绩效管理工作，为公司的发展贡献更多的力量！

张老师： 我相信王部长一定会说到做到，以您丰富的经验和对公司的了解，一定能在推动绩效管理方面发挥重要作用。而且，绩效管理的优化不是一蹴而就的，过程中可能会遇到各种挑战和阻碍，但只要我们保持积极的态度，不断总结经验教训，就一定能够克服困难，让绩效管理为公司创造更大的价值。

财务部钱部长： 之前我们认为绩效管理太复杂、太难了，但在您的指导下，让我们感觉其实它是有清晰的逻辑和方法可循的。通过这段时间的学习和实践，我们部门在财务数据与绩效指标的结合上有了很大的进步，这为公司的成本控制和资源分配提供了更有力的支持。以后我们会继续努力，把绩效管理做得更精细、更有效。我这里有最后一个问题，我相信也是公司管理层最关心的一个问题：

如何才能判断公司推行绩效的收益大于投入呢？

张老师：您这个问题是一个灵魂拷问，实际上是很难计算出来精准的结果的，但我可以来给大家讲一讲判断的原则。比如可以通过对比绩效推行前后的人效指标的变化，包括人均营收、人均利润、人均回款、人工成本投入产出率等；也可以通过对比行业排名变化、与对标企业在某些指标上的距离、对比一些隐性的管理指标，比如通过核心干部流失率的变化来反映员工满意度；通过公司流程的简化优化、问题解决效率、文化的落地、员工幸福指数、干部履职评价来反映公司经营与管理能力的提升。只要这些指标出现积极的变化，那么大概率可以推出这家公司推行绩效的效果不错。如果真想完全计算出精准数字，也不是没有办法，我这边设计了一个"人效罗盘"，就是帮助企业动态检测人效变化的，下一次我给大家展示出来！

财务部钱部长：好啊，"人效罗盘"听起来好神秘啊！如果企业有了这个工具，就不会迷茫了。实际上，企业如同人的身体，是否在逐渐变健康，应该是可以感受出来的。谢谢张老师为我们提供了很好的思路，期待您分享"人效罗盘"。

张老师：每次与大家交流探讨，我都能感受到贵公司对提升管理水平的决心和渴望，这也激发了我全力以赴帮助大家的热情。以后大家如果在实践过程中遇到新的问题，咱们随时交流探讨。

王总：张老师，绩效管理是一个持续优化的过程，虽然目前我们取得了一定的成果，但未来的路还很长，充满了各种挑战和机遇。我们希望在您的智慧引领下，能够不断完善和创新绩效管理体系，使之更加贴合公司的发展需求，激发每位员工的潜能，提升整体的运营效率和竞争力。您的专业知识和丰富经验对我们来说是无价之宝。

张老师：我相信，只要我们真的想做好绩效管理这件事，所有的问题都可以迎刃而解！

◎ 基础夯实 ◎

一、绩效管理流程的 PDCA 循环

在当今竞争激烈的商业环境中，企业的成功很大程度上依赖有效的绩效管理。绩效管理不仅能够帮助企业明确战略目标，还能激励员工发挥最大的潜力，提高企业的整体绩效。PDCA 循环作为一种科学的管理方法，为绩效管理提供了持续改进的路径。

1. PDCA 循环概述

PDCA 循环由美国质量管理专家沃特·阿曼德·休哈特提出，由美国统计学家威廉·爱德华兹·戴明提倡推广，也叫"戴明环"，是一种广泛应用于各个领域的持续改进模型。这一循环包括四个紧密相连的阶段：计划（Plan）、执行（Do）、检查（Check）和行动（Act）。

（1）计划阶段。

在计划阶段，企业需要明确目标、制订策略和行动计划。这意味着要对企业的现状进行深入分析，了解组织的战略方向和期望达到的结果。对于绩效管理而言，计划阶段的关键在于根据组织的整体目标，为每名员工设定具体、可衡量、可实现且有时限的绩效目标。同时，还要清晰界定每名员工在实现这些目标过程中的角色和职责，以确保目标与岗位职责相互匹配。此外，企业需要与员工进

行充分的沟通，确保他们理解并认同这些目标和期望，这也是计划阶段不可或缺的环节。科学合理地设定绩效目标是绩效管理的基础。目标的设定要充分考虑企业的战略需求和员工的实际能力，既要有挑战性，又要有可行性。同时，明确的角色和职责划分能够避免工作中的推诿和扯皮，提高工作效率。

（2）执行阶段。

执行阶段是将计划付诸实践的过程。员工按照既定的目标和行动计划开展工作。在此期间，企业需要为员工提供必要的资源和支持，包括培训、工具、资金和时间等，以帮助他们顺利完成任务。同时，管理者应密切监控工作进展，及时发现并解决可能出现的问题，确保工作按照预先制订的计划推进。通过有效执行，将计划转化为实际行动和成果。执行阶段是实现绩效目标的关键环节。充足的资源支持和有效的过程监控能够确保员工在工作中充分发挥自己的能力，减少不必要的干扰和阻碍。

（3）检查阶段。

检查阶段主要是对执行的结果进行评估和衡量。这需要收集与绩效目标相关的各种数据，包括定量数据和定性数据。然后，根据预先设定的绩效标准，对员工的实际表现进行客观、公正的评估。评估过程中不仅要关注结果，还要注重过程和方法。同时，建立及时反馈机制，让员工清楚自己的工作表现以及与目标的差距，以便他们能够调整自己的工作方式和努力方向。检查阶段能够让企业和员工及时了解工作的进展和效果，发现潜在的问题和风险。通过及时的反馈，员工可以调整自己的工作策略和方法，提高工作质量和效率。

（4）行动阶段。

行动阶段是基于检查的结果采取相应的措施。对绩效结果进行深入分析，找出成功的经验和存在的问题。对于成功的方面，要总结并推广，将其标准化，形成固定的工作流程和方法，以便在今后的工作中持续应用。对于不足之处，要制订具体的改进计划，包括提供针对性的培训、调整工作方法、优化资源配置等。通过不断地改进和调整，推动绩效水平的持续提升。行动阶段是对绩效管理的持续优化。通过分析绩效结果、实施改进措施，不断完善绩效管理体系，提高企业的绩效水平。

2. 深化与挑战

（1）持续迭代：深化绩效管理。

PDCA 循环是一个不断迭代的过程。每个循环的结束都为下一个循环的开始提供了经验和基础。通过不断地循环往复，绩效管理能够实现持续的改进和优化。同时，将员工的个人发展纳入绩效管理体系，根据员工的绩效表现和发展需求，为他们提供个性化的培训和发展机会，帮助员工提升能力，实现职业目标。这不仅有助于提高员工的工作满意度和忠诚度，也能够为企业的发展储备人才。

（2）企业文化：通过绩效管理强化企业文化。

绩效管理可以作为传播和强化企业文化的重要手段。例如，企业若倡导创新和冒险精神，那么在绩效评估中就可以对具有创新行为的员工给予肯定和奖励。通过这种方式，绩效管理能够与企业文化相融合，形成一种积极向上的工作氛围，激励员工为实现企业目标而努力奋斗。

（3）挑战与解决策略。

挑战一：评估标准的不一致性。

在绩效管理中，评估标准的不一致性是一个常见问题。如果不同的评估者对同一绩效指标的理解和评价存在差异，就会导致评估结果的不公平和不准确。为了解决这一问题，企业需要建立统一、明确的评估体系，对评估标准进行详细的定义和说明，同时对考核者进行培训，提高他们的评估能力和水平，减少评估偏差。

挑战二：绩效目标与实际工作的脱节。

有时企业设定的绩效目标可能与员工的实际工作情况相互脱节，导致员工在工作中感到困惑和迷茫，无法有效地将工作重点与绩效目标相结合。为了避免这种情况，企业在设定绩效目标时，要充分听取员工的意见和建议，让员工参与目标设定的过程。同时，要根据实际工作的变化，及时调整和优化绩效目标，确保其具有相关性和可操作性。

挑战三：管理流程的复杂性。

绩效管理流程过于复杂可能会增加管理成本，降低管理效率，影响员工参与的积极性。为了简化流程，企业可以借助数字化手段，如使用数字化绩效管理平台，实现绩效数据的自动化收集、分析和处理，减少人工操作和烦琐的文书工作，让数字化系统协助决策。同时，对流程进行梳理和优化，去除不必要的环节和步骤，提高管理效率。

总之，PDCA 循环为绩效管理提供了一种科学、系统的方法。通过明确目标、有效执行、严格检查和及时调整，企业能够不断提升员工的绩效水平，实现组织的战略目标。然而，绩效管理是一个动态的过程，需要企业根据内外部环境的变化不断调整和完善。只有深入理解并灵活运用 PDCA 循环，企业才能在激烈的市场竞争中立于不败之地，实现长期的可持续发展。

二、绩效反馈

1. 绩效反馈的底层逻辑

绩效反馈是绩效评估工作的一环，就是将绩效评价的结果反馈给被考核者，并共同分析被考核者绩效不佳的原因，并制订绩效改进计划。管理者就被考核者在考核周期内的绩效情况与其面谈，管理者在肯定被考核者绩效成果的同时，应找出不足并提出绩效改进方案。由于绩效反馈是在绩效考核结束后实施，而且是管理者和被考核者之间直接对话，员工可以清晰地知道自己的工作业绩表现和上级对自己的评价及期望，从而不断修正自己的行为。上级也可以通过绩效反馈，指出员工的绩效表现和存在的问题，从而有针对性地对其进行辅导、支持。因此，有效的绩效反馈对绩效管理起着至关重要的作用，甚至直接影响绩效管理的成败。

绩效反馈是对管理者绩效管理能力的考验。一名优秀的管理者既能为绩效优秀的员工增加动力，为绩效目标未达成的员工指明方向，还能为员工的发展提出有效的建议，帮助员工成长。很多管理者缺乏对绩效反馈最基本的组织能力与动力，他们认为绩效反馈有可能让自己和下属都感到尴尬，因此在进行绩效反馈时常常感到压力巨大，不愿面对这样的场景。以上情况通常是管理者没有正确、充分地了解绩效反馈的流程与方式导致的。

在开展绩效反馈时，首先要明确绩效反馈的核心目的——让员工真实、客观、全面地了解自己表现得如何，上一考核周期内的工作是否达到预期目标，行为态度是否合格。如绩效目标未完成或完成的质量不高，就需要管理者和员工双方共同探讨绩效目标未达成的原因，并制订改进绩效的计划方案。同时，管理者要向员工传达企业的期望，可签订一份绩效协议，在绩效目标上达成共识。

2. 方式和流程

绩效反馈的方式主要有绩效面谈、电话邮件反馈、绩效结果公示等多种方式。在绩效面谈后用邮件等方式进行补充，是目前备受欢迎的绩效反馈做法。绩效反馈流程如下。

（1）资料准备。管理者应充分准备绩效面谈的参考资料，如员工在上一考核周期的绩效目标、目标达成情况、取得的关键性成绩或出现的问题等。如绩效考核采取了员工自评的方式，管理者也应重点阅读相关资料，了解员工在考核周期对自己工作的认知，了解他们当下的问题和发展需求。绩效面谈表示例如表45所示。

表45　　　　　　　　　绩效面谈表示例

姓名		部门		岗位	
部门绩效等级		个人绩效得分		个人绩效等级	
工作亮点					
工作不足					
所需支持					
发展计划					

被考核者签字：　　　　　　　　　日期：

直接上级签字：　　　　　　　　　日期：

（2）制订计划、准备改进方案。管理者需制订绩效面谈计划和策略。在制订绩效面谈计划和策略时，针对不同员工的情况要有所区分，对于绩效表现优异的员工，应该主要引导他们继续保持现状，给予他们认可和鼓励，并鼓励他们尝试挑战更高的目标；对于绩效表现差但心态较好的员工，应积极帮助其分析绩效目标未达成的原因，并制订改进方案；对于因绩效表现差而态度消极的员工，如果企业希望他留下，则应考虑一些可以增长其自信心的事情进行沟通，如果感觉沟通难度较大，则可以考虑是否需要增加上级管理者或HR面谈环节，帮助其找回信心；对于绩效表现差但明显具有潜力的员工，可以积极帮助其分析目前绩效表现差的原因，找到正确的工作路径、明确的努力方向，激发员工潜力。

（3）通知让员工提前思考。提前给员工下发绩效面谈通知，让员工有时间提前对绩效面谈进行准备，提前明确参加绩效面谈的目标，提高绩效面谈的效率。

（4）进行绩效面谈。通过面谈，通报员工当期绩效考核结果，使员工明确其绩效表现在组织中的大致位置，激发其改进当前绩效水平的意愿。在沟通时，管理者要重点关注员工的特长，耐心倾听员工的声音，并在制定员工下一期绩效考核指标及目标值时及时进行调整。同时，管理者要与员工共同分析绩效差距并确定改进措施。改进措施的可操作性与指导性源于对绩效差距分析的精确性。所以，管理者在对员工进行绩效辅导时要记录员工的关键行为，按类别整理，分成高绩效行为记录与低绩效行为记录。通过表扬与激励，维持与强化员工的高绩效行为。通过对低绩效行为的归纳与总结，精确地界定员工绩效差距。在绩效反馈时反馈给员工，以期得到改进与提高。

（5）沟通确定下一周期的绩效计划。在充分分析上一绩效考核周期的绩效表现后，管理者要与员工沟通下一个绩效考核周期的工作任务与目标。绩效反馈既是上一绩效考核周期的结束，也是下一绩效考核周期的开头。管理者要与员工明确绩效指标和目标值是需要双方共同参与制定的，管理者不参与会导致绩效指标的方向性偏差，而员工不参与会导致绩效目标的不明确。在确定绩效指标的时候，要紧紧围绕关键指标，同时考虑企业经营情况及员工所处的内外部环境变化，而不是僵化地将月度目标设置为年度目标的十二分之一，也不是简单粗暴地在上一考核周期绩效目标的基础上增加几个百分点。

（6）沟通资源支持。管理者在与员工沟通下一绩效考核周期的目标时，要明确给出可以为员工提供的资源支持有哪些，让员工充分了解绩效目标的达成从来不是一个人的战斗，管理者及团队作为员工的坚实后盾，为员工绩效的达成提供必要的资源和支持，提高员工工作的自信心。

（7）面谈结果发送。绩效面谈结束后，以邮件的方式将面谈结果及关键点发给员工，让员工在绩效面谈后可以进行及时复盘，加深绩效辅导印象。

三、绩效管理数字化

1. 绩效管理数字化的概念

在当今数字化浪潮席卷全球的背景下，绩效管理数字化正逐渐成为企业管理领域的热门话题。那么，究竟什么是绩效管理数字化呢？简单来说，就是利用先进的数字技术和工具，对传统的绩效管理流程进行改造和优化。它将原本依赖纸质文件、人工计算和主观判断的绩效管理模式，转变为基于数据驱动、自动化处理和智能分析的全新模式。

2. 绩效管理数字化的优势

（1）传统的绩效管理可能存在信息收集不及时、不准确，评估标准不一致，反馈周期长等问题。而绩效管理数字化则通过建立统一的数字化平台，实现了绩效数据的实时采集和更新。无论是员工的工作成果、工作时长、项目进度，还是客户满意度等各类数据，都能被准确、迅速地记录下来。借助大数据分析技术，企业可以深入挖掘这些数据背后的规律和趋势。例如，分析哪些因素对员工绩效产生了积极或消极的影响，哪些业务环节存在效率低下的问题等。基于这些分析结果，企业能够更精准地制定绩效目标，确保目标既具有挑战性又切实可行。

（2）在绩效评估过程中，数字化系统具备强大的功能，它能够依据预先设定的评估标准和精心设计的算法，自动生成评估结果。这一自动化的操作显著减少了人为因素可能引发的偏差和不公平现象，使评估结果更具客观性和公正性。与此同时，通过巧妙利用人工智能技术，系统还能够对员工的绩效表现展开预测和预警。它能够凭借先进的算法和数据分析，提前察觉可能潜伏的问题，进而促使企业及时采取有效的措施进行干预。这种前瞻性的能力为企业提供了宝贵的时机，使其能够在问题尚未严重化之前就采取行动，对员工的绩效进行有效的调整和改进，保障企业的整体绩效水平稳定提升。

（3）绩效管理数字化成功实现了实时的绩效反馈机制。员工能够随时随地通过数字化系统便捷地查看自身的绩效数据以及评估结果。由此，他们可以清晰地知晓自己的优势所在以及存在的不足之处，进而明确改进的精准方向。与此同时，管理者也得以更及时有效地与员工进行沟通，并提供辅导。通过这种方式，管理者能够为员工提供具有针对性的建议和支持，助力员工不断提升绩效，促进员工个人和团队整体绩效的共同进步。

（4）绩效管理数字化成功打破了部门之间长期存在的信息孤岛

现象，有力地促进了绩效数据的充分共享和顺畅流通。如此一来，不同部门能够立足共同的数据基础展开协同决策。各部门可以清晰地了解彼此的工作进展和绩效情况，从而更加精准地评估资源需求，实现资源的合理分配。这不仅避免了资源的浪费和错配，还能促使资源流向最需要、最能产生效益的环节，极大地提高了整体运营效率，让企业的内部运作更加协调、高效，为企业的发展注入强大的动力。

总之，绩效管理数字化是一种创新的管理方式，它以数据为核心，通过技术手段实现绩效管理的科学化、精准化和高效化，帮助企业更好地激发员工潜能，提升组织绩效，从而在激烈的市场竞争中占据优势。

◎ 总结提炼 ◎

一、绩效管理同盟

避免绩效管理成为人力资源部的独角戏，需结成绩效管理同盟，联合关键人员，并使中层管理人员成为部门内部绩效管理第一责任人，使基层员工充分参与全流程。

二、绩效分析会

1. 必要性

绩效分析会非常有必要，作为管理工具，能帮助经营者通盘审视关键绩效指标；作为战略落地抓手，可助力企业年度经营计划的落地实施，为战略目标的实现提供支持；还可以通过统一语言、工具、模板和动作，提高员工工作效率。

2. 三大通病

（1）不分析差距，变成表彰或诉苦大会；

（2）不找原因，直接谈行动；

（3）只分析，不提计划和目标。

3. 开好绩效分析会的"六个三"模型

三个聚焦、三个会议、三个结合、三个分析、三个共识、三个输出。

三、绩效沟通问题

1. 职能部门的沟通

由于不考核业绩指标，考核时可能加分机会少，但奖金可以与企业经营挂钩。

2. 绩效考核表制定的沟通

要关注三个"找对"：找对来源、找对人、找对方式。

3. 绩效辅导的两个"16 字口诀"

（1）在事上，"我做你看、我说你听，你做我看、你说我听"；

（2）在人上，"以理服人，以情感人，以利诱人，以规束人"。

4. 向上管理的三个原则

能见度原则、沟通原则、适应原则。

5. 做好绩效面谈的 5 个关键字

备、引、评、提、定。

6. 员工对绩效结果不认同，从三个层次进行沟通

意识层面、结果层面、行动层面。

四、绩效管理数字化

1. 建立绩效管理数字化系统，与企业业务打通，实现一键考核的方法

（1）提取核心考核指标，通过大数据分析识别工作重心；

（2）设置合理目标，对比数据并自动分解，随任务调整动态改变个人目标值；

（3）绩效评价用颜色区分，定量指标自动评分，定性指标由上级评价，直观展现绩效优劣，减少管理沟通成本。

2. 判断绩效数字化系统是否有效的原则

（1）预期可对照；

（2）系统可扩展；

（3）成本可控制；

（4）效果可实现。

3. 绩效管理数字化转型的准备工作

（1）理念转变；

（2）提出目标与规划；

（3）技术选型与流程优化；

（4）实施与培训；

（5）持续改进与支持。

4. 绩效管理数字化转型中的最大难点

企业没有做好绩效管理的顶层设计。

5. 绩效管理数字化转型效果不佳的原因

（1）战略摇摆不坚定；

（2）数据作用没发挥；

（3）业数分离难结合；

（4）员工能力未跟上。

五、判断推行绩效收益大于投入的方法

通过对比绩效推行前后的人效指标，如人均营收等，以及行业排名、与对标企业指标差距、隐性管理指标，还有企业流程、问题解决效率等方面的变化，如这些有积极变化，大概率能确认企业推行绩效管理的效果较好。

◎ 举一反三 ◎

如果你是企业管理者，请根据自己的想法画出一个模拟的绩效管理数字化看板，要求在看板上标出各区域的关键信息并注明作用。